Hermann Sudermann

Der Katzensteg : Roman

Hermann Sudermann

Der Katzensteg : Roman

ISBN/EAN: 9783742866394

Hergestellt in Europa, USA, Kanada, Australien, Japan

Cover: Foto ©ninafisch / pixelio.de

Manufactured and distributed by brebook publishing software (www.brebook.com)

Hermann Sudermann

Der Katzensteg : Roman

Hermann Sudermann

Heath's Modern Language Series

Der Katzensteg

Roman

von

Hermann Sudermann

ABRIDGED AND EDITED BY

BENJAMIN W. WELLS, PH.D. (HARV.)

D. C. HEATH & CO., PUBLISHERS
BOSTON   NEW YORK   CHICAGO

COPYRIGHT, 1890
D. C. HEATH & CO.

1 A 5

INTRODUCTION.*

Among the imaginative writers of modern Germany Sudermann seems to me the greatest in technic and in the mastery of the resources of the novelist's art, and none is more thoroughly German in his native vigor. It is a distinctively Prussian genius that pulses through his work and makes it a peculiarly interesting object of literary study in its gradual evolution from the tutelage of French masters to literary clearness and independence.

Sudermann was born in 1857, and in East Prussia, as one might surmise, for it is the favorite scene of his earlier novels and tales, as also of *The Cat's Bridge* (Der Katzensteg). He was but fourteen at the founding of the German Empire. The most impressionable years of his youth were thus passed in a time of national expansion and material development that for the moment were finding no adequate literary expression; nor did they find it in the self-styled "Young Germans" who under Bleibtreu's leadership struck out various new paths of tentative effort in the early eighties. Sudermann's first work shows their influence, but the *Twilight Tales* (Im Zwielicht, 1887), written at thirty, show more traces of the healthier aspects of Maupassant's humor and of the genial grace and gayety of Daudet, all playing against a background of cynical pessimism that finds its most effective expression in *The Friend* and *The New Year's Confession*.

---

* This introduction is taken in part, by permission, from a study by me, "Hermann Sudermann," published in The Forum for November, 1898.

In 1887 appeared also *Dame Care* (Frau Sorge), an interesting piece of work in which one sees the promise of all his future achievement, yet with all Sudermann's besetting literary sins strongly marked. These are a tendency to make of his characters types and symbols and to push the exhibition of will to a morbid excess and to an over-crudity of realism. More annoying than all this is the unnecessarily elaborate elucidation of character, a fault overcome in large measure in *The Cat's Bridge*, but recurring as late as 1894 in *It Was*, and marring greatly the two powerful stories *The Silent Mill* and *The Wish* which were published under the collective title *Brothers and Sisters* (Die Geschwister) in 1888.

The year 1889 is cardinal in Sudermann's development and marks a noteworthy crystallization in his ideals of literature and of life. The growing success of the French naturalistic novelist Zola, the rising fame of the German pessimistic philosopher Schopenhauer, and most of all perhaps the example of Ibsen and Tolstoi, combined to make him in *The Cat's Bridge* the apologist of natural as opposed to conventional ethics of society. The father of the hero Boleslav, in whom Polish blood speaks louder than German birth, believes in Napoleon's promises to the Poles and aids his troops to surprise and massacre a Prussian detachment. In the German peasants around his castle the racial instinct is as strong as his own. They abhor as treason to Germany what seemed to him righteous vengeance for the partition of Poland. His home is burned and himself hounded to death. Then his son, who had abandoned his name and family on news of the treason and had served gallantly in the War of Liberation against Napoleon, returns to find his father dead and none to bury him save Regina, his outcast accomplice, a girl with the animal virtues and with the vices of her instincts, one of the most strange and fascinating psychological studies in recent fiction. Her fault, too, seems to Boleslav to lie less in nature than in social conventions, in struggling against which she perishes, but not until she has won the affection of her new master, who dominates at length by sheer force of will the blind hatred of the peasants and dies a patriot's death in the campaign of Waterloo.

The story is fascinating, wild and weird, sombre and stern, but pulsing with the joy of combat. And though it is here reduced considerably in length, in order to make a novel of really first rank available in length for schools and in character for mixed classes, this virile energy will be felt in it from the outset. The reduction has been made by abbreviating or omitting descriptions and episodes of minor consequence, so that the story remains complete and continuous. The style, too, has not suffered; and this is important, for stylistically *The Cat's Bridge* is Sudermann's best work in fiction. It will be noted however by the careful reader that its strength is essentially dramatic in quality, and from this year onward Sudermann gave himself almost wholly to the stage, following *Honor* (Die Ehre, 1890) with *Sodom's End* (1891), and this with the magnificent drama Heimat (1893), known to the American stage as *Magda*, a "gospel of self-respect." Here Sudermann reveals most fully his dramatic genius and the courage of his social convictions. In the plays that followed the trend has been to subordinate enduring literary values to immediate effectiveness in stage presentation. These plays are Die Schmetterlingsschlacht, 1895, Das Glück im Winkel, 1896, three little tragedies, Teja, Fritzchen, and Das Ewig-Männliche, gathered under the title *Morituri*, 1896, Johannes, 1898, Die drei Reiherfedern, 1898, Johannisfeuer, 1900,

Es lebe das Leben, 1902, Sturmgeselle Sokrates, 1903, Stein unter Steinen, 1905, Das Blumenboot, 1905, four one act plays, Die Liebesbänder, Margot, Der letzte Besuch, and Die ferne Prinzessin, gathered under the title Rosen, 1907, Strandkind, 1910, Der Bettler von Syrakus, 1911, Der gute Ruf, 1913, and Die Lobgesänge des Claudian, 1914.

The remarkable blending of dramatic and epic talents that had characterized the early dramas and stories appears also in two novels that followed closely on Der Katzensteg, *Iolanthe's Wedding* (Jolanthes Hochzeit), 1903, and *It Was* (Es War), 1904. The former is a delightfully keen and jovial satire of suburban life, the latter an ambitious effort with the same extolling of individual energy that finds such striking expression in Der Katzensteg. Here, as in Heimat, Sudermann to repentance and penance opposes self-discipline, reformation and a frank facing of facts with the conviction first voiced in Frau Sorge that in the pathos and tragedy of life is the best, sometimes perhaps the only means of tempering character.

For fourteen years after Es War the stage engrossed Sudermann's attention and *The Song of Songs* (Das Hohe Lied), with which he returned to fiction in 1908, while attaining a sensational success, hardly fulfilled the literary promise of Der Katzensteg, nor did *The Indian Lily* (Die Indisch Lilie), six short stories, written in part as early as 1888 but first published in 1911, give more than a rather pallid or else a lurid reflection of the brilliancy of Ins Zwielicht and Die Geschwister or the keen humor of Jolanthes Hochzeit. The tragedies and the novels of the seven years that separate Frau Sorge from Es War remain Sudermann's best claim to a place, and an important one, in the story of the development of German drama and fiction.

BENJAMIN W. WELLS.

Der Katzensteg.

I.

Der Friede[1] war geschlossen. Die Welt, mit welcher der Korse[2] ein halbes Menschenalter hindurch Fangball zu spielen gewagt, hatte sich wiedergefunden. —

Zerschunden, zerfetzt, aus tausend Wunden blutend, halb Kirchhof und halb Trümmerstätte — so fand sie sich wieder.

Aber die Menschheit, die jüngst befreite, ahnte nichts von dem eigenen Jammer. — Ein einziger Jubelschrei von Gibraltars Felsen bis zum Nordkap hallte gen Himmel auf. — An jedem Glockenstrange hing ein zappelnder Bursche, von jedem Altar, aus jedem Kämmerlein erscholl ein Dankgebet. — — — Die Trauernden verkrochen sich, ihre Klage erstickten die Lobgesänge, ihre Thränen sog die Erde mit demselben Gleichmut ein, mit dem sie die Blutstropfen der Gefallenen in sich aufgenommen hatte.

Gerötet vom Fieber der Erwartung starrte ein jedes Auge gen Westen, woher sie kommen mußten, die Helden, die lorbeergekrönten, sie, die um der heiligen Scholle willen, um Weib und Kind, um Recht und Vaterland Leib und Leben dargeboten hatten. — Just hatten die deutschen Eichen sich neu begrünt, gewärtig, alsbald mit Lachen geplündert[1] zu werden, da begannen die Sieger heimzukehren.

Voran — in frohen, zwanglosen Schwärmen — der Stolz, die Blüte des Vaterlandes, die Söhne der Reichen,
5 die als freiwillige Jäger mit eigenem Pferd und eigenen Waffen in den heiligen Krieg gezogen waren.

Ihr Weg durch Deutschland war ein einziger Reigen rauschender Feste. Wohin sie kamen, traten sie auf Rosen; die schönsten Jungfrauen wollten von ihnen geliebt, die
10 edelsten Weine wollten von ihnen getrunken sein.

Hinter ihnen her ergoß sich ein Strom von Kosaken[2] über die deutschen Gefilde. Und endlich kamen auch sie — die Männer des Volks, sie, die kein andres Kapital als ihr nacktes Leben besessen hatten, um es dem Vaterlande
15 anheimzugeben. Ein Schall wie von geborstenen Trompeten ging vor ihnen her — träge Staubwolken schleppten sich hinterdrein.

Aber willkommen waren sie alle. — Und so verroht und versteinert hatte noch niemanden das blutige Rächergewerbe,
20 daß nicht Thränen und Küsse ihm zum Labsal wurden und die Ahnung wiederkehrender reinerer Zeit in seiner Seele aufdämmern ließen.

Freilich ganz mit einemmal ließen die aufgestachelten Leidenschaften sich nicht zur Ruhe bringen. — Die Faust,
25 die bisher das Schwert geführt, braucht Zeit, um sich wieder an die Pflugschar oder das Richtmaß zu gewöhnen, und nicht jedermanns Sache ist es, die wilde Unge-

bundenheit des Biwaks[1] am frommen Herdfeuer zu vergessen. — —

Wie nach jedem Friedensschlusse gab's drum auch Anno 14[2] für Deutschland eine tolle Zeit. Das Jahr, dessen Name zu uns, den Spätgeborenen, wie ein großer Accord[3] aus Lobgesängen, Orgelrauschen und Glockenklang herübertönt, sah mehr an Gewaltthat und Verbrechen als irgend eines vorher oder später. Besonders wild gebärdete die entfesselte Bestie im Menschen sich in jenen Distrikten, in welchen vor dem Kriege[4] der Übermut der Franzen in seiner ganzen mörderischen Lustigkeit gehaust hatte, und am wildesten da, wo der Blutgeruch von Schlachtfeldern, der Feuergleisch[5] von angezündeten Wohnstätten auch die Sinne der Heimgebliebenen mit wüsten Bildern erfüllt hatten, wo gar heimlicher Verrat und tückische Feigheit noch immer ungesühnt nach Rache schrien.

An einem der letzten Augusttage dieses merkwürdigen Jahres saß in der Sommerstube eines ansehnlichen Bauerngehöfts eine Gesellschaft von jüngeren Männern um den eichenen Eßtisch herum, der in seiner ganzen Breite mit irdenen Bierkrügen und rundbauchigen Schnapsflaschen besetzt war. Der Tabaksqualm, der zwischen den Ritzen der Pfeifendeckel[6] hervorquoll, hüllte die heißen, von Branntwein und Begeisterung leuchtenden Gesichter in seine blaugrauen Wolken.

Es waren jüngst heimgekehrte Vaterlandsverteidiger, die in kriegerischen Erinnerungen schwelgten.

Alle trugen sie den unverkennbaren Zug von Familienähnlichkeit, welchen gleiche Geburt, gleiche Sitten und gleiche Gedankenbildung auch Blutsfremden[1] einprägen. Der Krieg hatte ihre derben, ehrlichen Gesichter verwildert und mit Schrammen und Schmarren übersät. Zwei oder drei hatten den Arm noch in der Binde ruhen, und kaum einer war schon zu dem schweren Entschlusse gekommen, den schwarzverschnürten Jägerrock an den Nagel zu hängen.

Es waren Freibauern[2] des Dorfes Heide. Nur einer unter ihnen, der, welcher auf dem einzigen Polsterstuhle des Hauses saß und als der einzige eine Flasche roten Weines vor sich stehen hatte, gehörte augenscheinlich andern Lebenskreisen an. Wiewohl er der jüngste von allen schien — er konnte das zweiundzwanzigste Jahr kaum überschritten haben — sah er aus wie einer, der mit der Lust dieses Lebens abgeschlossen hat. Eine trotzige Energie thronte auf der faltenfreien Stirn, und in den bläulichen Augenhöhlen lag etwas wie ein alter Gram. —

Er trug einen grauen Rock. Das einzig Militärische an ihm war die Feldmütze mit dem Landwehrkreuz,[3] die er in den Nacken zurückgeschoben hatte, offenbar, weil der harte Lederschirm auf die kaum verharschte Narbe drückte, die sich als glühender Streif aus dem dunklen Gelock quer über die hohe Stirn zog.

Aller Augen hingen an ihm. — Jedes Wort wollte vorerst von ihm vernommen sein. —

Neben ihm saß ein junger, kräftiger Bursch, wenig älter als er, welcher mit zärtlicher Besorgnis ihn unaufhörlich beobachtete — der Wirt des Hauses ohne Zweifel. Lachend und kühn guckte das rotwangige, runde Gesicht unter dem blonden Haarwalde hervor.

„Aber du trinkst ja nicht, Lieutenant!" ermunterte er ihn, die Flasche näher an ihn heranschiebend, „du bist an unser Bier nicht gewöhnt und an den Schnaps noch weniger — brauchst dich drum gar nicht zu genieren,[1] das rote Zeug[2] zu saufen, das mir gestohlen[3] werden kann. — Reich sind wir nicht, das weißt du, aber so viel haben wir doch, daß, wenn du bei uns bleiben willst, **täglich** bis an dein Lebensende solch eine Flasche für dich **parat**[4] stehen soll. Nicht wahr, Jungens[5]?"

Jubelnd stimmten die andern bei und ein Leuchten dankbarer Freude glitt über das blasse, düstere Gesicht.

„Ich hab's wohl gewußt," sagte er, „daß ich bei Euch eine Heimat finden würde — sonst wär' ich auch nicht eingekehrt."

„Noch schöner," rief der Wirt — „haben wir uns deshalb Blutsbrüderschaft geschworen vor der ersten Schlacht — in der Kirche damals — dessen Namen ich nie behalten kann?" — — —

„Dannigkow[6] hieß das Nest," erwiderte der junge Fremde, den man „Lieutenant" anredete.

„Weißt's noch so gut," erwiderte der Wirt, „und hättest am Ende daran denken können, dich bei uns vorbeizuschleichen?" —

„Schwatz kein dummes Zeug, Alterchen,"¹" erwiderte der Lieutenant.

Aber jener ließ sich nicht abweisen.

„Du kannst sicher sein," fuhr er fort, „daß wir dir nie mit neugierigen Fragen zu Leibe rücken werden. Wir sind ja von jeher gewohnt, dich als ein Stück Geheimnis zu betrachten. Wenn wir andern beim Biwakfeuer lagen und uns von Haus und Hof, von Mutter und Vater erzählten, dann kniffst du alleweil den Mund zusammen, accurat² wie du's jetzt wieder thust. Faßte sich einer aber ein Herz³ und fragte dich, wo du her wärst, und was du sonst getrieben hattst, dann standst du auf und gingst von dannen. Da gewöhnten wir uns denn das Fragen ab und dachten: Er mag wohl was ausgefressen⁴ haben, was ihm das Leben verleidet hat.... Schließlich, was geht's uns an? Ein guter Kamerad warst du, das Zeugnis geben wir dir — und mehr als das, der Bravste, der Tapferste, der... na, kurz und gut: hättst du einem von uns befohlen: geh, hack dir die rechte Hand für mich ab — wahrhaftig, ohne Murren hätt' er's gethan. — Red' ich die Wahrheit, Jungens?"

Ein Rufen des Beifalls ging rings um die Tafelrunde.

„Hört endlich auf," sagte der junge Lieutenant, die Jubelnden von sich wehrend. „Ihr lobt mich ja in Grund und Boden hinein." —

„Der hinkende Bote⁵ kommt nach!" fuhr der Hausherr fort. — „Wir sind auch gehörig unzufrieden mit dir ge=

wesen. Du weißt wohl noch, wie das kam. Es war
während des Waffenstillstandes, da ließest du eines Abends
Ronde machen und erklärtest uns: ‚Jungens, ich muß euch
verlassen — — fragt nicht warum? — Aber glaubt mir,
ich kann nicht anders — die Landwehr braucht Offiziere.
Es ist keine Ehre, von den freiwilligen Jägern zur Land=
wehr überzuspringen, aber ich geh' zur Landwehr.' —
War's nicht so, Baumgart?"

Der junge Lieutenant nickte, und um seine Lippen spielte
ein Zug aufquellender Bitterkeit.

„Wir sahen, wie dir dabei das Wasser in den Augen
gestanden hat, und drum ließen wir dich ohne Widerrede
ziehen, wenn uns auch das Herz dabei geblutet hat. —
Keiner hat später noch einen Ton über dich erfahren, soviel
wir auch nachfragen thaten, aber das können wir dir ver=
sichern, noch monatelang haben wir allabendlich von dir ge=
sprochen und uns den Kopf zerbrochen,¹ was dich wohl
fortgetrieben haben möchte, und was du wärst und der=
gleichen sonst. Siehst du, so haben wir an dir gehangen,
und dafür willst du uns schon nach ein paar Tagen den
Rücken kehren! Vom Marnestrom² bis hinter die Weichsel
ist ein weiter Weg, wenn man ihn einsam und zu Fuße
macht, und deine Wunden knurren auch noch immer. Drum
ruh dich aus und erzähl uns nach und nach, wie's dir bei
den Graubärten³ eigentlich ergangen ist, und wie es kam,
daß du in Gefangenschaft gerietst — denn du und gefangen,⁴
das muß ja ein absonderlicher Zufall gewesen sein."

„Ich dank' Euch für die gute Absicht," sagte er: „aber ich muß nach Königsberg, mich beim Kommando zu melden."

„Da wirst du lange suchen müssen," entgegnete einer. „Weißt du denn nicht, daß die Landwehr gleich nach ihrer Rückkunft entlassen worden ist?"

„So muß ich mein Heil bei der Generalkommission versuchen," entgegnete Lieutenant Baumgart. „Ich habe mehr Ursache als jeder andre, dafür zu sorgen, daß meine Abschiedspapiere[1] in guter Ordnung sind. Das glaubt mir. Mir soll keiner nachsagen dürfen, daß ich mich heimlich aus der Armee herausgeschlichen habe. Also kurz und gut: Gibt's morgen Fahrgelegenheit auf der Königsberger Landstraße?"

Ein Sturm der Entrüstung erhob sich.

„Bleib wenigstens so lange, daß das Fest, welches wir dir zu Ehren geben wollen, nicht ins Wasser fällt,[2]" ließ sich Karl Engelbert, der junge Wirt, vernehmen, als der Lärm ein eigen Wort verstattete.

Baumgart fuhr mit hastiger Bewegung nach dessen Sitze herum.

„Mir zu Ehren?... Ihr seid toll geworden!"

„Da hilft kein Wehren mehr!" entgegnete ihm jener, „die Sache ist schon längst gedrechselt.[3] Vor drei Tagen, gleich nachdem du hier hereinschneitest,[4] hab' ich den Johann Radtke auf die Wanderschaft geschickt mit 'ner[5] Liste von all den freiwilligen Jägern, die im Kreise zu Hause sind,

— vor allem follt' er nach Schranden, wo der Merkel wohnt — der gleicherweis' zur Landwehr gegangen ist. Aber bei dem hat's 'nen Sinn[1] gehabt, weil sie ihm dort erst das Lieutenantspatent zugesichert hatten."

Baumgart war bei Nennung des Namens sichtlich zusammengefahren, aber sofort hatte er sich gefaßt. Er widersprach nicht mehr, vielleicht weil ein offener Widerstand ihm nutzlos dünkte, aber in dem unruhigen Seitwärtsblinzeln seines Auges lag etwas wie ein Fluchtgedanke.

Den Freunden, deren aufgewühltes Blut in der Heimat noch immer nicht zur Ruhe kommen wollte, war jeder Anlaß recht, welcher sie über die Dumpfheit schlichter Werkeltage hinaushob. Sie besprachen mit großer Wichtigkeit die Rückkehr ihres Vertrauensmannes, der schon am Vormittage von dem fünf Meilen[2] entfernten Schranden her erwartet wurde.

„Bin doch neugierig," sagte Peter Negenthin, „was die Schrandener mit ihrem saubern Gutsherrn angefangen haben!"

Der Lieutenant Baumgart horchte auf.

„Den roten Hahn[3] haben sie ihm schon längst aufs Dach gesetzt," versetzte ein anderer, „seit fünf Jahren soll er zwischen den schwarzen Brandmauern hausen wie ein Uhu."

„Warum baut er denn sein Schloß nicht wieder auf?" fragte ein dritter.

„Warum? Weil die Bauern und Bürger drunten im Dorf jeden zu Schanden prügeln, der für ihn arbeiten kommt."

„Wovon lebt er denn?"

„Was geht's uns an?... Mag er verhungern!"

Mitten in das Gelächter des Hasses, welches dieser wenig barmherzige Wunsch bei den Söhnen des Landes hervor= rief, trat der ausgesandte Bote, und unter allerhand Possen und Fratzen stattete er Bericht ab.

Das große Fest war von vornherein gesichert. — Allen im Kreise juckte die Haut nach Tanz und Feuerwerk, nur über den Ort, an dem das alles vor sich gehen sollte, hatte noch Zwiespältigkeit geherrscht. — Vor allem begehrten die Schrandener, der Lieutenant Merckel voran, daß der Schrumm[1] bei ihnen gefeiert würde.

„Warum? Jungens, das ist eine Bande — die Schrande= ner. Ganz aus dem Häuschen[2] vor Freude — Warum? Weil sie sich verschworen haben, ihren Baron, den Vater= landsverräter, der sie verschimpfiert[3] hat in alle Ewigkeit — wißt ihr, was sie dort für einen Choral in der Kirche singen seit sieben Jahren:

> Unsern gnäd'gen Herrn von Schranden,
> Der uns bedeckt mit Schimpf und Schanden,
> Der uns gemacht zu Hohn und Spott,
> Schlag mit der Pest, o Herre Gott! —

Das singen sie dort allsonntäglich, und nun, wie ihr Gebet halbwegs erhört worden ist, haben sie sich verschworen, ihn hinter dem Zaun vermodern zu lassen."

Erregte Fragen drangen von allen Seiten auf ihn ein. „Ist er tot, der Hund?" —

Mitten in das Lärmen drang ein knackender, prasselnder Laut. Die Hand des jungen Baumgart hatte die Lehne des Sessels so heftig umklammert, daß das morsche Holz mitten durchgebrochen war. Er selbst saß blaß und regungslos und starrte den Sprecher mit weitgeöffneten Augen an, ohne des Übels, das er dem alten Erbstück angethan, gewahr zu werden.

Und der lustige Johann Radtke fuhr fort:

„Sie werden ihn wohl glücklicherweise zu Tode geärgert haben — wenigstens hat der Schlag[1] ihn gerührt, als sie ihm gerade den Katzensteg[2] zerstören wollten. Lieutenant, hast du je vom Katzensteg gehört?"

Der stierte immer noch zu ihm empor und sprach kein Wort. Seine Zähne hatten sich in die Unterlippe eingebissen. Wie versteinert saß er da.

„Der Katzensteg ist nämlich der Weg, auf welchem der Baron Anno 7[3] die Franzosen, die das Schloß Schranden besetzt hielten, den Preußen in den Rücken geführt hat. Von dem Schrandener Überfall wirst du doch wohl gehört haben — der steht ja in jedem Kalender."

Der Lieutenant nickte ein paarmal mechanisch vor sich hin, wie einer wohl thut, der verurteilt ist, sich in ohnmächtiger Ergebung mit seinem Schicksal abzufinden.

„Vor ihren sehenden Augen ist er umgesunken," erzählte Johann Radtke weiter.

„Und nun wollen sie ihn nicht begraben lassen, sagst du?" warf der gutmütige Karl Engelbert mit bedenklichem

Kopfschütteln darein. „Ist denn das erlaubt in einem christlichen Staat?"

Johann lachte verschmitzt.[1]

„Aber, wenn's der Obrigkeit zu Ohren kommt?"

„Obrigkeit — hahaha! — der alte Merckel ist ihre Obrigkeit und der hat gemeint, seinetwegen wär' der Schindanger[2] noch — — —"

Ein Schrei voll Not und Qual, wie aus erstickender Kehle, hieß ihn verstummen. Aufgerichtet, weiß wie der Kalk an der Wand, stand der junge Lieutenant da. Ein Stammeln, tonlos, kaum verständlich, kam aus seinem Munde, aber wer es verstanden, erstarrte in bleichem Entsetzen.

„Hör auf," hatte er gesagt, „hör auf! ∴ Es ist mein Vater."

II.

Der Mond stand hoch am Himmel und ergoß seinen stillen, bläulichen Schein weithin über die schlafende Heide. — Mit Ränzel und Knotenstock schritt einsam ein Wandersmann des Weges daher. Der junge Lieutenant war's, der nach der Heimat zog, den geächteten Vater zu begraben.

Er hatte den Vater nie geliebt. Der war ein rauher, gewaltsamer Mann gewesen, welcher die Bauern peitschte,

von dessen Lachen und von dessen Schelten das Haus in gleicher Weise erzitterte. Die knorrige, kleine Gestalt, das gelbe, breitknochige Gesicht mit dem kohlschwarzen Knebel=
bart und den kleinen, funkelnden grauen Augen hatte ihm, soweit er zurückdenken konnte, als Schreckbild gegolten. Seine Mutter hatte er nie gekannt. Sie war wenige Jahre nach seiner Geburt langem Siechtum zum Opfer ge=
fallen. Drunten im Dorf erzählte man sich, der Baron hätte sie mit seinem Zorn und seiner Liebe zu Tode ge=
quält.

Nun war er tot, und „mit dem Toten soll man nicht hadern," sagte der Sohn jenes Vaters zu sich, aber in demselben Augenblicke überkam ihn mit ganzer Gewalt das Bewußtsein der Schandentafel,[1] die er mit sich schleppte, wo er ging und stand, und von der keine Macht der Erde ihn je befreien konnte. Klagend und anklagend streckte er die Arme zu dem bläulich leuchtenden, mattgestirnten Him=
mel empor, als wollte er von der Seele des Vaters Rechen=
schaft heischen, die sich irgendwo in fernen Welten verkrochen.

Dann kam mit jähem Rückschlag ein weicheres Empfinden über ihn.

Er warf sich am Grabenrande in das taufeuchte Gras und preßte die Hände vors Gesicht. Er bedachte, wie grauenvoll verdüstert und verzerrt er in wenigen Stunden wiederfinden würde, was einst, gebadet im Lichte sonniger Kindheit, vor ihm gelegen hatte.

Denn auch ihm, dem einsamen, mutterlosen Knaben,

hatte sie geschienen, die Kindheitssonne. Undank, Frevel wär's gewesen, das zu leugnen.

Durch Feld und Wald hatte er streifen dürfen, frei, ungebunden durch Essensstunde und Schlafenszeit, wie nur ein Räuber im böhmischen[1] Walde oder ein Trapper in Arkansas,[2] denn um sein Kommen und Gehen kümmerte sich niemand.

Dann kam die Zeit, da der alte Pfarrer Götz ihn in die Schule nahm und das weiße Haus zwischen den Nuß= bäumen seine zweite Heimat wurde. Es waren ihrer zehn oder zwölf, Kinder von Bürgern und besser gestellten Handwerkern, Knaben und Mädchen durcheinander. — Mit den Bauerskindern kam er natürlich nicht zusammen. — Die wuchsen auf wie das liebe Vieh.[3]

Aus der Schar seiner Kameraden ragte vor allem Felix Merckel hervor, der Sohn des Gastwirts aus dem Dorfe unten, der mit seinen Fäusten die ganze Schule im Bann hielt.

Felix wurde sein Lehrmeister in allen Künsten, welche knabenhafte Ritterlichkeit sich zu eigen macht. Er lehrte ihn Schwimmen, Rudern, Vogelstellen, Feuerwerkmachen, Kaninchen schießen, selbst, wie man abends und zur Kirchen= zeit die Gärten der armen Bauern plündert, offenbarte er ihm. Und obwohl das Obst, das er allstündlich im eigenen Garten pflücken durfte, tausendmal süßer und saftiger war als das holzige Zeug,[4] das er heimlich und auf halsbrechen= den Kletterwegen[5] gewann, so hätte er es doch nicht übers

Herz gebracht, diesen Raubzügen fernzubleiben. Hinterher
freilich faßte ihn eine quälende Scham, und meistens trug
er den Leuten am andern Morgen hundertfältig ins Haus
zurück, was ihnen abends geraubt worden. — Nichtsdesto=
weniger begegnete er finsteren Mienen und tückischem Lächeln,
denn des Vaters Faust lag schwer auf dem armen Gesindel,
das damals dem Gute noch fronden¹ und scharwerken² mußte.
... Was war natürlicher, als daß der Haß, den der
Vater gesäet hatte, für den Sohn zu einstiger Ernte üppig
ins Kraut³ schoß? ...

Die Gestalten der andern Gefährten, der Mädchen ins=
besondere, waren in seiner Erinnerung zu Nebel zerflossen.

Bis auf eine natürlich.

Ihr Bild schimmerte mit sanftem Sternenscheine durch
das Herzeleid, das allgemach sein ganzes Dasein umhüllt
hatte und das selbst der heilige, sühnende⁴ Krieg nicht hatte
von ihm nehmen können. Ihr Bild hatte ihn in die Schlacht
geleitet und war nicht von ihm gewichen, als er, an schwerer
Verwundung darniederliegend, langsam in den Tod hin=
überzudämmern⁵ glaubte.

Das blonde, kühle Pfarrerstöchterlein, das über keinen
Graben zu setzen⁶ wagte, selbst wenn er ausgetrocknet war,
das immer so furchtbar⁷ frisch gewaschen aussah und beim
Versteckspiel sich nicht an den Kleidfalten wollte festhalten
lassen, „weil sie ausreißen könnten," wie sie meinte, war
ihm als Kind eigentlich immer fremd geblieben. Manch=
mal schien es, als wollten sich ihre Herzen enger aneinander

schließen, aber meist benahm er sich dann in seinem freudigen Ungestüm roh und ungeschickt, denn ihr sanfter Tadel erinnerte ihn alsbald, daß er die Schranken durchbrochen, die ihre Freundschaft ihm gesetzt.

Dann pflegte er gekränkt und beschämt von dannen zu gehen und ihr fern zu bleiben, bis ihn nach etlichen Tagen ihr mildes, verzeihendes Lächeln wieder an ihre Seite rief.

Mit zwölf Jahren verließ Boleslav die Heimat, da die Verwandten seiner Mutter sich erboten hatten, seine Erziehung zu leiten. Der Vater mochte froh sein, ihn loszuwerden. Auch geschah mancherlei auf dem Schlosse, was für sein Auge schlechterdings nicht geeignet schien. Es kam just die Zeit, in welcher der Heerruf des großen Napoleon das elend geknebelte Polentum[1] aus der Agonie[2] emporriß. — Unheimliche Regungen des neubelebten Kadavers[3] wurden beobachtet, so weit die polnische Zunge ihre Zischlaute erklingen ließ, und schienen sich selbst nach den rein deutschen Gegenden Ostpreußens fortzupflanzen.

Auf Schloß Schranden kehrten von Zeit zu Zeit geheimnisvolle Fremde ein. Die Post brachte vielfach versiegelte Briefe mit russischen Stempeln, und des Vaters Arbeitskabinett blieb oft wochenlang vor jedermann verschlossen.

Um diese Zeit also geschah's, daß Boleslav zu den Königsberger Verwandten übersiedelte. Jahre ruhigen, wohlbewachten Werdens und Reifens folgten einander. Die Witwe des vormaligen Kanzlers versah Mutterstelle bei ihm, die vornehmsten Häuser der Stadt standen ihm offen.

Bilder und Gestalten der Heimat begannen zu erbleichen. Gelegentliche Besuche des Vaters zeigten ihm nur, wie fremd er ihm geworden.

Da kam der fürchterliche Winter,[1] in welchem die Kriegs= furie die altpreußischen Provinzen verwüstete und der Sie= gesschritt Napoleonischer Kohorten zwischen Weichsel und Memel wiederhallte.

Mitten in diesem Kriegslärm, zwischen Trommelwirbel und Wehgeschrei, ward es Boleslav vergönnt, den Traum der ersten Liebe zu durchträumen.

Er war jüngst sechzehn Jahre alt geworden, als er, aus dem Gymnasium heimkehrend, für einen Augenblick zwei große, blaue Augen fragend und freundlich auf sich gerichtet sah. Er fühlte sich rot werden, und als er wagte, sich umzu= schauen, waren die Augen verschwunden. Am Abende dar= auf geschah dasselbe — beim dritten Male fand er den Mut, ein wenig besser aufzupassen, und sah, daß zu jenen Augen ein zartes, blondes Angesicht gehörte mit schlankem Näschen und einem Paar blasser, zierlich geschwungener[2] Lippen, die ihn gar holdselig und ermunternd anlächelten. Dies Ange= sicht erinnerte ihn an ein altes Altarbild im Dome, dar= stellend die Jungfrau Maria in einem schönen Garten voll steifer Lilien und kurzgestielter Purpurrosen. — Auch an jemand anders erinnerte ihn das Angesicht. Er wußte nur nicht, an wen.

Und wie er darüber noch mit sich zu Rate ging, über= zogen die zarten Wangen des Jungfräuleins sich mit rosiger Glut, und die zierlichen Lippen lispelten:

„Boleslav — bist du es?"

Nun freilich war er des Zweifelns ledig, und jubelnd rief er: „Helene — Helene — du?"

Und als sie nebeneinander in ein stilleres Gäßchen bogen, erzählte sie ihm, daß ihr Vater sie beim Anrücken des Feindes hierher gesandt habe, und daß sie nunmehr bei einer alten Tante hause. Sie benutze die Zeit fleißig, um französische und Musikstunden zu nehmen, denn sie wolle sich dem Vater einstmals bei seinem Lehramt hilfreich erweisen, da sie doch wohl keinen Mann bekommen werde.

Von seinem Vater wußte sie nichts zu sagen, aber der Felix Merckel sei hier, den habe sie unlängst getroffen, er sei bei einem Getreidehändler in der Lehre und benehme sich wie ein großer Herr.

Zum Schlusse gab sie ihm die Erlaubnis, sie am Freitag bei ihrer Tante aufzusuchen. —

O, welch eine Reihe wonniger, sonniger Freitage das war, die damit ihren Anfang nahm! — Die Krieger zogen zur Schlacht und kehrten wieder — er sah sie nicht. — Die Donner von Eylau[1] hallten über die Stadt — er hörte sie nicht.

Aber daß er noch mitten in der Welt steckte, ward ihm eines Sonntag-Nachmittags klar, als die Thür seines stillen Giebelzimmers, wo er träumend über seinen Büchern saß, aufgerissen wurde, und mit anspruchsvollem Lärm ein junger Himmelsstürmer, den er nicht kannte, hereingepoltert kam.

Er war's wirklich, der tolle Felix, von dem die Geliebte

gesprochen, und von nun an kam er häufig in Boleslavs stille Klause, borgte sich Geld und Bücher von ihm. — Kurz, er benahm sich wie alle „Weltmänner"[1] von fünfzehn bis neunzehn Jahren, denen tiefere und stillere Naturen Einfluß auf sich einräumen.

Da kam aber der Tag, an welchem der Freund ohne Handschlag, ohne Gruß an ihm vorüberging; nur ein verächtliches Achselzucken belehrte ihn, daß er gesehen worden. — Fassungslos starrte er dem Davoneilenden nach, der nicht rasch genug aus seiner Nähe entkommen zu können schien.

Was war geschehen?

Am selbigen Abend schrieb er unter strömenden Thränen einen Brief, worin er Aufklärung und Rechenschaft forderte.

Noch ehe die Antwort eintreffen konnte, kam ein Bote mit einem Paket ihm gehöriger Bücher und einem Briefe, welcher lautete:

 Sr. Hochgeboren[2]
  Herrn Boleslav von Schranden
      hier.

Ew. Hochgeboren mache[3] die unterthänige Mitteilung, daß nach den Ereignissen, welche sich in Schranden zugetragen haben, ich es unter meiner Würde erachte, einen Verkehr zu pflegen,[4] welcher meinem Patriotismus ins Gesicht schlagen[5] würde. Anbei die entliehenen Bücher ergebenst retournieret.[6] Das Geld folgt, sobald ich es mir erhungert[7] haben werde. — Der Bote erhält fünf Silbergroschen.

 In Unterthänigkeit
  Ew. Hochgeboren
   demütiger Diener
    Felix Merckel.

Boleslav war zu Mute, als hätte er hinterrücks einen Faustschlag erhalten. Er schämte sich so sehr, daß er tagelang keinem Menschen ins Gesicht zu sehen wagte. Endlich faßte er sich ein Herz und beschloß, Helenen zur Mitwisserin
5 seiner Leiden zu machen. Sie würde am ehesten Erkundigungen einziehen können, die ihn aus seiner Ungewißheit befreiten.

Trotz ihres Verbotes, sie auf der Straße anzureden, lauerte er ihr auf und zeigte ihr den Brief. — Sie tröstete
10 ihn mit ihrem milden Lächeln, war aber selber ratlos. Der Brief, den sie vorige Woche von ihrem Vater erhalten, hatte von nichts anderem zu erzählen gewußt als dem unglücklichen Gefechte, welches im Walde hinter Schranden stattgefunden habe und wobei die preußischen Soldaten
15 jämmerlich zugerichtet worden seien. Das hatte übrigens schon in den Zeitungen gestanden.

Ein Mittel gab es allerdings, die Wahrheit zu erfahren. Helene brauchte nur am Pregelstrome entlang zu gehen, wo die Lehrlinge der großen Speditionsgeschäfte, die mit Aus-
20 nahme weniger brach[1] lagen, ihre freie Zeit zu vertrödeln pflegten. Sie that es ungern, aber sie that's. —

Und endlich kam's ans Tageslicht.

„Du mußt dir's nicht zu Herzen nehmen, lieber, teurer Boleslav — im Dorf nämlich erzählen die Leute sich, daß
25 dein Vater die Franzosen bei Nacht und Nebel über den Katzensteg weg den Preußen in den Rücken geführt hat — siehst du — und die braune Regine, die Tischlerstochter,

weißt du, die kleine, krausköpfige, mit der wir zusammen in die Schule gegangen sind, die soll's gestanden haben, denn die ist der eigentliche Wegweiser gewesen. Und nun sagen die Leute, dein Vater sei ein Vaterlandsverräter, und wollen nicht mehr bei ihm arbeiten und wollen ihm den roten Hahn aufs Dach setzen."

Es dauerte lange, bis das Gerücht des Verrats auf öffentlichen Wegen bis nach Königsberg durchsickerte.

Er sah es herankriechen, das kalte, klebrige Gewürm, das da nahte, ihm die Glieder zu knebeln, ihm das Blut in den Adern gerinnen zu machen, und wehrlos, gebannt, versteinert starrte er es an, ohne zu einer Frage, einem Aufschrei, einem Seufzer nur den Mut zu finden.

Auch Helene hatte er verloren — nicht durch ihre Schuld. Eines Tages empfing ihn statt ihrer die alte Gouvernante. Sie knickste und lächelte wie immer, sie nannte sich wie immer seine tiefergebene Dienerin, aber was sie ihm eröffnete, hieß Auseinandergehen.

Ein Briefchen, mit blauem Lack gesiegelt, das war ihr Abschiedsgruß.

  Lieber, lieber Boleslav!

Mein Vater befiehlt mir, Dich zu meiden, und ich muß ihm gehorsam sein. Lebe wohl. Ich werde Dich immer, immer lieb haben. Das schwört dir
      Deine
       Helene.

Sechs flüchtig geschriebene Zeilen sind magere Wegzeh=

rung für ein Leben voller Sehnsucht und Entsagung.
Aber durfte er Besseres verlangen? War es nicht Liebe
und Treue übergenug, daß sie versprach, an ihm festzuhal=
ten, da alles, alles vor ihm, dem Entehrten, zur Seite
wich?

In dieser Verfassung stand er eines Tages seinem Vater
gegenüber.

Der war gekommen, sich gegen seine aufsässigen Bauern
Rat und Recht zu holen, und hatte alle Thüren verschlossen
gefunden. Er schäumte vor Wut, sein ganzes Wesen schien
in verzweifeltem Trotze untergegangen zu sein. Beim An=
blick der kurzen, gedrungenen Gestalt mit dem Stiernacken
und den grauen, funkelnden Augen, im roten, aufge=
schwemmten Gesicht, kam die alte Knabenangst noch ein=
mal über ihn. Er raffte alle seine Kraft zusammen; die
verhängnisvolle Frage wollte ihm nicht über die Lippen.

„Vater — ist es wahr, was die Leute" — — —

In den grauen Augen erglomm eine Flamme wilden
Argwohns.

„He — was erzählen sich die Leute?" —

„Daß du die Franzosen hast über den Katzensteg führen
lassen?"

„Und wenn's wahr wäre, du Gelbschnabel?[1] Wenn ich
das zertretene Polenvolk hätte rächen wollen? Stier' mich
nicht so an, du Schlingel! Was ich gethan habe, war
heiligste Menschenpflicht. — Die Kettenbeladenen haben mich
angefleht, die Gegeißelten haben zu mir geschrieen: Rette

uns — rette uns!" — Retten konnt' ich sie nicht, das blieb
einem Größeren vorbehalten, aber helfen konnt' ich ihm,
jenem, der als Racheengel über das verluderte Europa hin=
braust — helfen konnt' ich ihm, die Frevler zu vertilgen,
wo ich sie in meine Hand gegeben sah."

Schaudernd wich Boleslav zurück. Er fühlte es tief,
zwischen ihm und diesem Manne war jedes Band zer=
schnitten.

„Mögen sie doch munkeln¹," fuhr er fort, „sie wagen sich
ja doch nicht an mich 'ran, solange der korsische Löwe sie
zwischen seinen Tatzen zappeln läßt. — Und schließlich, wer
kann's mir beweisen? Hätte das dumme Ding, die Regine,
sich von ihrem Vater nicht ins Bockshorn jagen² lassen,
jedermann würde annehmen müssen, der Oberst Latour,
der ein findiger Kopf ist, hätte den Weg übern Fluß und
durch den Wald allein gefunden. Nun hab' ich sie dafür
auf dem Halse³ — die Kröte. Und die Bauern sind selbst
mit dem Kantschu⁴ nicht mehr zu bändigen, so innig lie=
ben sie mich seither. Wenn es wahr ist, was die Blätter
erzählen, daß die Meute demnächst vom König losgelassen
werden soll, dann zerfleischt sie mich ohne Besinnen. —
Kannst dir gratulieren zur Erbfolge, mein Jungchen."

Das waren die letzten Worte, die er von seinem Vater
vernommen, denn das Gespräch, das auf seinem Arbeits=
zimmer stattfand, wurde in diesem Augenblicke durch den
Eintritt der Tante unterbrochen. — Die alte, vornehme
Dame wich vor der roten, knorrigen Hand des Vaters, die

sich ihr grüßend entgegenstreckte, zurück, wie man vor einem giftigen Reptil zurückweicht, und bat ihn dann, ihr Grauen bezwingend, um wenige Minuten geheimer Unterredung.

Was hier über sein Schicksal beschlossen wurde, ist ihm allezeit unklar geblieben, denn noch ehe die kurze Frist verstrichen war, lag sein bisheriges Leben wie ein herzbedrückender Traum weit hinter ihm, er aber stand auf der Straße und überlegte, durch welches Thor er in die Weite wandern sollte.

Das Ende der abenteuerlichen Wanderschaft war ein kleines Gut in einem Winkel Litauens,¹ wo man ihm Ruhe und Arbeit gönnte und ihm Gelegenheit gab, sich zu einem tüchtigen Landwirt auszubilden.

Jahre verstrichen. Sie waren ein unablässiger Kampf um den Bissen täglichen Brotes, ein Kampf, der ihm zwar Not und Niederlagen in Fülle, doch keine Schande, keine Verletzung seines Ehrgefühles eintrug. Denn er hatte seinen Namen abgelegt. Hätte er gleichzeitig auch seine Erinnerungen abstreifen können, wie man ein besudeltes Kleid abstreift, ihm wäre wohler gewesen.

Nur einmal in der ganzen Frist war über die Heimat Kunde zu ihm gedrungen. Er las in der Königsberger Zeitung, daß das Schrandener Schloß, welches im Winter des Jahres sieben so traurige Berühmtheit erlangt habe, samt den Wirtschaftsgebäuden niedergebrannt sei.

Da hatte er die Hände gefaltet, und ein Stammeln, das fast wie ein Dankgebet klang, war seinem Munde entglitten.

Sühne — Sühne um jeden Preis!

Aber noch war nichts gesühnt, noch wand sich das zu Boden geworfene Vaterland unter den Sohlen des Diktators.

Da kam der Untergang der großen Armee auf den Schneegefilden des Ostens[1] — und Preußens Erhebung folgte hinterher.

Das war's!

In dem freiwilligen Jäger Baumgart, der am 5. März 1813 in Königsberg einritt, erkannte keiner den jungen Freiherrn Schranden, der vor der Schmach des eigenen Namens just vor fünf Jahren davongeflohen war. Und gab es doch manche unter denen, die ihm heute zujubelten, welche ihn einst von dannen getrieben ... Einem Häuflein wackerer Bauernsöhne, aus deren Munde der Klang der verlorenen Heimat ihm anheimelnd entgegenscholl, schloß er sich an. Er wurde ihr Freund, ihr Führer — bis ein altbekanntes Gesicht, das mitten im Kampfgewühle neben ihm auftauchte, ihn wie einen Verbrecher von dannen scheuchte.

Felix Merckel hätte nicht gezögert, den Kameraden zu verraten, wer es war, der sie zum Kampfe führte.

Was von nun an geschah, war zu einem dumpfen Traum voll Blut und Qualm zusammengeflossen, aus dem zwischen Salvengeknatter und Todesgestöhn nur die eine fürchterliche Frage sich heraushob: Lebst du noch immer?

Und diese Frage war der erste Gruß des wieder errungenen Lichtes, als er nach monatelangem Kampfe zwischen Sein und Nichtsein zum Bewußtsein zurückkehrte.

Für ihn war kein Frankensäbel geschliffen, keine Frankenkugel gegossen worden. Die einzige Sühne, die seinem Gewissen vollgültig erschienen, blieb ihm versagt.

Harrte eine andre, schwerere Sühne seiner, da er nun dem Lichte des grauenden Morgens und den dunkelnden Wäldern der Heimat entgegenschritt?

III.

Es war acht Uhr morgens, und die Sonne begann heißer herabzubrennen, als Boleslav den verwilderten Forst verließ.

Jetzt, da er die Brandmale leibhaftig vor sich liegen sah, kam ein dumpfer, gärender Ingrimm über ihn.

Aus seinen Augen brach eine wilde Glut, seine Linke tastete zitternd nach der Ledertasche, die von seiner Achsel herniederhing, und aus welcher zwei Reiterpistolen ihre gezahnten Kolben hervorstreckten.

„Unbegraben?" knirschte er, die eine der Pistolen umklammernd, „unbegraben soll er bleiben? — Das wollen wir sehen — das wollen wir sehen!" —

Und ein bitteres Gelächter ausstoßend, schritt er mit harten Tritten zum Dorfe hinunter. — — —

Näher dem Kirchplatze zu begannen die weißen Häuschen der freien Handwerker sich aneinander zu reihen. — —

Er hielt inne und ließ die Augen auf einer verfallenen und verwilderten Hütte ruhen, der elendesten in der ganzen Reihe, über deren Thür ein schmutzig grünes Schild die halberloschenen Worte trug:

"Hans Hackelberg, Orts= und Gemeindetischler."

Ein grüngestrichener Sarg, der von hohem Ständer auf den wüsten Vorgarten herniederblickte, galt als sinnreiche Erläuterung für alle, die nicht lesen konnten.

Mit diesem Ständer verband sich in Boleslavs Erinnerung ein merkwürdiges Bild das bei seinem Anblicke aus der Vergangenheit emportauchte:

Er sah ein kleines, schmutziges Mädel mit großen, dunklen, thränenüberströmten Augen und einem Walde wirrer, schwarzer Locken um Wangen und Schultern herum, das sich mit der Linken an diesen Pfahl geklammert hatte und mit der Rechten den Zipfel einer blauwürfligen[1] Latzen= schürze krampfhaft gegen den Busen preßte, während ein Haufe schreiender Rangen mit Stecken und Steinwürfen auf sie eindrang. "Was gibt's da?" hatte er gefragt, und darauf war das verfolgte Kind demütig an ihn her= angetreten, hatte die Schürze ein wenig gelüftet, gerade so weit, daß er hineinschauen konnte.

In der Schürze aber hatte ein armer, junger Spatz ge= sessen, der irgendwo aus dem Nest gefallen sein mochte.

"Gib ihn mir," hatte er gesagt, denn er liebte die jun=

gen Vögel. Da hatte sie willig die Schürze ausgebreitet,
so daß er nur zuzugreifen brauchte. Und er that's und
bedankte sich nicht einmal, denn er war ja der Herr. Er
hatte der Geberin auch nicht weiter gedacht.

5 Also — das war sie, von der die Leute zu erzählen wuß-
ten, daß sie den Franzen[1] den Weg gezeigt, und daß sie
bei dem Vater gehaust hätte bis an seines Lebens Ende.
Er schritt weiter. Beim Anblick des Pfarrhauses machte
er Halt und sah sich mit finsterer Stirn nach einem
10 Seitenwege um, der ihm das Vorübergehen ersparte.

Links führte ein Pfad zu dem Flusse hinunter, welcher
das Gebiet des Schlosses von dem der Dörfler[2] trennte.
Hierhin lenkte er den Schritt.

Mühsam schleppte er sich am Ufer des Flusses entlang
15 nach der Zugbrücke hin, welche den einzigen Zugang zu
der Insel bildete, denn in eine Insel war noch zu Zeiten
des Großvaters durch eine kurze Kanalanlage der ganze
Schloßbereich verwandelt worden.

Die Brücke wenigstens war noch vorhanden. Ein Spalt
20 von zwei oder drei Fuß Höhe — noch gerade mit einem
Sprunge zu überwinden — trennte die Bohlen des festen
Lagers von dem darüberschwebenden Brückenrande. — Es
schien, als hätte jemand versucht, die Brücke aufzuziehen
und wäre dabei erschlafft. Boleslav sprang hinauf und
25 trat durch das steinerne Gerüste des Thors, aber plötzlich
hörte er zu seinen Füßen einen kurzen, klirrenden Laut,
ähnlich dem Schnellen einer Bogensehne. Erschrocken hielt

er inne und sah den eisernen Halbkreis eines Fuchseisens, das sorgfältig mit Reisig bedeckt war. Wie durch ein Wunder war er dem Unfall entgangen, der ihn für Wochen hinaus aufs Krankenlager geworfen hätte.

Er schritt den Hügel zum Schlosse hinan, wo mannshohes Gestrüpp die Pfade verlegte. Noch zweimal spürte er Fuchsfallen auf, welche ihren mageren Rachen gierig nach ihm aufsperrten.

Mitten in dem grünen Geranke hing eine weiße Tafel, welche die von des Vaters Hand geschriebenen Worte trug:

„Vorsicht — nicht betreten —"

Ein Schauern ergriff ihn, als er so nach sechs Jahren das erste Lebenszeichen des Mannes vor sich sah, dem er das eigene Leben verdankte, und den er nun begraben kam.

Wenige Minuten noch, und er wird vor seiner Leiche stehen.

Wo aber war die zu finden? Wo mochte er im Leben gehaust haben? In all diesen Ruinen war keine Thür, kein Fenstergerüste, keine Spur einer menschlichen Wohnung zu entdecken.

Er machte Kehrt und schritt langsam um die Fassade des Schlosses herum.

Da sah er etwa dreißig Schritte vor sich auf dem Rasenplatze, auf welchem ehemals eine Statue der Göttin Diana gestanden hatte — der verwitterte Sockel und die Steinbrocken im Grase waren wohl Überbleibsel davon —

ein Weib, welches mit energischen Spatenstichen das schwarze
Erdreich aus dem Boden hob.

Er trat näher. — Sie grub und sah ihn nicht. — Ihr
nackter Fuß setzte sich taktmäßig auf die Kante des Spatens
und trieb ihn mit leichtem Drucke wie mit einer Ramme
bis zum Stiel in die Erde hinein. Dazu sang sie ein
Lied, welches nur aus zwei Tönen bestand, einem höheren
und einem tiefen, die voll und dumpf, wie die Klänge
einer Glocke, aus ihrer Brust hervorquollen.

Als sie auf seinen Anruf jäh erschreckend sich aufrichtete,
flammten zu ihm ein Paar dunkle, große Augen auf.

„Was wollen Sie hier?" sagte sie und faßte den Spa=
ten fester, als wollte sie ihn als Waffe benutzen. Dann
hob sie mit einer ruhigen Bewegung des linken Armes
das Hemd über die starrenden Brüste empor.

„Was wollen Sie hier?" wiederholte sie. „Hier ist kein
Eintritt für Fremde, gehen Sie 'runter von der Insel.
Sie können überhaupt froh sein, daß Sie kein Wolfseisen
gepackt hat. Gehen Sie."

Hochaufgerichtet stand sie da und wies hinaus; aber
sein finstrer Blick verwirrte sie allgemach.

„Zeig mir die Leiche des Herrn," sagte er.

Da zuckte sie jählings zusammen, stierte ihn eine Weile
mit weitgeöffneten Augen an und stürzte dann weinend
zu seinen Füßen nieder.

Er stieß sie heftig zurück.

„Zeig mir die Leiche," sagte er, „und dann scher dich
fort."

Sie erhob sich langsam und ging voran, aber am Rande des nächsten Gebüsches drehte sie sich um und sagte furchtsam:

„Hier ist ein Eisen."

Sie bog die Zweige des Dickichts, das sie durchschritten, an beiden Seiten zurück. Ein kleines, einstöckiges Haus mit hohem Schornstein, von zerschlagenen Mistbeetfenstern[1] und aufgeworfenen Humushaufen umgeben, tauchte inmitten einer Lichtung vor ihm auf. Es war das Gärtnerhaus. Das war das einzige, was von dem Brande verschont geblieben.

„Hier ist die Mine," sagte wiederum das Weib, auf eine Erhöhung weisend, und halb in sich hinein murmelnd, fuhr sie fort: „Wer 'reintritt, ist tot!"

Er bückte sich nieder, grub die Zündkapsel mit den Händen aus der lockeren Erde und schleuderte sie weit von sich fort, daß sie mit lautem Knall an einem Baumstamm explodierte. —

Sie wandte den Kopf ein wenig zur Seite und sandte einen scheuen, entsetzten Blick zu ihm empor — als habe er eine Tempelschändung begangen. —

Dann öffnete sie die Thür. —

In der Mitte des engen, dumpfen Zimmers lag auf einer Art niedriger Bahre ein weißverhüllter Körper.

„Laß mich allein," sagte er, ohne sich umzuwenden, dann schlug er das Laken zurück.

Er faltete die Hände und betete ein Vaterunser.

„Deine Schuld sei meine Schuld," murmelte er. „Wenn ich dich nicht verteidige, 's thut's wahrhaftig sonst keiner auf der Welt."

Als er sich umwandte, sah er den dunklen Kopf des Weibes gegen die Füße des Toten gepreßt, während ihr Nacken sich leuchtend aus dem Schatten heraushob.

„Was suchst du hier?" herrschte er sie an.

Ihr Auge blickte heiß unter dem Lockendickicht hervor.

„Es hat mich noch keiner von ihm fortgewiesen," sagte sie.

„Ich weis' dich fort."

Da erhob sie sich schweigend und ging.

Er riß einen Fensterflügel auf, und hielt in dem Zimmer Umschau. — Es war eng und ärmlich genug — wahllos vollgefüllt mit dem unpassendsten Geräte, wie es beim Brande gerettet sein mochte. —

In einer Ecke stand ein Waffenschrank mit einer Galerie neuer und kostbarer Schießgewehre. Pistolen und Krummsäbel aller Art hingen und lehnten zwischen ihnen.

Darüber war ein Plan der Schloßinsel aufgehängt, welcher die Stellen anzeigte, an denen Fußangeln, Minen und Selbstschüsse[1] den Eindringling empfingen. Nach ungefährer Schätzung waren es mehr als hundert.

Ein Frösteln lief über Boleslavs Leib. War er nicht bestraft genug, der Unglückselige, durch das Leben, in welchem er seine letzten Jahre hatte hinbringen müssen? Hauste er nicht schlimmer als ein gehetztes Raubthier zwi-

'schen seinen Mordwerkzeugen, die ihm selber drohten auf Schritt und Tritt? Er brauchte nur eines zu vergessen, und er war ein Mann des Todes. —

Als Boleslav zur Thüre hinaustrat, stieß er gegen den Leib Reginens, die auf der Schwelle kauerte.

Mit einem Klagelaute, sprang sie empor.

Ein plötzliches Mitleid kam über ihn und verschwand, ehe er ihr noch ein mildes Wort gesagt hatte.

„Du heißt Regine Hackelberg?" fragte er.

„Ja, gnäd'ger Herr."

„Du warst es, welche die Franzosen über den Katzensteg geführt hat?"

„Ja, gnäd'ger Herr."

„Warum thatst du das?"

„Weil sie mir gesagt haben, ich soll es thun."

„Wer hat dir das gesagt?"

Sie schlug die Augen nieder und schwieg. „Mir hast du alles zu sagen — verstanden? — „Wie alt warst du, als die Franzosen ins Land kamen?"

Sie schlug die Augen nieder. „Fünfzehn — Herr."

Eine mildere Regung mochte aufs neue in ihm erwacht sein, aber ein Argwohn, finster und unheilvoll, erstickte sie sofort.

„Wurdest du für deinen Weg bezahlt?" fragte er zwischen den Zähnen hindurch.

„Ja, Herr," erwiderte sie ruhig.

Ein Anfall von Ekel schüttelte ihn.

„Wie viel betrug dein Lohn?"

„Ich weiß nicht, Herr!"

„Wie — hast du denn nicht gehandelt?"

Sie schien ihn nicht zu verstehen. „Der Vater nahm's mir fort," antwortete sie, er meinte, es wär' Sündengeld. Aber es war eine große Handvoll Gold — so viel weiß ich."

Er ließ einen erstaunten Blick über sie hingleiten. Der mächtige Kopf mit dem wirren, im Nacken derb geknoteten Haar war demütig gesenkt. Sie schien keine Ahnung von der Verachtung zu haben, die er über sie ausschüttete. Oder war sie gewöhnt daran, daß sie diesen Ton als selbstverständlich erachtete? — —

„Wie warst du denn aufs Schloß gekommen?" —

„Mein Vater hat mir gesagt — ich soll 'raufgehen und beim gnäd'gen Herrn nachfragen, ob's nichts zu nähen giebt. — Ich soll mir mein Brot verdienen, sagt' er." —

„So." — — Langes Schweigen, dann fuhr er fort: „Geh und zieh dir eine Jacke an, Regine."

„Ich hab' keine Jacke."

„Was heißt das? Hat der gnädige Herr dich nicht bekleidet?"

„Sie haben mir meine Jacke gestern vom Leib gerissen."

„Wer?"

Ein Strahl brennenden Hasses brach aus ihrem Auge.

„Wer? Die — unten — wer sonst?"

Ein merkwürdiges Gefühl, aus Erstaunen und Genugthuung gemischt, überkam ihn. Hier war also jemand, der an seinem Hasse teilnahm, der ihm vom Schicksal zugesellt worden in dem Kampfe, den er mit den Dörflern unten zu führen hatte.

„Sie sind dir wohl feind — die unten?"

Sie lachte höhnisch. „Die — ha! Sie werfen mich ja immer mit Steinen, wo sie mich sehen. Solche — Steine!" Und sie hielt die hohlen Hände in etlicher Entfernung gegen einander, um die Größe der Wurfgeschosse zu schildern.

„Wie lange werfen sie dich denn mit Steinen?"

Sie rechnete nach. „Sechs Jahre sind's her."

„Und sie haben dich nie getroffen?"

„O ja, manchmal.

„Aber jetzt nehm' ich mir immer die Waschwanne mit. Die halt' ich mir über Kopf und Rücken, wenn sie mich schmeißen."

„Warum bist du hier geblieben, wenn sie dir nach dem Leben trachteten?" fragte er, „die Welt ist weit."

Sie schien ihn nicht zu verstehen.

„Aber ich gehörte doch hierher," sagte sie erstaunt.

„Und warum gingst du von der Insel 'runter, wo du doch wenigstens deines Lebens sicher warst?"

Sie lachte kurz auf.

„Sollt' er denn verhungern?" fragte sie. „Gern ging ich ja auch nicht 'runter — meistens geh' ich nachts übern Katzensteg nach Bockeldorf, was drei Meilen[1] entfernt ist,

Bockeldorf —, dort krieg' ich Mehl und Fleisch und sonst, was er — der gnäd'ge Herr — braucht, gegen doppeltes Geld, und bin morgens wieder hier. Aber manchmal ist's nicht angänglich. Im Schneesturm und bei Überschwemmung. Da hab' ich denn ins Dorf 'runter müssen, — 's hat da noch mehr Geld gekost't — und manchmal, wenn sie mir gar nichts gaben, bloß Schläge — dann" — sie lachte schlau und wild, „dann bin ich gegangen und wieder gekommen und hab's mir geholt, wo ich's hab' kriegen können."

„Das heißt — du hast gestohlen?"

Sie nickte eifrig, als erwarte sie ein besonderes Lob hierfür.

„Und was wolltest du gestern — unten?" fragte er von neuem.

„Gestern — na — begraben muß er doch werden! 's wird Zeit, Herr, 's wird Zeit. Vom Weinen kommt er nicht unter die Erde, hab' ich mir gedacht." —

„Hast du denn geweint?" fragte er verächtlich.

„Ja," erwiderte sie, „sollt' ich nicht? —"

„Nur weiter."

„Und da hab' ich denn die Wanne genommen und bin zum Pfarrer 'runtergegangen. — Der Pfarrer hat gesagt, ich soll sein reines Haus nicht beschmutzen — und dann bin ich zum Gastwirt Merckel gegangen, was der Schulz ist, wie der Herr weiß, da haben mich die Soldaten gesehen —"

„Welche Soldaten?"

„Die aus dem Krieg gekommen sind."

„So — nur weiter."

„Und haben geschrien: schlagt sie tot — schlagt sie tot — na und da ist die Jagd losgegangen und mein Vater — der hat auch geschrien, der war aber wieder betrunken, denn was der alte Mann trinkt, ist fürchterlich — und die Steine sind nur so 'rumgeflogen — und da sind die Weiber und die Kinder gekommen und haben mich festgehalten damit jene mich schlagen konnten, — ich hab' aber die Wanne in beide Hände genommen und hab' ihnen immer auf die Köpfe gehauen — so und immer so —." Sie reckte die nervigen Arme über den Kopf empor und ließ sie dann wie Keulen herniedersinken.

„Hat man dir also verweigert, den gnäd'gen Herrn zu begraben?" forschte er weiter.

„Nein, gesagt hat keiner was," erwiderte sie, „aber ich hab' ja auch keinen gefragt."

„Warum nicht?"

„Weil gleich die Steine um mich 'rum geflogen sind. Und da hab' ich mir gedacht: Kommen wird doch keiner, ihn zu holen, also scharr du ihn nur selber ein."

„Du allein?"

„Hab' ich ihn vom Katzensteg allein ins Haus getragen, werd' ich ihn doch auch begraben können." — —

„Wo denn — auf dem Kirchhof?"

„Auf dem Kirchhof? Hahaha — das wär' schön!

Durchs Dorf wär' ich wohl nicht lebendig mit ihm gekommen. Aber vorm Schloß — im Garten. War eben dabei, die Grube zu graben, als der Herr ankam — 'ne schöne Grube — 'ne tiefe Grube — 's liegt sich da eben so schön, wie in dem steinernen Gewölbe, Herr."

Auf seinen Lippen lag ein lobendes Wort.... Diese hündische Treue, die, ohne zu fragen, ohne zu zaudern, tausend Toden freudig entgegengegangen war, verdiente wohl einen Lohn. Sobald er den Vater zur Ruhe gebracht hat, wird er sie abdanken — so lange mag sie noch auf diesem Boden weilen.

Freilich, den Vater zur Ruhe bringen, das war nicht leicht. Daß ihm ein ehrliches Begräbnis verschafft werden mußte, wie jeder Christenmensch es verlangte, daß der Platz im Schrandenschen Erbbegräbnis, der ihm gebührte, nicht auf ihn warten durfte, das stand als unverrückbare Kindespflicht in seiner Seele fest. — Und wenn er selbst dabei zu Grunde ginge. — — Aber schließlich gab's eine Obrigkeit in Preußen, und Herr von Schön, der überdies ein Verwandter seiner Mutter war, führte ein straffes Regiment.

Als er sich zum Gehen wandte, fiel ihm ein, daß er nicht im stande war, sich hundert Schritte weit auf seinem Grund und Boden zu bewegen, ohne hundertmal in Todesgefahr zu geraten.

Ohne dieses Weib, das er verabscheute, war er hilflos wie ein Kind.

„Führ mich zur Zugbrücke," sagte er, „und bis ich wiederkomme, räume die Fallen aus dem Weg."

IV.

Im Gasthause zum „Schwarzen Adler" saß in derselben Stunde ein Häuflein Schrandener Bürger und Bürgersöhne beim Morgenschoppen vereint.

Der junge Merckel führte bei allen Gelagen den Vorsitz. Er hatte nach dem Friedensschluß nicht, wie es nahe lag,[1] seinen Abschied genommen, sondern war mit einem Urlaub auf ungewisse Zeit in die Heimat zurückgekehrt, wo er sich in Ruhe zu entscheiden gedachte, ob es geraten sei, beim stehenden Heere weiter zu dienen. — Sein bisheriger Beruf wenigstens legte diesem Entschlusse nichts in den Weg, denn genau besehen, besaß er keinen.

Wie jener Baumgart war auch er als freiwilliger Jäger in das Heer getreten, war wie jener zur Landwehr übergegangen, war dort zum Lieutenant avanciert und trug als Zeichen anerkannter Bravour das eiserne Kreuz auf stolz geschwellter Brust.

Er trank, bramarbasierte und half den Haß gegen den Verräter schüren, den Haß, der seit der Rückkehr der sieg-

reichen Soldaten noch einmal in hellen Flammen aufge=
lodert war. — Auf sein Hetzen hin waren die Schrandener
hinausgezogen, den Katzensteg zu zerstören und hiermit den
Freiherrn auf seiner Insel einzuschließen.

5 Daß er vor ihren sehenden Augen, vom Schlage ge=
troffen, zu Boden sinken würde, hatten sie in ihren kühn=
sten Träumen nicht zu hoffen gewagt, und jubelnd zogen
sie ab, die Mär im Dorfe zu verkünden.

Daß dem Landesverräter das Begräbnis zu verweigern
10 sei, war ihnen sofort beschlossene Sache. Diesem herrlichen
Gedanken zuliebe, der ihrem Haß die Ehrenkrone aufsetzte,
feierten sie ein großes Freudenfest, welches nun schon drei
Tage gedauert hatte und kein Ende nehmen wollte.

Daß dem Toten ein Helfer erstehen würde, hatten sie
15 nicht geahnt.

Denn der Junker — wo war der Junker? — Verschollen,
verwahrlost gewiß, erstickt in der Schmach seines Namens.

„Da kommt einer mit der Landwehrmütze,“ sagte Felix
Merckel, durch eine Spalte der Jalousien auf den Markt=
20 platz hinausschauend.

Der Lärm am Zechtische verstummte. Erwartungsvoll
schaute man dem Fremden entgegen. — Ohne die Gäste zu
grüßen, trat er an den Schenktisch, wo eine Dienstmamsell
hinter ihrem Strickstrumpf dröselte,[1] und fragte, ob der
25 Schulze zu sprechen sei.

Nein, — er sei 'mal aufs Feld gegangen.

Herr Merckel liebte es, die Bewachung des Schankwesens

seinem Sohne zu überlassen, da er entdeckt hatte, daß das Bier im Fasse doppelt so rasch verschwand, wenn er nicht zugegen war. —

Daß ihm der Fremde mit der Landwehrmütze den Gruß verweigert hatte, wiewohl er die Offiziersabzeichen auf seinem Rocke trug, ärgerte ihn und er beschloß daher, keine Notiz von ihm zu nehmen.

„Kann ich auf den Schulzen warten?" fragte der Fremde.

„Es ist ja die Gaststube," erwiderte die Mamsell.

Der Fremde setzte sich in die entgegengesetzte Ecke, so daß er den Zechenden den Rücken zudrehte, legte sein Ränzel auf den Tisch und stützte den Kopf in die Hände.

Herr Felix, der es liebte, angeschaut zu werden, fand in diesem Benehmen eine Art von Herausforderung. Daß der Fremde nichts zu trinken verlangte, empörte überdies den guten Sohn seines Vaters.

„Frag den Herrn, ob er etwas zu verzehren wünscht, Amalie," rief er mit lauter Stimme zu dem Schenktisch hinüber.

Der Fremde that, als hätte er nichts gehört. Die Mamsell trat an seinen Tisch und stotterte etwas von Schrandener Doppelbier.

„Ich danke — ich trinke nichts," erwiderte er, ohne aufzuschauen.

Herr Felix biß sich auf seine Schnurrbartspitzen. Sein Angriffsplan war alsbald gemacht. Er erhob sich, und den Deckelkrug schwingend, begann er mit energischem Brustton:

„Meine lieben Kameraden und Mitbürger, sowie die geehrten Anwesenden überhaupt! Preußens glorreiche Schlachten sind geschlagen. Unser geliebtes Vaterland hat sich aus dem Staube zu neuem, ungeahntem Glanze wieder erhoben. Wer ein preußischer Patriot ist, der trinke mit mir auf Preußens Ruhm und Preußens Ehre!"

Mit hellem Hurrageschrei hoben sie alle die Krüge zu Munde, als ein schneidendes „Halt" des Lieutenants sie unterbrach.

„Ich sehe hier jemanden," rief er, „der sich von dieser Ehrenpflicht auszuschließen scheint." Er trat mit klirrenden Schritten an den Tisch des Fremden.

„Mein Herr," wetterte er ihn an, „Sie wünschen nicht auf Preußens Ruhm zu trinken?"

Der drehte sich halb zur Seite und sagte:

„Ich wünsche in Ruhe gelassen zu sein."

„Was, Herr? Sie tragen das Ehrenzeichen des Landwehrmanns an Ihrer Mütze, und weigern sich — — —"

Ein plötzlicher Griff des Fremden nach seiner Ledertasche ließ ihn verstummen.

Im nächsten Augenblicke sah er den Doppellauf eines Reiterpistols in seiner Hand erglänzen, sah ihn aufspringen und schaute zurückweichend in ein blasses, finsteres Gesicht, das er wohl kannte, doch aus welchem zwei Blitze, wie diese, ihm noch nie entgegengeflammt waren.

Er begriff es rasch: er stand einem Manne gegenüber, der zum Äußersten entschlossen war.

„Sieh mich an, Felix Merckel," sagte der einstige Freund, „und du wirst wissen, daß ich nichts mit dir zu schaffen habe. Solltest du oder einer von denen, die mit dir sind, es wagen, mir zu nah auf den Leib zu rücken, so sei sicher, daß ich dich oder den ersten, der da kommt, niederschieße wie einen Hund." Felix Merckel hatte sich rasch gefaßt.

„Ah, der Herr Baron!" sagte er mit tiefer Verbeugung, „dann freilich wundert's mich nicht, daß Preußens — —"

Das zweimalige Knacken des Doppelhahns ließ ihn innehalten.

„Noch einmal, nimm dich in acht, Felix Merckel, ich bin Offizier wie du!"

Die doppelte Warnung that ihre Dienste.

„Wenigstens will ich nicht stören!" sagte Herr Felix mit nochmaliger Verbeugung und schritt auf seinen Platz zurück, während die Sporen an seinen Stiefeln leiser erklangen.

Die Schrandener steckten die Köpfe zusammen, und gleich darauf trat der alte Merckel ins Zimmer. Sein feistes, glatt rasiertes Gesicht strahlte von Behäbigkeit und Wohlwollen.

„Der Herr hat mich zu sprechen gewünscht?" fragte er mit einem tiefen Bückling, der aber gleichsam mitten entzwei gebrochen wurde, als die zwei kleinen, grauen Luchsaugen bemerkten, daß der Fremdling kein Glas vor sich stehen hatte. Einem, der nichts verzehrte, brauchte man keine Reverenz zu machen.

Felix war aufgesprungen.

„Es ist der junge Herr Baron, Vater," rief er mit grellem Auflachen.

Merckel fuhr drei Schritte weit zurück. Sein wohlwollendes Lächeln wurde zu Stein.

„Kann ich Sie allein sprechen?"

„O, Herr Baron — natürlich, Herr Baron — geruhen¹ der Herr Baron?"

Und er öffnete mit weitem Schwunge die Seitenthür, die in das kleine Honoratiorenzimmer führte. Dann ließ er unter halbgesenkten Lidern einen kurzen, prüfenden Blick über die Erscheinung des heimgekehrten Herrensohnes gleiten.

„Wie der Herr Junker inzwischen gewachsen sind!" begann er — „'s ist merkwürdig!"

Boleslav fixierte ihn schweigend.

„Und den alten gnäd'gen Herrn haben der Herr Junker — oder Herr Baron, muß ich ja wohl sagen — auch nicht mehr am Leben gefunden. Sind zu spät gekommen, um dem Seligen die Augen zuzu² — — —"

Er hielt inne, denn die Blicke Boleslavs, die sich starr und drohend in sein Antlitz bohrten, fingen an, ihn zu beunruhigen.

„Aber ich komme nicht zu spät," brach Boleslav los,

„um das Schandenstück zu vereiteln, das meinen Vater um seine letzte Ehre bringen will."

„Was für ein Schandenstück meinen der Herr Baron?"

„Ich rate Ihnen, mein Wertester, die scheinheilige Miene abzulegen. Ich durchschaue Sie ganz und gar. Es ist mir eine Äußerung von Ihnen zu Ohren gekommen, die es verdiente, daß ich Sie auf der Stelle züchtigte! Ist das der Dank, den Sie meinem Hause schulden, dessen Gnade Sie zu dem gemacht hat, was Sie sind?"

„Lieber Herr Baron," sagte der Krämer, das breite, glatte Gesicht ganz von väterlicher Milde überstrahlt — „ich verzeih' Ihnen die Beleidigungen, die Sie hier gegen mich ausgestoßen haben, und werd' Ihnen treuste Auskunft geben, als ob nichts geschehn wär', — daraus werden Sie hoffentlich am besten sehen, wie freundschaftlich ich's meine."

„Ich verbitte mir Ihre Freundschaft!" donnerte Boleslav dazwischen. „Sie sollen mir als Schulze von Dorf Schranden Red' und Antwort stehn — weiter nichts."

„Die Schrandener, lieber Herr Baron, sind nämlich fürchterliche Menschen. Jetzt haben sie sich in den Kopf gesetzt, den alten, gnädigen Herrn nicht begraben zu lassen, und — mein Wort! — kein Gott und kein Teufel wird sie dazu zwingen. — Auch Sie nicht, Herr Baron. Denn warum? — Der Leichenwagen gehört der Gilde — und die gibt ihn nicht her; — Pferde liefert Ihnen auch keiner ... Leichenträger ... Gehen Sie 'mal 'rum im Dorf

… wenn sich einer finden sollt', so haben sie ihn 'ne Viertelstunde später lahm geprügelt — denn diese Schrandener! Na, und der Herr Pfarrer — der hat schließlich am meisten zu sagen — aber gehen Sie nur zum Herrn Pfarrer — Sie werden ja hören, was er meinen wird. Von Geläut und Vaterunser gar nicht zu reden ... ja, nicht einmal 'nen Sarg kriegen Sie gemacht."

„Das wollt' ich sehen," knirschte Boleslav, der seinen Trotz um so mächtiger anschwellen fühlte, je klarer er in dies Gewebe von Bosheit und Tücke hineinschaute.

„Ja, wollen Sie's sehen?" rief der alte Merckel in schlecht verhehltem Triumphe. „Ihr Wille soll geschehen, Herr Baron."

Er öffnete die Thür zum Schankraume, aus dem ein dumpfes Brausen von vielen Menschenstimmen hereindrang. Das halbe Dorf schien sich inzwischen versammelt zu haben.

„Der Hackelberg soll kommen!" schrie er hinaus und warf die Thür eilends ins Schloß.[1]

„Wenn er nicht noch von gestern besoffen ist, Herr Baron, wird er Ihnen seine unterthänige Meinung gleich selber ins Gesicht sagen. Sie haben meine Freundschaft von sich gewiesen, junger Mann, Sie haben mein weißes Haar gekränkt und beleidigt — gut — ich trag's nicht nach.[2] Wenn Sie auf den Rat eines alten, erfahrenen Mannes etwas geben wollen, so gehen Sie jetzt hübsch nach Hause, — graben Sie hinter dem Schloß 'ne Grube, legen Sie den sel'gen Herrn Vater da hinein — zur Nachtzeit — ganz sacht, ganz sacht … Das liebe Fräulein Regine kann ja mit anfassen — dann machen Sie den Rasen hübsch gleich, damit keiner weiß, wo Sie ihn eingescharrt haben, und ehe noch der Morgen tagt, gehen Sie hübsch wieder dahin, wo Sie — — —"

Er hielt inne, denn Boleslavs Finger zuckten nach dem Kolben seiner Pistole. Aus dem salbungsvollen Rate dieses Biedermannes grinste offen der teuflische Hohn und stachelte seinen Widerstand bis zum äußersten.

Wahrlich, dies Begräbnis war nur der erste, der geringste Teil des Werkes, das zu vollenden ihm oblag! Nicht von dannen gehen in Nacht und Nebel — nein, hierbleiben — ausharren. — Das war die Sühne, die er den Sünden der Väter schuldete!

Sollte er abziehen als Deserteur, als Fahnenflüchtiger, und all sein Hab und Gut mitsamt der Geliebten, die ihm verloren war für Zeit und Ewigkeit und die dennoch mit Bangen und Zagen seiner harrte, elend im Stiche lassen?

Er trat dicht vor den Schulzen hin, und ihm den drohenden Blick ins Antlitz bohrend, schrie er ihn an:

„Wer hat Schloß Schranden in Brand gesteckt?"

Über Herrn Merckels feistes Gesicht lief ein Zucken. Die wundeste Stelle seines Gewissens schien getroffen.

Doch so zuckte ein jeder Schrandener zusammen, wenn die Frage nach dem Urheber jenes Verbrechens an sein Ohr schlug — nur ein einziger nicht — — und das war der Verbrecher selber — — —

Herr Merckel wollte sich zu einer Antwort sammeln, doch in diesem Augenblicke schwoll das Brausen im Schank= zimmer zu lautem Lärme an.

Er machte eine unwillkürliche Bewegung nach der Thür, als wollte er kommenden Ereignissen den Riegel vorschieben, aber schon wurde sie aufgerissen, und herein drängte, von einem Haufen wilder, bedrohlicher Gestalten gefolgt, ein kleiner, verlotterter und zerlumpter Kerl mit starrem, schwarzem Haare.

Er schlug mit den Fäusten um sich und schrie:

„Wo ist der Kerl? wo ist die Brut? — Ich will sie erwürgen, die Brut!"

Dann, als er Boleslavs hohe Gestalt starr aufgerichtet sich gegenüber sah, verstummte er mitten im Worte und grollte und kollerte in sich hinein.

Hinter ihm erhob sich eine Mauer von erhitzten, bos= haften, neugierigen Gesichtern, die alle auf Boleslav hin= starrten, wie auf ein eingefangenes Wunderthier.

„Ich allein gegen sie alle!" dachte er, und seine Brust hob sich höher.

„Sie sind der Tischler Hackelberg?" fragte er, indem er den Trunkenbold mit seinen Blicken im Banne hielt. „Sie arbeiten die Särge im Dorf?"

Der Tischler schüttelte langsam den Kopf, stieren Blickes vor sich hinstarrend, dann sprach er mit Grabesstimme:

„Ich arbeite nur noch zwei Särge — — einen für mich und — einen für mein armes Kind."

Die Schrandener lachten verstohlen.

„Wer fertigt außer Ihnen sonst noch Särge im Dorf?"
Die Schrandener brachen in ein wieherndes Gelächter aus.
Es würde ihm schwer werden, die Wahrheit herauszukriegen.

Hackelberg blähte sich.

„Was wollen Sie, Herr, von mir? — Einen Sarg
wollen Sie von mir? Für wen wollen Sie den Sarg
von mir? Für den Kerl, für den Hund, der sein Vater=
land verraten hat — dem soll ich einen Sarg machen,
Herr? — Sehen Sie mich an, Herr! Bin ich nicht ein
Scheusal, Herr? Das hat der sel'ge Herr Baron aus mir
gemacht — einen unglücklichen, verlassenen, kinderlosen alten
Mann hat er aus mir gemacht," — er fing an, sich mit den Fe=
tzen seiner englisch=ledernen[1] Jacke die Augen zu wischen — die
Schrandener hinter seinem Rücken johlten ihm Beifall —
„mein Kind hat er mir weggenommen — mein Kind hat
er mir geraubt — "

„Ich denke, Sie haben Ihr Kind selbst aufs Schloß
geschickt," fiel Boleslav ihm ins Wort, aber er ließ sich in
seiner Litanei[2] nicht anfechten.

„Mit Rutenstreichen hat er es gezwungen, daß es gegan=
gen ist in Nacht und Nebel und hat — aber glauben Sie,
daß ich seitdem noch ein Kind hab'? — Nein, Herr, ver=
flucht hab' ich das Frauenzimmer — mein Fleisch und Blut
bist du nicht mehr — hab' ich ihr gesagt. — "

„Aber das Sündengeld hast du genommen!" wollte ihm
Boleslav ins Wort fallen, da besann er sich, daß er da=
mit die Schuld des Vaters diesen Wölfen preisgäbe.

„Und vogelfrei bist du, hab' ich ihr gesagt, und wer dich trifft, soll dich totschlagen, hab' ich ihr gesagt, und nun geh zu deinem gnäd'gen Herrn — hab' ich ihr gesagt, — und er soll sich in acht nehmen — hab' ich — "

In diesem Augenblick wurde das Geschrei der Schrandener so laut, daß es die Worte des Tischlers verschlang. — Fremde Gestalten drängten sich vor ihn und nahmen ihn in ihre Mitte. Nur sein schrilles, boshaftes Lachen drang noch aus dem Haufen, in dem er verschwunden war.

„Nun, was hab' ich dem Herrn Baron prophezeit?" fragte Herr Merckel mit seinem wohlwollendsten Lächeln.

Boleslav hatte sich gegen die Sofalehne gestützt und starrte mit zusammengebissenen Zähnen die Schar der Schrandener an, die näher und näher herandrängte.

„Wenn's einem einfällt, die Faust zu erheben, schlagen die andern mich tot," dachte er bei sich. Hier galt es ruhig Blut zu bewahren.

„Laßt mich hindurch, Leute," sagte er, indem er mit den Händen versuchte, sich eine Gasse zu öffnen.

Und war es der kalte, stählerne Blick seines Auges, war es der Schimmer des Landwehrkreuzes an seiner Mütze, was die Tobenden beherrschte — die Bahn vor ihm wurde frei — er trat in den Haufen hinein.

Bei jedem Schritte erwartete er den ersten verderbenbringenden Streich hinterrücks auf sich herabsausen zu fühlen; denn nur so weit sein Auge reichte, war er sicher. Doch nein — unangefochten gelangte er ins Freie. Der ganze Haufe — nun mit Weibern und Kindern untermischt — trollte hinter ihm her.

Als er den Garten des Pfarrhauses erreichte, fühlte er, wie vom Herzen her ein Druck zum Halse emporstieg und ihm die Kehle zuschnürte.

In den Händen des alten Pfarrers ruhte die letzte Hoffnung. Wird auch er ihn von der Schwelle weisen?

Und wie wird er Helene wiederfinden?

Muß sie nicht entsetzt zurückprallen, wenn sie ihn in diesem Aufzuge, bestaubt und verwildert, von dieser wüsten Horde johlend eskortiert — vor sich wird erscheinen sehen? —

Und so geschah es!

Eine erschrockene Hand riß die Glasthür der Veranda auf. . . .

Das war sie. Das mußte sie sein. — Eine lichte, schlanke Gestalt, die zitternd die abwehrenden Arme gegen ihn und den Haufen erhob — einen leichten Schrei des Schreckens ausstieß — und verschwunden war, eh Boleslav nur einen einzigen fragenden, flehenden Blick in die geliebten Züge hätte tauchen können.

Vor seinen Augen wehten weiße Nebel. Halb gedankenlos schritt er die Stufen der Veranda hinan und schloß die Thür hinter sich, der Dinge wartend, die da kommen sollten.

Die Schrandener, welche die Veranda blockierten, drückten sich an den Glaswänden die Nase platt, um besser sehen zu können.

Da wurde drinnen die eherne Stimme des alten Pfarrers laut. — Mit einem schweren Knotenstock in der Faust erschien er in der Veranda.

Die Schrandener hatten nicht geringe Furcht vor seiner Zucht, und kaum sahen sie den geschwungenen Stock, als sie eilends von den Fenstern zurückwichen und die Gartenpforte zu gewinnen suchten.

Dann wandte er sich gegen Boleslav und maß ihn mit finsterem Blicke vom Wirbel bis zur Zehe. Sein Auge blieb an der Landwehrmütze haften, die dieser zwischen den Fingern hielt.

„Sie haben den Feldzug mitgemacht?" fragte er.

„Ja."

„Säh' ich das Kreuz nicht über dem Schirme, so würd' ich fragen, für oder gegen Preußen?"

Boleslav, dessen Gedanken noch an der entflohenen Lichtgestalt hingen, verstand ihn im ersten Augenblicke nicht, dann fuhr er in jähem Zorne gegen ihn an.

Doch der alte Pfarrer war nicht der Mann, sich einschüchtern zu lassen — und während die Blicke beider düster ineinander ruhten, rief er:

„Boleslav von Schranden, hab' ich ein Recht zu diesem Argwohn oder hab' ich es nicht? Um der Mütze willen, die Sie tragen, soll Ihnen der Eintritt nicht versagt sein. Doch machen Sie es kurz. Für einen Schranden ist kein Platz in diesem Hause."

Boleslav rang nach Worten. „Herr Pfarrer," begann

er stammelnd, „vergessen Sie für einen Augenblick, daß ich den Namen Schranden trage."

Der alte lachte bitter in sich hinein. „Viel verlangt," murmelte er, „viel verlangt."

„Sehen Sie in mir nichts weiter als einen Sohn, der seinen Vater begraben will, und dem die Erfüllung dieser höchsten und heiligsten Pflicht von ruchlosem Gesindel verweigert wird. Ich wende mich nun an Sie, den Priester der christlichen Kirche, und frage Sie, ob Sie einen solchen Frevel in Ihrer Gemeinde dulden wollen — ? Und doch wagt man —"

„Halt — um wen handelt es sich?"

„Um meinen Vater."

„Der Mann ist seit sieben Jahren tot. Lassen Sie mich in Ruhe mit ihm."[1]

„Herr Pfarrer, das sind feige, lügnerische Winkelzüge."

Der alte Mann richtete sich hoch empor. Seine Kinnbacken arbeiteten.

„Mein Sohn," fuhr er fort, „es kostete mich nur ein Wort, um dich der Rotte, die draußen am Gartenzaune auf dich lauert, zu überliefern — aber noch einmal — um der Mütze willen, die du trägst, soll dir verziehen sein. Und was ich dir sagte, will ich auch beweisen."

Er schritt zu einem der Schränke, wo die Kirchenbücher der Gemeinde standen — holte eines von ihnen herunter und schlug eine Seite auf, auf welcher zu oberst die Zahl 1807 verzeichnet war.

„Hier lies, mein Sohn!"

Und Boleslav las:

„Am 5. März starb Hans Eberhard Freiherr von Schranden,

ex memoria hominum exstinguatur!"[1]

Dahinter standen drei Kreuze.

„Das ist eine Fälschung!" rief Boleslav.

„Ja, mein Sohn," erwiderte der Alte feierlich, „das ist eine offenbare und wissentliche Fälschung. Mit diesen Kreuzen hab' ich vor sieben Jahren den Mann begraben, der trotz seiner Grausamkeiten und wilden Gelüste bis dahin mein Freund gewesen war. Dann kam eine Nacht, in der die Flammen des brennenden Schlosses diese Wände taghell beleuchteten. Da habe ich zu Gott um Verzeihung gebetet für den, der's angesteckt hat — denn angesteckt war's, es brannte zugleich an allen vier Enden. — Von jetzt ab, dacht' ich, wird mit dem Thäter auch die Stätte, auf der die That geschah, ausgetilgt sein aus der Menschen Gedenken. — Und nun kommst du plötzlich, mein Sohn, erzählst mir, er habe erst vor etlichen Tagen das Zeitliche gesegnet und harre nun auf sein christliches Begräbnis. Allein ich verweigere es ... und zwar auf Grund dieses Registers. — Ich begrabe niemanden zweimal. — Zeigst du mich an, so werde ich verurteilt — das versteht sich von selbst. — Nun thu, was du willst — begrabe den Leichnam — erweis ihm alle Ehren, deren du ihn für würdig hältst, — aber mich laß aus dem Spiel."

„Das also ist die Gnade, die Vergebung, die Ihr predigt," rief Boleslav, Thränen des Zornes in den Augen. — Der Alte erhob sich langsam und ließ die Hand schwer auf seine Schulter niederfallen. —

„Um deiner Mütze willen, mein Sohn, will ich dir auch hierauf Rede stehen, obwohl dein Anblick mir verhaßt ist. Ich weigere niemandem seinen guten Ruheplatz. An allen will ich Milde üben, nur an deinem Vater nicht! Denn wer sich an seinem Vaterlande versündigt, der schändet alle himmlischen und irdischen Gesetze, der schändet die Mutter, die ihn geboren und verfemt die Kinder, die er erzeugt. Den soll man hinausstäupen aus aller menschlichen Gesellschaft, denn er ist wie der Aussätzige — Tod und Verderben bringt er mit sich, wohin er tritt. — Wie groß meinst du wohl, mein Sohn, daß die Schuld deines Vaters ist, und was er alles versündigte? Die paar hundert pommerschen Jungen, die draußen auf dem Anger eingescharrt liegen, die trag' ich ihm nicht nach. Auf ihren Gräbern steht hohes Gras, und ihre eigenen Väter haben sie wohl längst verschmerzt — aber komm her, mein Sohn — "

Er ergriff Boleslavs Hand und führte ihn ans Fenster.

„Sieh hinaus, — was siehst du dort am Gartenzaun? Einen Haufen wilder Tiere siehst du, die mit blutgierigem Geschrei umherlungern, ob die Beute bald kommen wird, ihren Hunger zu stillen — und die doch zu feige sein werden, sich auf dich zu stürzen und dich zu zerfleischen, wenn du unter sie treten wirst. Und sieh mich an, mein

Sohn! Ich bin hierher gesetzt von Gott, seine Liebe zu verkündigen, und ich predige Haß. Und das hat die Unthat deines Vaters aus uns gemacht! — Hier unten in Schranden findst du nichts Gutes — denn das Gift deines Vaters gärt in uns und impft sich fort[1] auf Kind und Kindeskind, bis der Herr die Stätte des Frevels samt ihrem vermaledeiten Namen vertilgen wird von seiner heiligen Erde — Amen."

Boleslav, betäubt von Entsetzen und Grauen, wandte sich schweigend nach der Thür.

Die Tasche mit den Pistolen handgerecht auf der Brust, schritt er dem Haufen der Schrandener entgegen.

Der alte Pfarrer hatte recht: sie johlten und schmähten hinter ihm her — Mordlust blitzte aus ihren Augen — aber Hand an ihn zu legen, wagten sie nicht.

Als er die Zugbrücke erreichte, hinter deren Pfeilern eine Frauengestalt zusammengekauert seiner harrte, war ein wilder, verzweifelter Entschluß in ihm zur Reife gekommen:

Er wird dem Vater mit Waffengewalt die letzte Ruhe erzwingen.

„Willst du dir wieder einmal ein schönes Stück Geld verdienen?" fragte er das junge Weib.

Sie sah ihn eine Weile sinnend und staunend an, dann, als ob sie jetzt erst begriffen habe, schüttelte sie heftig den Kopf.

„Warum nicht?" herrschte er sie an.

Sie begann zu zittern. „Was soll ich mit Geld, Herr?" fragte sie leise und bittend, „sie nehmen's mir ja doch bloß weg."

„Wer?"

„Die Menschen — alle Menschen — bitte, bitte, Herr, bloß kein Geld."

„Offenbar ist ihr Geist verstört," dachte Boleslav.

„Und dann ist ja Geld genug da," fuhr sie mit scheuem Umblick flüsternd fort, „im Keller liegt Geld — ein ganzer Kasten voll — dort, wo die Weinfässer stehen — da nehm' ich mir immer 'raus, soviel ich brauchte.' Für mich selber brauch ich nichts, Herr, höchstens 'ne neue Jacke."

„Willst du dir also eine Jacke verdienen?"

„Die brauch' ich mir nicht zu verdienen, Herr. Wenn ich nächstens nach Bockeldorf geh', — denn der Herr muß doch was zu essen haben — bring' ich mir eine mit."

„Willst du also ohne was zu verdienen, diese Nacht einen weiten Gang für mich thun?"

„Ob ich will, Herr? Wenn Sie nur wollen, Herr!"

V.

Folgenden Tages wurde das Dorf Schranden von einem Besuche überrascht, der seinen festlich gestimmten Bewohnern keine geringe Enttäuschung bereitete.

Es war gegen fünf Uhr nachmittags, als auf der Dorfstraße zwei Leiterwagen dahergefahren kamen, deren jeder fünf bis sechs Insassen trug, junge Leute in Jägerröcken, Feldmützen auf dem Kopfe, Büchsen an breitem Gurte über die Schulter gehängt.

Auf dem vordersten der Wagen saß außerdem eine Frauensperson, die in dem Augenblick, da die Pferde auf den Kirchplatz einbogen, mit einem wilden Satze über die Leiter sprang und in der Richtung des Schlosses hin das Weite suchte. —

Vor dem Gasthof zum „schwarzen Adler" machten die Wagen Halt.

„Die Heidesöhne — Hurra — die Heidesöhne," schrie Felix Merckel, und schwenkte einen schäumenden Krug zum Fenster hinaus.

Doch diese hatten als Antwort auf das begeisterte Willkommen nichts wie ein finsteres, fast feindseliges Schweigen. Ohne nach den Lärmenden aufzuschauen, zogen sie allerhand Geräte — Sägen, Beile und Grabscheite — zwischen den Leitern hervor und begannen die Pferde abzusträngen.

Die Schrandener wurden stutzig.

Da trat Karl Engelbert, welcher sich als Führer benahm, **unter das Fenster**, aus welchem Felix breitschulterig sich hinauslehnte, grüßte halb militärisch zu ihm hinauf und sagte:

„Mit Erlaubnis, Herr Lieutenant, wir sind nicht gekommen, ein Fest oder sonst was Lustiges zu feiern — wir sind Begräbnisleute."

Der Steinkrug in Felix Merckels Hand fiel zerschellend dem jungen Engelbert vor die Füße. Das Bier spritzte an seinen Beinen in die Höhe. — —

Ein Tumult erhob sich in dem Inneren des Gasthauses, als ob eine Schlacht geschlagen werden sollte, dann wurden die Fenster dröhnend zugeworfen.

Engelbert schulterte seine Büchse. — „Die Wagen fahren vorauf!" kommandierte er — „Vorwärts marsch." — Der Zug ordnete sich; während ein Haufe von Eingeborenen, durch die Büchsen in Respekt gehalten, hinter ihnen hertrollte, schritten sie dem Schlosse zu.

Auf der Brücke stand Boleslav, sie zu empfangen.

Engelbert reichte ihm schweigend die Hand. Doch als Boleslav ihn umarmen wollte, wich er ihm aus.

Der in seiner Erregung achtete nicht darauf. „Ich wußt's ja, daß ihr kommen würdet," stammelte er, „wußt's ja, daß ich noch Freunde habe — daß ihr mich diesen Wölfen nicht wehrlos überlassen würdet."

Keiner antwortete ihm.

In Reih und Glied, steif und still wie eine Mauer, standen sie da, nur die Blicke irrten scheu an ihm vorüber.

Engelbert war der erste, der das Schweigen brach.

„Du hast gerufen — wir sind da — aber unsre Zeit reicht nicht weit — sag uns, was du für uns zu thun hast."

Und in wirren, durcheinander stürzenden Worten erzählte er ihnen, wie die Schmach, welche die Schrandener dem Vater zuzufügen gedachten, sich über ihn, den Sohn, ergossen habe, und was er mit Hilfe der Freunde zu thun entschlossen war.

Engelbert wechselte einen Blick des Einverständnisses mit seinen Freunden, dann sagte er: „Wir haben die nötigen Werkzeuge mitgebracht — wenn du uns das gehörige Holz lieferst, wollen wir in kurzer Zeit einen Sarg zusammenschlagen. Bis zum Abend muß alles für den Gang bereit sein."

Und er bückte sich, einen der angebrannten Balken, welche zwischen dem Trümmerwerk der Ställe umherlagen, prüfend zu betasten.

„Der thut's," sagte er, „aber sägt das Verkohlte nicht ab — das ersetzt uns die Farbe."

Und er schritt mit Boleslav weiter, zwei oder drei andre der Balken auszusuchen.

Da schwirrte etwas Helles vor ihnen empor und war im Nu hinter der nächsten Mauer verschwunden.

Boleslav ballte die Fäuste. Er hatte Reginen erkannt.

„Verzeih," sagte er, „daß ich dir keinen besseren Boten schicken konnte, aber ich habe niemanden sonst."

Engelbert wollte reden, aber es war, als ob ihm ein Verbot die Zunge bände.

„Und bekleiden hast du sie wohl auch erst müssen?"

„Ja," sagte Engelbert, dessen Redseligkeit die Oberhand gewann, „ich fand sie halbtot und mit zerrissenem Zeug vor der Hausthür liegen, als ich nachts aufgestanden war und wollte sehen, was die Hunde so zu bellen hätten. Sie hat die fünf Meilen in sieben Stunden gemacht. — Hätt's nie im Leben für möglich gehalten. Und dein Blatt Papier hielt sie mit beiden Fäusten umklammert. Sie wollte aufstehen, aber da fiel sie zurück — und dann holt' ich ihr Branntwein und rieb ihr die Schläfen und gab ihr auch — — —"

Einer der Gefährten, die ihm nachgefolgt waren, sah ihn mit einem Blicke der Verwunderung an. Er erschrak und hielt mitten im Satze inne. — — —

In den folgenden Stunden hörten die Schrandener, die wütend und verstört am Ufer des Flusses entlang rannten, auf der Schloßinsel ein emsiges Hämmern und Sägen und Klingen, das ihnen nichts Gutes zu bedeuten schien. —

Sollten auf diese Weise ihre schönsten Pläne zu Wasser werden? Inzwischen rannte Felix Merckel wie ein angestochener Eber im Gastzimmer umher. — Er erinnerte sich der Heidesöhne gut genug, um zu wissen, daß sie, gereizt oder gar thätlich angegriffen, keine Schranken mehr kannten. Ein Blutvergießen, wie es keiner der Tobenden draußen ahnte, mußte die unausbleibliche Folge sein.

Aber andrerseits — durfte dem Schleicher, der da gewagt hatte, sich unter falschem Namen das Vertrauen der Kameraden und damit gar ein Lieutenantspatent zu erschwindeln — durfte ihm dieser Triumph gegönnt werden?

Herr Merkel senior hatte inzwischen andre Sorgen.

Er trat auf den Verschlag, der die Hausthür umrahmte, und rief mit dem ihm eigenen väterlichen Wohlwollen in den Haufen hinunter:

„Ich als euer Ortsvorstand kann es nicht dulden, liebe Kinder, daß ihr unsern öffentlichen Platz zu einem solchen Tumulte benutzt. — Sucht euch hübsch einen geschlossenen Raum aus, Kinder — da dürft ihr Skandal machen, so viel ihr wollt."

Daß mit dem „geschlossenen Raume" nur die Wirtsstube zum „schwarzen Adler" gemeint sein konnte, war jedem klar, und fünf Minuten später ließ der Konsum an geistigen Getränken nichts mehr zu wünschen übrig.

Und Felix begann mit begeisterten Worten auf die Menge einzureden. —

Die Wirkung sollte nicht ausbleiben. Einer nach dem andern stahl sich hinaus, um bald darauf mit irgend einer Waffe — einem Feuersteingewehr, einem Krummsäbel oder einer Sense — wiederzukehren.

„Immer hübsch ruhig und patriotisch, Kinder!" rief

schmunzelnd der alte Merckel, während er mit Argusaugen nach leeren Krügen spähte. — —

Es war Nacht geworden — da stürzten ein paar Bursche, die an der Zugbrücke als Wachen aufgestellt waren, schreiend ins Zimmer:

„Sie kommen, sie kommen!"

Ein Wutgeheul erhob sich.

Alles drängte zur Thür. Felix Merckel eilte in sein Schlafzimmer, sich den Säbel umzuschnallen, aber er kehrte nicht wieder. — Wahrscheinlich hatte er sich beim Anblick der Waffe, die er so lange mit Ehren geführt, eines Besseren besonnen. —

Sein Vater ermahnte derweilen die Tobenden zur Ruhe und Besonnenheit, insbesondere diejenigen, die ihre Zeche noch nicht bezahlt hatten.

„Vorwärts," lallte der alte Hackelberg, „rächt mein armes Kind — macht sie nieder!"

Draußen auf dem Marktplatze, den das Mondlicht hinter Wolken hervor mit fahlem Dämmerlichte übergoß, stand die ganze Bevölkerung des Dorfes versammelt.

Von gleichen Impulsen getrieben, schlugen die Haufen den Weg zum Kirchhof ein, der wenige Schritte hinter den letzten Häusern dicht an der Straße gelegen war.

Dort vor der Pforte konnte den Nahenden die Bahn am sichersten versperrt werden.

Da plötzlich — wer den Anfang gemacht, wußte niemand — es war, als habe aller Seelen in demselben Pulsschlage derselbe Gedanke durchflutet — da plötzlich stimmte der Haufe in brausendem Chore den unheimlichen Choralvers an:

"Unsern gnäd'gen Herrn von Schranden,
Der uns bedeckt mit Schimpf und Schanden,
Der uns gemacht zu Hohn und Spott,
Schlag mit der Pest, o Herre Gott!"

Näher und näher kam der Sarg. Schon übergoß der Schein der Fackeln die singenden Haufen, schon drängten die Weiber und Kinder, welche die Vorhut bildeten, schreiend nach rückwärts. — —

Sechs Männer trugen den Sarg auf ihren Schultern und schwangen flammende Kienspäne in der freien Hand, mit denen sie die Menge zur Seite scheuchten. — Sechs andre, die schußfertigen Büchsen unter dem Arme, folgten.

Voran aber schritt, die Feldmütze im Genick, zwei Pistolen mit gespanntem Hahne in den Fäusten, den brennenden Blick den Gegnern ins Antlitz bohrend, Boleslav, der Leiche des Vaters den Weg zu bahnen.

Immer tiefer drang der Riß in den Menschenknäuel hinein — immer dünner wurde die Schranke, welche den Zug von der Schar der bewaffneten Schrandener trennte.

Die sahen sich unruhig nach allen Seiten um, denn sie fühlten sich führerlos.

Jetzt stand Boleslav Brust an Brust ihnen gegenüber. — Sie wollten sich vorwärts schieben. Da — ein plötzlicher Ruck ging durch die Reihen, denn ein kurzes, militäri=

sches „Halt," wie sie's im Feldzug oft genug vernommen, war an ihr Ohr gedrungen.

Nichts regte sich. — Sein Blick, seine Stimme meisterte sie.

„Wer von euch ist Soldat gewesen? Wer hat unserm Könige geholfen, sein Land zu befreien?"

Ein dumpfes, halbwiderwilliges Murmeln ging durch die Reihen, aber sie antworteten doch.

„Der König hat euch heimgeschickt," fuhr er fort, „weil es Friede geworden ist; — glaubt ihr, daß es ihm gefallen wird, wenn er hört, daß ihr den Frieden in seinem Lande wieder gebrochen habt? — Drum macht Platz — Leute — Platz da!"

Ein Wogen, ein Wanken erschütterte die Mauer, sie begann sich zu spalten, und für einen Augenblick lag die Kirchhofspforte frei vor Boleslavs Blicken — aber von hinten her drängten neue Gestalten nach der Mitte zu und füllten den Spalt.

Aufs neue erhob sich das Lärmen — ein Hohngelächter, gurgelnd und lallend, mischte sich darein — und im nächsten Augenblicke sah er zwischen den Schultern der Vordersten ein rundes, schwarzes, blankgerändertes Etwas, mit einem tückisch blinzelnden Auge dahinter, auf seine Stirn gerichtet.

Ein Augenblick nur war's, kaum lang genug, um das Bewußtsein dessen, was für den nächsten ihm drohte, in seiner Seele aufzuwecken. Da ertönte in seinem Rücken ein gellender Schrei — eine Gestalt, leuchtend und geschmeidig wie die einer Pantherkatze, schoß an ihm vorüber und warf sich in den Haufen der Schrandener hinein, der sich aufs neue spaltete. In dem frei gewordenen Raume sah Boleslav zwei Gestalten, die sich am Boden wälzten, die eines Weibes, welche einen Mann überwältigt hatte und ihm den blinkenden Lauf eines Gewehres aus den Händen rang.

Es war der Tischler Hackelberg mit seiner Tochter. — Die mußte heimlich und unerkannt dem Leichenzuge gefolgt sein.

Neugierig drängte die Menge herzu. — Diesen Augenblick der Verwirrung benutzend, schritt er, den Sarg dicht hinter sich, an den Kämpfenden vorüber der Kirchhofspforte zu. — —

„Bewacht den Eingang!" rief er den Sechsen zu, die dem Sarge folgten, während die Träger ihren Weg zwischen den Grabhügeln zum Erbbegräbnisse der Schrandener Freiherren fortsetzten. —

Karl Engelbert, welcher die Nachhut befehligte, sah wie die Menge sich auf die Ringenden stürzte. Das Weib stieß zwei, drei kurze, schneidende Schreie aus. Offenbar begann man, seine Wut an ihr auszulassen. Kein Zweifel blieb, daß man sie töten würde, wenn ihr nicht schleunige Hilfe kam.

„Laßt sie los!" schrie Engelbert, mit kräftiger Faust in den Haufen hineingreifend. Im nächsten Augenblicke glitt die Gestalt, die vorhin in höchster Not aus dem Haufen hervorgetaucht war, aufs neue an ihm vorüber —, duckte sich in den trockenen Graben des Kirchhofwalles hinunter und huschte dann am Zaune entlang schattengleich in die dunkle Nacht hinaus. Wie eine Meute von Bluthunden stürmten die Schrandener von dannen. — Der Tischler Hackelberg wollte das Gleiche thun, er erhob sich langsam, taumelte in den Graben, blieb dort liegen und schlief ein.

Die letzte der Steinplatten, welche das Grabgewölbe bedeckten, sank knirschend und klingend in ihre Fugen zurück. —

Dann verließen die Männer, ohne sich nach Boleslav umzuschauen, die Kapelle.

Der stand in einen Winkel gedrückt, hatte die Hände vors Gesicht geschlagen, und gedachte in wildem Trotze dessen, was seiner harrte.

Die verhallenden Schritte schreckten ihn auf. —

An der Pforte holte er die Freunde ein. Dort vereinigten sie sich mit den Wachen, die nichts mehr zu bewachen hatten.

Von den Feldern her tönte das Lärmen des großen Haufens, der seine Jagd noch nicht beendet zu haben schien.

„Gnad' ihr Gott, wenn sie sie ergreifen!" sagte Karl Engelbert und faltete gutmütig die Hände.

Boleslav, in seine Gedanken versunken, merkte noch immer nichts von der drückenden, unheilkündenden Stimmung, die sich dichter und dichter um ihn zusammenzog; kaum daß er gewahr wurde, wie er beim Gange durch das Dorf stets wieder allein blieb, trotzdem er diesem oder jenem an die Seite getreten war.

Die Dorfstraße war durchschritten, die Zugbrücke erreicht, in deren Schutz die Wagen standen.

Die Freunde schritten ohne einen Moment des Zauderns auf sie zu und machten sich bereit, die Pferde anzuschirren.

Da wachte Boleslav erschreckend aus seinen Träumen auf.

„Was heißt das?" rief er. „Wollt ihr etwa fort? — Ich hab' euch zu danken, hab' euch um euren Rat zu bitten."

Schweigen ringsum.

„Und wollt ihr mir nicht jetzt wenigstens die Freude lassen, euch mit einem Glase Wein zu bewirten, jetzt, da alles glücklich vollbracht ist?"

Da trat Karl Engelbert aus dem murrenden Haufen und sagte:

„Es ist jammerschade, Baumgart — Baumgart nenn' ich dich, weil du bis zu diesem Augenblicke so für uns geheißen hast. — — — Du hast uns rufen lassen und wir sind gekommen. Der Schwur, den wir einander geleistet haben vor der ersten Schlacht — in der Kirche von Dannigkow, der halte uns fest — und meineidig zu werden, hatten wir keine Lust. Darum sind wir hier — daß wir nicht gerne kamen, das kannst du dir denken; denn schließlich sind wir ehrliche Jungens und 's geht uns gegen den Strich — ein Handwerk zu thun, bei einem . . .

„Warum habt ihr mir das nicht vorher gesagt?" stammelte Boleslav, „warum habt ihr es dahin gebracht, daß ich jetzt vor euch steh' — wie ein — wie ein —"

„Du brauchst dir keine Vorwürfe wegen uns zu machen," erwiderte Engelbert, „du hast an deinem eigenen Unglück genug zu tragen, aber jetzt, nachdem wir unsre Pflicht erfüllt haben — ruhig und ohne Murren, das wirst du uns zugeben — was wir uns dabei gedacht haben, ist unsre Sache — jetzt möcht' ich dich im Auftrage meiner Kameraden und — gewissermaßen auch — na 's ist egal — kurz, ich möcht' dich bitten, daß du uns fortan aus dem Eid entlässest — —"

„Hör' auf!" schrie Boleslav, „euer Wunsch ist erfüllt gewesen, noch eh' ihr ihn ausgesprochen habt. — Ich sag' euch auch kein ‚Schön Dank.' — Gott mög' euch alles Gute vergelten. — Darf ich euch beim Anspannen behilflich sein, da ich sonst nichts für euch thun kann?"

„Laß nur," sagte Engelbert, und seine Stimme wurde weich, „es thut uns ja selbst in tiefster Seele weh . . . . wir haben dich so lieb, wie wir dich immer gehabt haben — aber du siehst ein — —"

„Ich sehe alles ein, lieber Engelbert — es bedarf der Entschuldigungen nicht."

Die Pferde waren angespannt. Alles stand zur Abfahrt bereit.

Die Peitschen knallten — — donnernd rollten die Räder über die Bohlen der Zugbrücke. — Wie silberumrandete

Schemen schwanden die Wagen im Nebel des Mondlichts dahin.

Er war allein. — — So allein, wie auf Gottes weiter Welt noch nie ein Menschensohn gewesen.

Die Genossen hatten sich schaudernd von ihm gewandt. Schaudernd, wie die Geliebte gethan; denn nun verstand er, warum sie sich vor ihm verhüllte und entwich.

Das Gesicht in den Händen vergraben, taumelte er über den Platz der Gärtnerhütte zu, da — am Rande des Gebüsches — stieß sein Fuß an etwas Weiches, Rundliches, das ihm den Weg versperrte.

Die Gestalt eines Weibes war's, die, den Kopf in den Blättern vergraben, mit gelösten Gliedern dort lag.

Regine — wahrhaftig — Regine.

„Was thust du hier? Steh auf!"

Kein Laut — keine Regung.

Wo war er ihr doch zuletzt begegnet? Richtig — dort unten vor der Kirchhofspforte, als die Mündung des Gewehrs — — und plötzlich stand das Bild des fürchterlichen Augenblicks in Tagesklarheit vor seiner Seele.

Für ihn hatte sie sich dem Mörder entgegen geworfen, für ihn dem Tode getrotzt, den die Schrandener ihr verheißen.

Und wie hatte er ihr gelohnt?

Achtlos war er an ihr vorbeigeschritten, der Blutgier des mörderischen Haufens hatte er sie preisgegeben, ohne mit dem Schimmer eines Gedankens für ihre Rettung zu sorgen. Das verdiente sie nicht, das wahrlich nicht.

„Regine — wach auf!"

Wie, wenn sie tot war? Nein, wahrlich, sie darf nicht, sie soll nicht. — — — Geopfert für ihn — durch ihn, das hieße ja eigene Schuld zu der ererbten häufen. —

Sie muß weiter leben, damit er sie bezahlen kann!

„Steh auf, Regine," sagte er.

Der Ton seiner Stimme ließ sie erschauern. Sie wollte sich emporraffen — aber kraftlos sank sie zurück . . . „Laß mich liegen," bat ihr furchtsam flehender Blick.

„Steh auf, ich werde dir helfen."

„Muß ich gehen?" fragte sie, seinen Händen ausweichend. Angst und Jammer verzerrten das blutbesudelte wild-schöne Angesicht.

„Du möchtest also bei mir bleiben?"

„Ach Herr — was fragen Sie?"

„Aber draußen wird man dich besser behandeln."

„Wo draußen?" — Neu erwachende Angst malte sich auf ihren Zügen.

„Irgendwo — mein Gott. — Ein Weib wie du, das fleißig und willig ist —"

Sie schüttelte heftig den Kopf. „Ich würd' nicht weit kommen, Herr. Wenn Sie mich fortjagen, leg' ich mich in den Graben und hungre mich tot."

Ein weicherer Blick strahlte aus seinem Auge.

Mag sie auch stumpf und verworfen sein, schließlich ist sie ja die einzige auf Gottes weiter Welt, die zu ihm halten will. Warum sollt' er sie von seiner Schwelle weisen?

VI.

Schon die nächsten Tage zeigten ihm, wie wenig er im stande gewesen wäre, ohne sie auf seinem Grund und Boden zu leben, um wieviel mehr er von ihrer Fürsorge, als sie von seiner abhängig war.

Als der erste Rausch des Trotzes verflogen war, trat mit um so herberer Gewalt die Frage an ihn heran: „Was soll nun werden?"

Und diese Frage wurde dringlich, denn die armseligen Vorräte an Brot und geräuchertem Fleische, die in den Kellern aufbewahrt worden, gingen zu Ende.

Sich bei Reginen Rats zu holen, verbot ihm sein Stolz, er hatte nicht wieder mit ihr gesprochen. Geräuschlos waltete sie im Hause. Wenn er morgens vom Flusse heimkehrte, wo er ein Bad genommen hatte, sah er auf dem goldplattierten Tische, dessen vierter Fuß mit einem Ziegel gestützt werden mußte, eine braune Kaffeekanne dampfen und zarte Schnitten schwarzen Brotes daneben liegen. Mittags standen eine Brotsuppe und ein paar Schnitte gebratenen Fleisches für ihn bereit, die Flasche Wein nicht zu vergessen — und abends ward durch irgend einen Kniff eine neue Abwechslung geschaffen.

So wußte sie mit den wenigen elenden Resten Haus zu halten, die er im Keller vorgefunden hatte.

Bald scheute sie sich nicht mehr, in seiner Gegenwart das Zimmer zu betreten. Angstvoll hing alsdann ihr Blick an seinem Angesicht, um seine Wünsche zu erraten, aber kein Wort wagte sich über ihre Lippen.

Boleslav hatte in den Kellergewölben, dort, wo das bare Geld und die Weinflaschen aufbewahrt wurden, große Massen von Papieren vorgefunden, welche in mehreren Kisten in unentwirrbarem Chaos durcheinander gewühlt lagen. Der ganze Briefwechsel des Vaters, Zeugnisse und Dokumente aller Art.

Was ihm gleich am ersten Tage des Suchens in die Hände fiel, war nichts weniger als ein Testament, laut welchem die Tante Excellenz ihm, Boleslav von Schranden, dem einzigen Sohne ihrer Lieblingsnichte, ihr gesamtes Vermögen vermachte, „um ihn für die Unbill zu entschädigen," — so lautete die Klausel, — „unter welcher er sein Lebtag zu leiden haben wird."

Die Freude Boleslavs war nur gering; erst als er sich überlegte, daß ihm hiermit für den bevorstehenden Kampf eine gute Waffe in die Hand gedrückt worden, begann er den Wert der Gabe zu schätzen. — —

Dieser Kampf mit den Schrandenern, zu dem er entschlossen war, mußte in großem Stile geführt werden, sollte er nicht mit derselben Niederlage enden wie der, in welchem der Vater den letzten Rest seiner Lebenskraft eingebüßt hatte. — Ganze Scharen von Arbeitern mußten aufgeboten werden, um dem wilden Gesindel dort unten

Respekt einzuflößen. Doch woher die nehmen, wenn niemand in der Gegend sich herabließ, in seine Dienste zu treten? Freilich für Geld ist alles erreichbar, und die Aussicht auf dreifachen Lohn hätte manchen, der jetzt, in vermeintlichem Patriotismus sich brüstend, stolz auf seine Schwelle spie,[1] zum katzenbuckelnden Knechte gemacht.

Allein so weit reichten seine Mittel nicht. Die Barsumme, die er vorfand, hatte sich als durchaus unzulänglich erwiesen.

Zudem stand der Winter vor der Thür, einer der harten, ostpreußischen Winter, die das werkthätige Leben im Freien bis zum April hin vollständig vernichten. — Für dieses Jahr also war weder an Bauen noch Ackern mehr zu denken. —

Wenn er am 1. April das Erbe erhob, um sodann mit vollen Taschen die Werbefahrten anzutreten, konnte der Bau im Mai bereits in vollem Gange sein, vielleicht war es sogar noch möglich, dem Boden etwelche Aussaat anzuvertrauen.

Bis dahin aber grub er sich immer tiefer in das Chaos von Papieren, das um so gewaltiger anschwoll, je sehnlicher er hoffte, ihm bis auf den Grund zu dringen. Schon waren an den Wänden des Wohnzimmers die vergilbten Schriften aufgestapelt, und noch immer standen Kisten und Kasten vollgestopft in den Gewölben. Das ganze Familienarchiv schien in einer Stunde der Not eilends zusammengerafft und ohne Zucht und Ordnung in Sicherheit

gebracht zu sein. Nun galt es, aus diesem Wirrwarr
herauszufinden, was für die Weiterführung der Herrschaft
von Wichtigkeit und zum Teil ganz unerläßlich war. So
fehlten unter anderm die Dokumente über die Auseinan=
dersetzung mit den freigewordenen[1] Bauern samt allen
Grenzbestimmungen. Sicherlich hatten die Hyänen dort
unten von den herrenlos gewordenen Ländern gerafft, was
ihnen nur irgend paßte. Endlose Streitigkeiten standen
bevor, und wenn er nicht um jeden Fußbreit Erde prozes=
sieren, wenn er sich selber sein Recht erzwingen wollte,
durfte dessen Umfang keinem Zweifel unterliegen.

Die Wochen verrannen, er merkte es kaum. Den Tag
über saß er in seinen Papieren vergraben, des Abends
rannte er in den ungebahnten Pfaden des Parkes umher
oder stolperte über den Schutt der Ruinen.

Nur einen einzigen Ort vermied er ängstlich. Das war
der Katzensteg. Das Herz begann ihm zu klopfen, sobald
er in seine Nähe geriet, und rascher eilte er an den Ge=
sträuchern vorüber, die ihn verbargen.

Aber eine dumpfe, quälende Begier, den Ort des Un=
heils von Angesicht zu sehen, erwachte in ihm und ließ ihm
fürder keine Ruhe mehr. Da überwand er die abergläu=
bische Scheu, die ihn bisher in Banden gehalten, und
drang durch das Dickicht, welches den Pfad schützend ver=
hüllte.

Ein steiler Abhang fiel beinahe senkrecht zum Flusse
hinunter, dessen Spiegel Erlenbüsche fast ganz verhüllten.

Ein leises Murmeln und Plätschern erscholl geheimnisvoll von ihm empor.

Auf der Höhe ragte ein geländerter Balken weit in die Luft hinaus. Ein Gerüst, das in den Abhang hineinge=
5 graben war, hielt ihn mit Eisenstangen fest. — Ein eben= solcher Balken reckte vom jenseitigen Ufer sich ihm entgegen, doch war's dort der Stumpf einer mächtigen Eiche, in den er eingelassen war, und der ihm Halt und Gleich= gewicht verlieh. In der Mitte klaffte eine zehn bis zwölf
10 Fuß breite Lücke. Wie zwei Arme, die sich verlangend nacheinander ausstrecken und sich doch nimmer erreichen können, hingen hüben und drüben die Balken über der Tiefe.

Wenn sie sich in Wahrheit nimmer erreicht hätten, das
15 Unheil wäre ungeschehen geblieben. — Aber nie hatte man leichtere Arbeit. Auf dem diesseitigen Balken lagen zwei Bretter, die mittels eines Keiles[1] mühelos hinübergeschoben werden konnten. Selbst ein Geländer war vorhanden, das sich jetzt an den Balken anlehnte und das mittels eines
20 Scharniers nach entgegengesetzter Richtung hinübergedreht werden konnte. So war alles trefflich eingerichtet gewesen, um dem Verrate leichtes Spiel zu geben.

Als Denkmal ewiger Schmach ragte das Bauwerk schwarz und schwankend in die nebelig flimmernde Nacht
25 hinaus.

Der plätschernde Laut unten auf dem unsichtbaren Flusse verstärkte sich.

Langsam wie ein Träumender betrat er den Steg. Da sah er eine weißliche Frauengestalt, welche bis zum Knie im Wasser stand. Es war Regine, die am Rande der Sandbank ihre Wäsche spülte.

Er runzelte die Brauen. Daß er ihr selbst hier begegnen mußte! — Aber freilich — ungerecht durfte er nicht sein, sie ging ihm ja aus dem Wege, wo sie nur konnte, er hatte wahrlich nicht viel von ihrer Gegenwart zu leiden. Wie eifrig sie arbeitete, jetzt am späten Abend, da er sie längst auf ihrem Lager glaubte!

Und nun fuhr sie erschrocken empor. Sein Fuß hatte ein paar Kieselsteinchen hinuntergescharrt, die plätschernd dicht vor ihr in den Fluß gefallen waren.

Argwöhnisch spähte sie nach dem jenseitigen Ufer hinüber. Ihr erster Gedanke war offenbar, daß jemand drüben im Gebüsch ihr auflauerte. — Dann erst fiel ihr ein, zum Steg emporzuschauen. Sie stieß einen leisen Schrei aus.

„Du brauchst nicht zu erschrecken, Regine," rief er hinunter, „ich thu' dir nichts."

Da wandte sie sich ruhig zu ihrer Wäsche zurück.

„Wie kommst du da hinab?" fragte er weiter.

Sie wischte sich mit dem nackten Arm über das Gesicht. „Ich kann gut klettern," sagte sie und blinzelte für einen Augenblick zu ihm herauf.

„Friert dich nicht im Wasser? Es ist schon spät im Jahr!"

Sie antwortete etwas, was er nicht verstand. Dann störte er sie nicht mehr. Aber er war neugierig, wie sie's wohl anfangen würde, mit ihrer Last an dem abschüssigen Ufer hinanzuklimmen.

So blieb er an seinem Platze und sah ihr zu. — Nach wenigen Minuten packte sie ihre Wäsche zusammen und stieg ans Ufer.

Mit scheuem Aufblick vergewisserte sie sich, daß er oben noch stand, dann tauchte sie in das Gebüsch, wo er sie bald wie eine Wildkatze von Knorren zu Ast, von Ast zu Knorren emporklimmen sah.

Als sie oben war, strich sie sich die Röcke glatt und wollte mit dem Korbe von dannen gehen, aber er rief sie heran.

„Warum thust du deine Arbeit zur Nachtzeit?" fragte er und bemühte sich, ihr ein freundliches Gesicht zu machen.

„Weil sie mich bei Tag' nicht in Ruh' lassen," erwiderte sie.

„Was thun sie dir?"

„Nun, was sie immer thun — sie schmeißen."

„Das nächste Mal, wenn dir ein Übles geschieht, kommst du mich holen."

„Ach, bitte Herr, nicht schießen!" stammelte sie. — „Ich weiß, Sie wollen schießen. Er hat's — der gnädige Herr mein' ich — hat's auch einmal probiert. Da fingen sie drüben ebenfalls an. Da knallte immer hin und her, wo man ging und stand. Ein Wunder war's, daß keiner getroffen wurde. — Schließlich, wenn sie sich dran gewöhnt haben, die Flinten immer mitzunehmen, knallen sie mich einfach nieder,¹ sobald sie mich draußen treffen, denn ich muß ja von der Insel 'runter."

Er hatte sie noch nie so lange und so vernünftig sprechen hören. Es erschien ihm neu und seltsam, daß hinter dieser niedrigen, wildumlockten Stirn Gedanken voll ruhiger Überlegung wohnen sollten.

„Du hast recht, Regine," erwiderte er, „schon um deinetwillen darf ich sie nicht reizen."

Er sah im Mondlicht, wie eine dunkle Röte ihr Antlitz überflutete.

„Um meinetwillen, Herr?" stammelte sie, „ich weiß nicht, wie Sie das meinen?"

„Gut — gut," erwiderte er abwehrend. „Doch was ich noch fragen wollte, Regine, — bist du zufrieden mit deinem Dienste? Fehlt dir nichts?"

Sie starrte ihn an und schwieg.

„Du mußt mir nicht verdenken, Regine, wenn ich unfreundlich gegen dich bin. Ich habe meinen Kopf voll Sorgen und lebe am liebsten allein für mich hin. Daher denke nicht, daß ich dir böse bin, wenn ich nicht mit dir rede." —

Ihre Augen verschleierten sich. Ihre Hände tasteten nach dem Geländer, wie um eine Stütze zu suchen. Im nächsten Augenblicke wandte sie sich um — und ihren Korb im Stiche lassend, floh sie von dannen.

„Seltsames Geschöpf," murmelte er, hinter ihr herblickend. „Ich muß milder mit ihr sein. Sie verdient es sich."

VII.

Herr Lieutenant Merckel war mit den Erfolgen des Begräbnistages nur wenig zufrieden.

„Vater," sagte er eines späten Abends, als der alte Gastwirt freundlich schmunzelnd die Tageskasse zählte, „ich kann den Gedanken nicht ertragen, daß der Schuft königlich preußischer Offizier sein soll, wie ich. Man muß sich ja ordentlich schämen, mit ihm zusammen gedient zu haben. Ich werd' ihn zum Duell fordern und ihn über den Haufen schießen."

Der Alte ließ vor Schreck die Handvoll Silbergroschen, an der er zählte, auf den Ladentisch fallen, so daß die Geldstücke fernab in die Ritzen rollten.

„Felixchen," sagte er, „du mußt nicht soviel von dem Wacholderschnaps[1] trinken. Der ist für die Gäste gut genug. — Ich werd' dir morgen 'ne Flasche von dem leichten Wein hinsetzen, Felixchen. Vielleicht macht's dir einer oder der andre nach. Und wir kommen wieder auf die Kosten."[2]

„Vater," erwiderte der Sohn, „es thut mir leid, dir das sagen zu müssen — Du hast kein Ehrgefühl im Leib." —

„Felixchen," fuhr der Alte fort, „du machst dir zu wenig Beschäftigung. Wenn du noch wenigstens nach den Flaschen sehen möchtest. — Oder du kannst ja auch öfters ins Pfarrhaus gehn. Der alte Pfarrer spielt gern 'mal

’ne Partie Schach — ’s ist zwar nichts dabei zu verdienen,[1] aber die Leute sagen ja, daß es ein Vergnügen ist, und dann ist doch auch die Helene da — — —"

„Ach die!" sagte Felix und strich sich mit geschmeicheltem Lächeln über das Kinn.

„Ich hab' nämlich den Animus,[2]" sagte der Alte, „daß das 'ne ganz gute Partie für dich wäre, falls der Pfarrer einwilligt und sie dich haben will."

„Warum sollte sie mich wohl nicht haben wollen?" fragte Felix.

„Es wär' doch möglich, daß sie wen anders —"

Felix lächelte zweifelnd.

„Siehst du, Felixchen, das wär' ein großes Glück für uns, denn die Leute munkeln dies und das von der Art, wie ich mein bißchen Geld erworben hab'. Mit Unrecht, versteht sich — mit Unrecht. — Giebt uns aber der Pfarrer Götz seine einzige Tochter zur Frau — siehst du — ein Mann wie der Pfarrer Götz, der bringt die Lästermäuler schon zum Schweigen. Also, wie gesagt, sei ein bißchen um sie 'rum, streich ihr Honig um den Mund[3] — und überhaupt ein Kerl wie du —"

„Lieber Vater, spar dir gefälligst deine Ratschläge," unterbrach ihn der Sohn. — „Ob Helene meine Frau wird oder nicht, hängt ausschließlich von mir ab. — Ich bin eben noch nicht entschlossen. Sie hat ja 'ne niedliche Fratze,[4] aber wie gesagt — ich bin noch nicht entschlossen ... Sie läuft ja nicht davon, siehst du."

Der Alte, der inzwischen mit flinken Händen die Geldstücke in Papierrollen zusammenschloß, schaute mit freudigem Stolze zu dem Prachtsohne hinüber, den er sich erzogen hatte. Dann faßte ihn die Besorgnis aufs neue:
„Und nicht wahr, Felixchen, das Duell, da denkst du nicht mehr dran ... das ist ja Unsinn ... das heißt ja das Leben aufs Spiel setzen.¹ Und fürs weitere laß deinen alten, braven Vater sorgen, der wird über Nacht schon ein Mittelchen finden, das dich von deinem sogenannten Ehrgefühl kurieren soll. — Gute Nacht, Felixchen."

Am nächsten Morgen, als er seinem Sohne gegenüber am Frühstückstische saß, fragte er in dem ihm eigenen Tonfall wohlwollenden Bedauerns:

„Na, Felixchen, hast du den dummen Gedanken nun ausgeschlafen?"

Felix wurde böse. ... „Ich hab' dir schon gesagt, Vater, — davon — "

„Versteh' ich nichts! Sehr richtig, mein Jungchen. Aber eins möcht' ich drum eben wissen: Mit wem willst du dich eigentlich duellieren, mit dem Herrn von Schranden oder dem Herrn Baumgart?"

Felix stutzte. Eine dunkle Ahnung sagte ihm, wo der Vater hinwollte. „Das sind Spitzfindigkeiten, Vater," erwiderte er. — „Ich bin ein schlichter, geradedenkender Soldat. Mir mußt du mit so was nicht kommen."

„Aber, Felixchen, sei doch nicht so hitzig. Ich mein's ja gut mit dir. Der Herr von Schranden ist nie Offizier gewesen, der geht dich also nichts an, und der Lieutenant Baumgart ist ein Schwindler, denn er hat sich 'nen falschen Namen zugelegt, der geht dich also erst recht nichts an."

„Wenn er sich nur nicht Lieutenant titulieren dürft'," sagte Felix grimmig, „das leidet mein Ehrgefühl nicht von solchem Schuft."

Der Alte schien auf diesen Einwurf nur gewartet zu haben.

„Warum tituliert er sich denn noch Lieutenant?" fragte er, indem er die fleischigen Lippen schmunzelnd ineinander kniff. „Weil seine Vorgesetzten nichts von dem Betrug wissen. Die würden ihn schön auf den Trab bringen,¹ wenn sie 'ne Ahnung hätten."

Felix begann zu verstehen.

„Du meinst, man sollte —"

„Natürlich sollte man."

„Man müßte denn gerade ohne Namensunterschrift —" meinte er nachdenklich.

„Darauf geben sie nichts," erwiderte der Alte. „Aber ich weiß viel was Besseres. Ich werd' die Geschichte selber in Schwung bringen. Du sollst bloß mit den andern zusammen deinen Namen unterzeichnen. Da verliert er sich in der Masse."

Am Nachmittage desselben Tages wurden die Landwehrmänner durch den Gemeindeboten Hoffmann in den „schwarzen Adler" geladen, und als das wachsame Auge

des Herrn Merkel weit und breit gefüllte Gläser vor sich
sah, trat er hinter dem Schenktisch hervor, rieb sich behaglich das Bäuchlein, und einen verstohlenen Blick mit
seinem Sohne wechselnd, begann er folgende Anrede:

„Ja, seht 'mal, liebe Mitbürger, die Geschichte ist nämlich folgende: Ihr seid hier alles brave Soldaten und habt
in mancher heißen Schlacht für Euer armes Vaterland
gekämpft. Ich als euer Ortsschulze bin nun zwar nicht
mit in den Krieg gezogen, denn ich mußte derweilen für
eure Hinterbliebenen sorgen" — ein Murmeln beifälliger
Rührung ging durch den Raum — „aber ich bin ein Patriot wie ihr und mein Herz schlägt warm und treu für
Vaterland und Ehre, wie nur das eure, ihr braven Soldaten, und meine Brust hebt sich vor Stolz, wenn ich meinen Sohn ansehe, der ein schlichter geradedenkender Soldat
ist und den das Vertrauen der Kameraden und des Königs Gnade gar zum Offizier gemacht hat. Mit um so
größerem Schmerze aber muß es uns erfüllen, wenn wir
sehen, wie unser geliebter und gesegneter Ort, dessen
Schande ihr durch eure glänzenden Waffenthaten schon getilgt hattet, aufs neue verunglimpft wird durch den Sohn
jenes Mannes, der schuld an all unserm Unglück ist. Ja,
und dieser wüste Gesell gehört gleichfalls unsrer braven
und glorreichen Armee an, unter falschem Namen hat er
sich in die Reihen eingeschlichen, ja noch mehr als das, bis
zum Offizier hat er sich in die Höhe geschwindelt....
Wollt ihr das dulden, ihr braven Schrandener, wollt ihr

es euch gefallen lassen, daß am Ende so ein Schwindler, der Sohn eines Landesverräters, euch als seine Untergebenen betrachten soll? — Seid ihr deshalb durch die Gnade eures lieben Königs zu freien Männern geworden?"

Der Augenblick schien günstig, um seine Majestät den König hoch leben zu lassen. Der Erfolg war ein vollständiger, und Herr Merckel begann nach zwei Seiten hin mit den Resultaten seiner Rede zufrieden zu sein.

„Nein, ihr braven Schrandener," fuhr er fort, „das dürft ihr euch nicht gefallen lassen, die Armee muß befreit werden von dem Schandfleck — sonst müßt ihr euch ja schämen, preußische Soldaten zu sein."

„Schlagt ihn tot! Schlagt ihn tot!" erscholl es von den Tischen her.

„Nein, lieben Freunde," erwiderte er mit seinem gutmütigen Schmunzeln. „Ihr müßt nicht immer gleich von totschlagen reden — ich als eure Obrigkeit darf das gar nicht gehört haben — sonst" — er erhob in wohlwollendem Drohen den Zeigefinger. „Aber ich will euch was viel Besseres raten. Die hohen Herren haben natürlich keine Ahnung, wer eigentlich hinter dem Lieutenant Baumgart steckt, denn vorigen Frühling fragte man nicht erst viel nach Taufschein und sonst was; aber jetzt ist die Sache anders, — jetzt wird man sich den Mann wohl 'mal ansehen wollen, den man als königlich preußischen Lieutenant a. D.¹ im Lande 'rumlaufen läßt. Aus Frankreich soll er hergewandert sein, zu Fuß und mutterseelenallein, wie 'n

Handwerksbursch. Und verwundet hat er gelegen, und gefangen ist er gewesen, und was weiß ich sonst. — Aber überlegt euch 'mal, was das sagen will! Das will sagen, daß er keinen Abschied genommen hat, sondern, daß er sich aus der Armee 'rausgestohlen hat, wie 'n Dieb in der Nacht, accurat so, wie er sich vorher 'reingeschlichen hat. Und wißt ihr, wie das auf gut preußisch heißt? Desertieren heißt das." —

Ein Jubelgeschrei erhob sich, welches Herr Merckel mit großer Genugthuung begrüßte, da seiner Erfahrung nach durch Schreien die Kehlen trocken wurden. — —

Er ließ sie also nach Kräften sich satt toben, dann fuhr er fort:

„Wir als brave Patrioten und wackere Soldaten haben nun die heilige Pflicht, den hohen Herren vom Generalkommando ein Licht über den sauberen jungen Herrn aufzustecken. Wir sind das unsrem Könige, unsrem Vaterlande und vor allem uns selber schuldig."

Herr Merckel zog ein Blatt Papier aus der Brusttasche.

„Ich habe eine kleine Niederschrift gemacht," sagte er, „in welcher ich einem hochweisen und hochedeln General-Kommissario unterthänigst unsre Beschwerden auseinandersetze. Wenn ihr es erlaubt, liebe Freunde" —

Er machte Miene, das Blatt zu entfalten, da kam ihm ein glücklicher, ein vielverheißender Gedanke.

„Ich könnte euch nun die Schrift sogleich zum Unterzeichnen vorlegen," fuhr er strahlend fort, „aber dann hätte sie meine und nicht eure Fassung. Und ich will, daß ihr die Worte aufs genaueste prüft und, wo nötig, auch ändert. ... Daher schlag' ich euch vor, daß ihr eine Komission von fünf Kameraden aus eurer Mitte wählt, mit denen wir uns, mein Sohn und ich, in das Herrenstübchen zurückziehen wollen, um in Ruhe die Fassung zu beraten, während ihr andern hier versammelt bleibt." Dann nannte er die Namen derer, die er als Würdigste zu diesem Ehrenamte in Vorschlag brachte — fünf Bursche, welche er als flotte Geldausgeber kannte und bei denen sich etliches Ehrgefühl erhoffen ließ. —

Halb neidisch und halb schadenfroh stimmte man ihm zu.

Mit Ehrfurcht riß er die Thüre auf, über der als Warnung und Lockung zugleich die bedeutungsschweren Worte geschrieben standen:

„Hier darf nur Wein getrunken werden."

In ängstlichem Stolze betraten die Auserwählten den vornehmen Raum. Da wandte sich Herr Merckel noch einmal um und rief laut und feierlich zum Schenktisch hin:

„Amalie, zwei Flaschen Muskat für mich und den Herrn Lieutenant."

In der Schankstube entstand ein tiefes Schweigen.

Mit ernsten, gespannten Gesichtern sahen die Zurückgebliebenen einander an und starrten dann wieder nach der geschlossenen Thür.

Auch aus dem Herrenstübchen drang kein Laut. Dort wurde zwischen dem Wirt und seinen Gästen ein stummer, doch erbitterter Kampf geführt. Es war zweifelhaft, wer Sieger bleiben würde.

Doch nach etlichen Minuten schon riß Herr Merckel die Thür weit auf und schrie triumphierend hinaus:

„Amalie, noch fünf Flaschen Muskat!"

Ein vielstimmiger Seufzer erscholl in dem Raum. Die Spannung löste sich. Die Partei der Gäste war, wie gewöhnlich, unterlegen.

Gleich darauf drangen die eintönig dumpfen Laute eines Vorlesenden den Lauschenden ans Ohr.

Als Herr Merckel senior sich diesmal zur Ruhe legte, fand er, daß sein Tag kein verlorener gewesen. —

Der Sohn war von seinem gefahrvollen Gedanken befreit, das Schicksal des Letzten derer von Schranden war besiegelt, und in der Kasse fand sich eine Extraeinnahme von acht Thalern und fünfundzwanzig Silbergroschen. —

„So schlägt man drei Fliegen mit einer Klappe," sagte er zufrieden lächelnd, faltete die Hände und entschlummerte sanft.

VIII.

Es ward Winter. Die Abende begannen unheimlich lang zu werden.

Tiefer und tiefer grub Boleslav sich in den Wust von Papieren hinein, ein dumpfes, zweckloses Thun, gerade gut genug, quälerische Stunden zu töten. Es gehörte nicht wenig Selbstüberredung dazu, um sich glauben zu machen, er könnte der Zukunft nützen, indem er die Vergangenheit aus ihrem Schutte hervorzog. Was er brauchte, hatte er bald gefunden, für das übrige war's schade, daß es beim Brande verschont geblieben.

Regine verwaltete schweigend und geräuschlos sein kleines Hauswesen. Ohne aufzuschauen, betrat sie sein Zimmer; wenn er das Wort an sie richtete, schrak sie zusammen, — ihre Antworten waren, wenn auch schüchtern und stockend hervorgebracht, doch klar und umfassend und trafen stets den Kern seiner Frage.

Schon lange war ihm aufgefallen, wie sehr sie sich in ihrer Erscheinung verändert hatte. Zu ihren Gunsten, natürlich. — Sie ging nicht mehr abgerissen und verwildert einher. Ihr Kleid war sorgfältig geflickt, ihr Haar lotterte nicht wie früher in tausend wüsten Strähnen an Schläfen und Nacken herum, sie band und kämmte es sorglich, und an manchem Morgen glänzte ihr Scheitel blitzblank von dem Wasserbade, das sie zur Bändigung der Wirrnis verwendet hatte.

Die Tage wurden kalt, aber noch immer ging sie in ihrem Kattunfähnchen[1] einher, über welches sie im Freien ihr würflich wollenes Tuch kreuzweis um Schulter und Taille zu schlingen pflegte.

Eines Abends, als sie sich zu ihrem allwöchentlichen Gange rüstete und die Einkäufe mit ihm besprach, — fragte er sie:

„Warum hast du dir noch keine Winterkleider mitgebracht, Regine?"

„Ich wußt' ja nicht, ob ich darf!"

„Gewiß darfst du. Ich werd' dich doch nicht erfrieren lassen."

Sie stockte und wurde rot.

„Es ist da eine — Jacke — von blauem Tuch — die hat einen Pelzbesatz. Der Kaufmann meint —"

Er lächelte. „Gott sei Dank — sie fängt an Mensch zu werden," dachte er, „die Putzsucht ist erwacht. — — Nun — und was meint der Kaufmann?"

„Die würd' mir passen, meint er, und weil ich die großen Gänge geh', müßt ich was Warmes haben und was Bequemes. Aber, die Jacke ist eigentlich für Fräuleins und —"

„Darum sollst du sie haben," rief er lachend. „Daß du mir nicht ohne die Jacke wiederkommst! — Gute Nacht und glücklichen Weg!"

Als ihre Schritte draußen in der Finsternis verhallt waren, nahm er die Lampe und ging in das Glashaus, in welchem sie ihr Wesen trieb.

Das Feuer auf dem Herde glimmte noch, trotzdem war es bitter kalt in dem unwirtlichen Raum. — Durch die Lücken des Daches schwirrten vereinzelte Flocken, denn ein leichter Herbstschnee stäubte bereits durch die Lüfte.

„Sie länger so hausen zu lassen, hieße ein Verbrechen an ihr begehen," sagte er sich.

Er kehrte in sein Zimmer zurück und zog unter seinem Laken alles an Federbetten hervor, was ihm irgend entbehrlich erschien, und trug alles zusammen nach ihrem Lager hin.

„Was wird sie für Augen machen," dachte er, „wenn sie sich morgen übermüdet auf ihr Stroh wird werfen wollen?" Und innig vergnügt kehrte er zu seinen Papieren zurück.

Als er am nächsten Morgen erwachte, schimmerte ihm von den Wänden die Blässe des Schneelichts entgegen.

Die Welt war über Nacht zur Winterruhe gegangen.

Er kleidete sich an und rief nach Regine. Keine Antwort. Sie war noch nicht zurückgekehrt.

Er wartete zwei Stunden und ging dann selber, sein Frühstücksmahl bereiten.

Der Tag verging, ohne daß Regine wiederkehrte. Augenscheinlich hatte das Schneegestöber sie bis zum Morgen in Bockeldorf zurückgehalten.

Sie fehlte ihm an allen Ecken und Kanten. Mißmutig und gelangweilt reckte er sich über seine Arbeit, machte einen und den andern Spaziergang zum Katzenstege, über welchen sie kommen mußte, würgte das kalte Mittagessen hinunter und schaute von Zeit zu Zeit nach der Wanduhr, die ihre Messingzeiger kaum von der Stelle schob.

Schon dämmerte es stark, da ertönten Schritte auf dem Vorplatz.

Er schoß in die Höhe und eilte hinaus.

Mit Bündeln und Paketen beladen, mit Schnee bestäubt von Kopf bis zu Fuß, trat Regine keuchend über die Schwelle.

„Ich bin gelaufen, Herr, so viel ich gekonnt hab',“ stammelte sie, indem sie mit der Rechten nach dem Herzen tastete, „der Kaufmann hat mich vor Tag nicht weggelassen, weil er gemeint hat — ich soll die Jacke —“

Sie stockte und sah schuldbewußt zur Erde nieder.

Er nickte ihr lächelnd zu; er war viel zu froh, sie wieder hier zu wissen, um ihr ein böses Wort zu sagen.

„Koch' mir nur rasch etwas Warmes,“ sagte er „auch du wirst's nötig haben.“

Als sie die Abendsuppe brachte, saß er vor dem Pulte, an dem er gewöhnlich arbeitete. Die grünbeschirmte Öllampe breitete einen ungewissen Dämmerschein über das Gemach.

Verstohlen sah er sich nach ihr um, denn er liebte es, sie aus dem Schatten des Schirmes hervor bei ihrer Hantierung zu beobachten. Heute schrak er bei ihrem Anblick zusammen, so fremd, so stolz, so herrlich mutete ihre Erscheinung ihn an. Das war nicht mehr die verlotterte, in

Elend und Stumpfsinn versunkene Magd. Man hätte sie für eine Dame halten können, so vornehm, so anmutig war jede ihrer Bewegungen, so streng und reizvoll sprachen die Linien ihres Kopfes. — Das dunkle Wollenkleid und vor allem die neue Jacke war's, welche die Veränderung bewirkt hatte.

Während sie den Tisch deckte, lächelte sie verschämt und glücklich vor sich hin und sandte von Zeit zu Zeit einen raschen, heimlichen Blick zu ihm hinüber.

Offenbar wollte sie bewundert sein, wagte aber nicht, ihn auf sich aufmerksam zu machen.

„Du bist wohl sehr stolz auf deine neuen Kleider?" fragte er.

Sie wurde rot bis an den Hals hinunter.

„Ach — die sind ja viel zu schön für mich," flüsterte sie, immer noch lächelnd, immer noch mit verschämter Kokett= terie nach ihm hinüberschielend. — Nur um nach dem Spiegel hinzugucken, war sie noch nicht Evastochter genug.

Als sie sein Nachtlager bereitete, entdeckte sie mit Er= staunen die Verminderung des Bettenbestandes. Sie wollte etwas sagen, verschluckte es aber, wohl weil sie ihn nicht mehr anzureden wagte.

Dann wünschte sie „Gute Nacht" und ging hinaus.

Er schmunzelte vergnügt in sich hinein. „Das wird eine Überraschung werden," dachte er.

Dann vertiefte er sich aufs neue in seine Skripturen.

Wohl eine Stunde mochte vergangen sein, da ließ ein leichtes Geräusch hinter seinem Rücken ihn erschrocken zusammenfahren.

„Nun, was begehrst du noch?" fragte er dann in seinem weichsten Tone.

Sie versuchte zu reden, aber es dauerte eine Weile, ehe sich ein Stammeln von ihren Lippen rang.

„Herr — haben Sie — das — mit den Betten — so — gemacht?"

Er mußte einen härteren Ton anschlagen, um der eigenen Bewegung Herr zu werden. Daß es sie so tief erschüttern würde, hätte er nimmer geglaubt. „Dummes Ding," herrschte er sie an, „soll ich dich denn da draußen erfrieren lassen?"

Starr und schweigend wie eine Statue stand sie da, während große, leuchtende Tropfen ihr über die Wangen rollten.

Sie wollte sich mit den Ärmeln die Augen wischen, wie sie's gewohnt war, da gewahrte sie den neuen, zarten Pelzbesatz, und ihn zu schonen, ließ sie die Thränen weiterrinnen.

Schweigend, gesenkten Hauptes schlich sie von hinnen.

Boleslav hatte Glück. Ihm war eine neue, große Aufgabe geworden, welche die lähmende Dämmerung seiner Tage mit frohem Lichte erhellen sollte.

Es galt das Andenken des Vaters zu retten!
Wenn er dann nach genauestem Studium der Dokumente mit der auf quellenmäßiges Material gestützten Entstehungsgeschichte des Verrates vor die Öffentlichkeit trat, einer Geschichte, die nachwies, daß Eberhard von Schranden, weit entfernt, die teuflische Rolle gespielt zu haben, welche das Gerücht ihm zuwies, einfach ein Opfer der Ereignisse geworden war, so sollte noch einer kommen, der seine Hand gegen den Schatten des Dulders ausstreckte. Und je mehr er sich in diese Aufgabe vertiefte, desto inniger begann er sich mit dem Toten eins zu fühlen, desto mehr gewöhnte er sich daran, das Bewußtsein der eigenen Schuldlosigkeit auf jenen zu übertragen.

Und je weniger er im Grunde seiner Seele auf ihr Gelingen hoffen mochte, desto heißer ward sein Verlangen, sich im Reden mitzuteilen, sich die Last der Zweifel von der Brust zu wälzen.

Aber da war niemand als das schweigende Weib, das schuldbeladen, mit dem scheuen Flammen des Auges an ihm vorbeischlich.

Und eines Abends, als die Einsamkeit ihn fast erstickte, sprach er sie an:

„Regine, du frierst wohl draußen in deiner Küche?"

„Ich lasse das Feuer tagüber nicht ausgehen, Herr."

„Aber was machst du abends in der Dunkelheit?"

„Ich sitz' am Herde und nähe, Herr, bis die Finger mir erklammen."

Er schwieg zögernd und kaute seine Unterlippe, endlich faßte er sich ein Herz.

„Regine, du darfst nach dem Abendbrot mit deinem Nähzeug in die Stube kommen."

Sie wurde blaß. „Ja, Herr," stammelte sie.

Nach dem Essen erschien sie furchtsam an der Thür. In ihrer Hand schimmerte weißes Linnen. An der Thür blieb sie stehen, bis er sie ungeduldig zum Sitzen einlud.

„Man muß ja Umstände mit dir machen, als ob du eine große Dame wärst," schalt er.

Sie lächelte verwirrt. Dann wandte sie sich zu ihrer Arbeit. Geredet wurde an jenem Abende nicht mehr zwischen ihnen, und es verging wohl eine Woche, ehe ein Gespräch sich herausbildete.

Er saß sinnend über den vergilbten Papieren, und sie ließ die Nadel an dem knirschenden Linnen entlang fliegen. Wenn die Uhr elf schlug, wickelte sie das Nähzeug zusammen, flüsterte eine „Gute Nacht" und glitt, ohne seine Antwort abzuwarten, auf den Zehenspitzen hinaus.

„Was nähst du denn da so fleißig?" fragte er eines Abends, nachdem er sie eine Weile beobachtet hatte.

Sie schaute auf und strich sich mit angefeuchteten Fingern das Gelock aus der Stirn.

„Hemden für Sie, Herr!" war die Antwort.

„Also dafür sorgst du auch?"

„Wer sollt's denn sonst, Herr?"

Kurzes Schweigen, dann fragte er weiter:

„Wer hat dich das alles gelehrt, Regine? Deine Mutter?"

Sie schüttelte den Kopf. „Meine Mutter, Herr, ist früh gestorben. Kaum, daß ich noch 'ne Erinnerung hab' an sie. Die Leute sagten, der Vater hab' sie zu Tode geprügelt."

„Das war an einem Sonntag — ja, es war an einem Sonntag. Denn wie ich am Zaune stand und dachte, ob sie wohl auch einen so schönen Sarg kriegen wird — und ob er grün sein wird, wie der oben auf dem Pfahl, da sind Sie, Herr, eben zur Kirche vorbeigegangen. Das heißt, Sie waren damals so klein wie ich — und trugen einen blauen Rock mit silbernen Litzen und einen kleinen Degen an der Seit' — — und blieben stehen und fragten mich, warum ich wohl weinen mocht' und wie ich's nicht sagen konnt' vor lauter Furcht, da schenkten Sie mir einen Apfel."

Und dann mußte sie ihm erzählen, was sie aus jener Zeit noch von ihm wußte. Da kam freilich nicht viel Liebes zum Vorschein. Einmal hatte er sie ins Brachwasser[1] gestoßen, ein andermal in einer Mehlschöpfe[2] den Fluß hinunterfahren lassen, bis auf ihr Jammergeschrei Instleute[3] gekommen waren, sie ans Ufer zu ziehen; wieder ein andermal, als sie ein weißes Kleid getragen, ein Geschenk der Schloßverwalterin, hatte er ihr Gesicht und Hände mit Kalk bestrichen und sie still stehen geheißen, damit sie einem der Steinbilder oben im Parke gliche. Das hatte sie auch geduldig gethan, bis der Kalk ihr auf den Lippen und in den Augenwinkeln fürchterlich zu beißen angefangen, da sei sie weinend davongelaufen.

Das alles berichtete sie nun mit strahlenden Augen, als ob ihr einst wunder was[1] Gutes damit geschehen wäre.

„Und hast du nie etwas von mir bekommen?" fragte er.

Sie wurde glutrot und bückte sich tief über ihr Nähzeug. „Ja, Herr, einmal," sagte sie leise.

„Was war es denn?"

Sie schwieg und wagte nicht die Augen zu erheben. Dann, statt der Antwort, langte sie in die Tasche ihres Kleides und legte ein Strohkästchen aus farbigen Halmen geflochten, kaum größer als eine Kinderfaust, vor ihn auf den Tisch.

Er nahm es zur Hand und betrachtete es aufmerksam von allen Seiten. Drinnen klapperte etwas.

„Darf ich aufmachen?"

„Warum fragen Sie erst, Herr?"

Ein Ring von Glasperlen war's, blau, weiß und gelb, wie ihn kleine Mädchen, den ersten Instinkten der Eitelkeit folgend, sich zu verfertigen pflegen.

Er nahm ihn heraus und versuchte, ihn über den kleinen Finger zu streifen, aber er war viel zu enge, kaum daß er am Nagel entlang glitt.

„Ist der Ring auch von mir?"

„Nein, Herr — der stammt von meiner lieben Mutter. Er hat sich in das Fleisch eingewachsen gehabt, d'rum trug ich ihn Tag und Nacht am Finger, bis der Faden gerissen ist. Da war sie schon lange tot, und weil's das einzige Andenken ist, das ich an sie hab', drum that ich die Perlen wieder auffädeln und trag' den Ring immer bei mir."

„In meinem Kästchen?"

Sie nickte und schlug die Augen nieder.

In diesem Augenblicke glitt der Ring, den er soeben an seinen Platz zurücklegen wollte, ihm aus den Fingern und fiel zur Erde.

Regine schoß in die Höhe und eilte um den Tisch herum, ihn aufzuheben.

„Da ist er!" rief sie und richtete sich knieend empor, ihm das geliebte Spielzeug darzubieten.

Er erhob die Hand. Ihm war, als würde sie von einer fremden Macht emporgezogen, und lastete doch zentnerschwer an ihm. —

Dann legte er sie in banger Liebkosung an ihre Wange. —

Sie ging auf ihren Platz zurück. — Eine tiefe Stille entstand. —

Ihm war, als hätte er ein Verbrechen begangen, das jeder Moment des Schweigens verschlimmerte. Er mußte sich zum Reden zwingen.

„Was fragt' ich dich? Richtig — wer also hat dich das Nähen gelehrt?"

„Das war im Pfarrhause, Herr," erwiderte sie beklommen. „Die — Helene sollte —" sie stockte, denn er war beim Klange des geliebten Namens zusammengefahren, wie von einem Peitschenhiebe gezüchtigt.

Sie deutete seine Erregung als Zorn und setzte furchtsam hinzu: „Das Pfarrfräulein mein' ich!"

„Es ist gut," sagte er, mühsam an sich haltend. „Geh schlafen!" — — — —

In dieser Nacht kämpfte Boleslav einen schweren Kampf. Ihm schien, als wäre das Bild der Hohen, der Reinen besudelt, seitdem sein Auge mit Wohlgefallen auf diesem Weibe geruht hatte.

Vor allem mußte er mit Helenen ins klare kommen. Und so eilig hatte er's mit seinen neuen Entschlüssen, daß er sich mitten in der Nacht erhob, um sie ins Werk zu setzen.

Beim Schein des Nachtlichts schrieb er einen Brief an Helenen, worin er sie seiner ewigen Liebe und Treue versicherte und sie beschwor, ihm Kunde zu geben, damit er wüßte, ob sie ihm stehen wolle in der Not wie einst im Glücke, ob er sie für sich erkämpfen dürfe — Himmel und Hölle zum Trotze.

„Willst du es unternehmen, Regine," fragte er am Abend des folgenden Tages, „diesen Brief ungesehen dem Pfarrfräulein zu übergeben?"

Sie sah ihn eine Sekunde lang groß an, dann schlug sie die Augen nieder und murmelte: „Ja, Herr."

Bald darauf sah er sie wie einen Schatten am Fenster vorbei durch die Dämmerung gleiten.

Stunden vergingen. Sie kehrte nicht wieder. Er geriet in Sorge und fing an, sich Vorwürfe zu machen, daß er sie um seiner Herzensaffaire willen ihr Leben aufs Spiel setzen ließ.

Endlich gegen Mitternacht klirrte die Hausthür. Zähneklappernd, mit blauem Gesichte, erschien sie auf der Schwelle, den Brief noch zwischen den erklammten Fingern.

Er hieß sie am Ofen niederhocken und gab ihr spanischen Wein zu trinken — da erst vermochte sie zu reden.

„Ich hab' bis jetzt am Pfarrzaun im Schnee gelegen, Herr," sagte sie, „aber 's war nicht möglich, an sie 'ranzukommen. Jetzt eben hat sie in ihrem Schlafzimmer das Licht ausgelöscht. Da bin ich denn heimgegangen. Seien Sie nicht böse, Herr. Vielleicht werd' ich morgen mehr Glück haben."

Er wollte nichts davon hören, daß sie das Abenteuer noch einmal bestände; aber als sie am folgenden Abende zum Gange gerüstet vor ihn trat, sagte er nicht nein.

Diesmal kam sie mit glühenden Wangen und fliegendem Atem heim. Zwei Bauern, die vom „schwarzen Adler" heimgekehrt waren, hatten sie entdeckt und Jagd auf sie gemacht.

„Aber morgen, Herr, morgen gelingt's ganz gewiß."

Und sie behielt recht.

Nicht weniger atemlos als abends vorher, doch mit freudeglänzenden Augen trat sie gegen zehn Uhr ins Zimmer und streckte ihm von der Thür aus triumphierend die leeren Hände entgegen.

"Gott sei Dank," dachte er, "zum viertenmal hätt' ich sie nicht hinausgejagt."

Und in frohem Eifer begann sie zu erzählen. Sie habe sich vor die Hinterthür gestellt und durchs Schlüsselloch geguckt. — "Im Hausflur steht der große Küchenschrank, und wenn die Helene — das Fräulein mein' ich — zu morgen früh Mehl und Kaffee wird 'rausgeben wollen, wird sie sich wohl sehen lassen müssen. Und richtig, Herr, mit einem Mal fällt mir Lichtschimmer ins Aug', und da steht sie keine drei Schritt von mir entfernt. — "

Er seufzte tief auf. "Die Glückliche, sie hat sie mit ihren Augen geschaut."

"Ich mach' nun die Hausthür ganz leise auf und rufe hinein: Helene! Fräulein Helene! Wie sie mich zu sehen kriegt, schreit sie auf und läßt den Leuchter fallen... Helene, sag' ich, ich will dir ja nichts Böses thun. — Hier ist ein Brief vom Junker Boleslav... Da befällt sie ein Zittern, kaum daß sie mir den Brief aus der Hand nimmt. Und dabei ruft sie ganz entsetzt: Geh — geh fort von mir! Gerad, daß ich ihr noch vom Briefkasten was sagen kann — vom Briefkasten an der Zugbrücke, da hat sie die Thür schon abgeschlossen und abgerie-

gelt. — Ach, du lieber Gott," fügte sie mit einem weh=
mütigen Lächeln hinzu, „ich bin's ja gewohnt, daß man
mich so behandelt, aber diesmal bracht' ich doch Botschaft
von Ihnen."

Von nun an lief Regine tagtäglich nach der Zugbrücke
hinunter, um in dem Briefkasten, der dort an einem Pfo=
sten befestigt war, nach Antwort von Helenen nachzuschauen.

Allein der Kasten blieb leer.

Sein Stolz wollte es nicht zulassen, von dem Weibe,
das er liebte, verworfen zu werden, und dennoch durfte er
kaum mehr zweifeln, daß sie sich von ihm losgesagt hatte,
daß sie mit seinem entehrten Dasein nichts mehr zu schaf=
fen haben mochte. —

Er stürzte sich aufs neue über seine Arbeit und stöberte
nach Beweisen gegen seines Vaters Schuld.

Die Zeugnisse verwirrten sich. Briefen, die den Vater
als zähen, preußischen Patrioten behandelten, standen an=
dre gegenüber, in denen er als vorgeschobener Posten des
polnischen Freiheitskampfes betrachtet wurde. Das konnten
freilich schönrednerische Phrasen sein, den Schwankenden
vollends zu gewinnen, aber sie veröffentlichen, hieß den
Toten noch einmal an den Pranger stellen.

Die einzige Erholung in diesem aussichtslosen Kampfe
mit der Wahrheit waren die Abendstunden, in welchen
Reginens Gegenwart ihm andre Gedanken brachte.

Es dauerte nicht lange, da war das Zusammensein mit
ihr eine liebe, kaum entbehrliche Gewohnheit geworden.

Aber das Beieinandersein, das sich so freundlich zu gestalten schien, trug einen Giftstachel in sich.

Manchmal, wenn er sie lange angestarrt hatte, packte ihn ein quälerisches Verlangen, in den Wunden ihrer Ver-
5 gangenheit zu bohren und sie nach ihrem Verkehr mit dem Toten auszuforschen.

„Sie ist die Einzige, die Zeugin jener Unthat war," so sagte er sich, „ja, mehr als das — die einzige Mitschuldige — sie allein kann mir Rede stehn."

10 Und eines Abends brach er mit brüsker Forderung das Schweigen, das sich so lange wohlthätig erwiesen hatte. —

Sie verfärbte sich und ließ die erschlaffende Hand in den Schoß sinken.

„Sie werden wieder bös' auf mich werden, Herr," stam-
15 melte sie. Es ist lange her, und ich versteh' auch nicht zu erzählen."

„Aber meine Fragen beantworten kannst du!"

Da ergab sie sich in ihr Schicksal.

„Wer war's, der dich zuerst zu dem nächtlichen Gange
20 aufforderte?"

„Der gnäd'ge Herr."

Er kniff die Lippen zusammen. „Wie geschah das?"

„Der gnäd'ge Herr hatt' mir befohlen, bei Tische aufzuwarten. Und ließ den großen Kronleuchter anstecken,
25 der sonst nie brannte, und die goldenen Uniformen von den französischen Offizieren funkelten in all dem Lichte, daß mir ganz schwindlig wurde, wie ich die Suppe in den

Saal trug. — Da fragt' er mich, ob ich mir viel Geld
verdienen wollt'. Gewiß, gnädiger Herr, sagt' ich da, das
thu' ich gern, denn damals war ich noch arm. Und
d'rauf that er noch ein paar Fragen, um mich zu prüfen,
und endlich kam's 'raus: Ob ich mich wohl getraute, die
Franzosen in einer Stunde über'n Katzensteg und durch
den Wald zu führen. Da fing ich an zu weinen, denn
die Franzosen wirtschafteten furchtbar im Schloß."

„Also das fürchtetest du doch?" warf er mit höhnischem
Lächeln ein.

„Ja — und sagte dem gnäd'gen Herrn, das thät' ich
nimmermehr. Da wurde er aber furchtbar zornig und
packte mich an beiden Schultern, so daß ich in die Knie
sank, und schrie mich an, ich wär' ein undankbares Frau=
enzimmer — und er würd' mich mit Schimpf und Schand'
ins Dorf zurückjagen — und dabei würgt' er mich am
Halse — und da, Herr, wie mir die Luft zu fehlen an=
fing — "

„Hör' auf," sagte er, ergriff die Briefe, welche des
Vaters Schuldlosigkeit darthun sollten, und riß sie mitten
durcheinander. — — —

IX.

Sr.[1] Hochwohlgeboren dem Freiherrn Boleslav von Schranden auf Schloß Schranden.

Ew. Hochwohlgeboren
werden hierdurch angehalten, am 3. Januar anni futuri
um 2 Uhr nachmittags im Gastlokale des Herrn Merckel
zu Schranden sich persönlich zu stellen und die erforder=
lichen Papiere mitzubringen, um Dero Angehörigkeit oder
Nichtangehörigkeit zur preußischen Landwehr vor mir aus=
zuweisen.

Im Auftrage des Kreis=Ausschusses
für Landwehr=Angelegenheiten:
Der Königliche Landrat v. Krotkeim.

Dieses Schreiben fand Boleslav am Neujahrsmorgen in dem Kasten der Zugbrücke.

Nicht sogleich begriff er das Bedrohliche des Inhalts. Erst allgemach sah er ein, welch neue Gefahren auf ihn lauerten.

Nur wenig böser Wille gehörte dazu, um seine Hand=
lungsweise als Fahnenflucht[2] aufzufassen und demgemäß
abzuurteilen, ja selbst die Führung des falschen Namens
konnte ihm unter obwaltenden Umständen als Verbrechen
angerechnet werden.

Für einen Augenblick war der Gedanke an Flucht in

ihm aufgestiegen, aber mit trotzigem Lachen hatte er ihn
von sich gewiesen.

Und was sollte aus Reginen werden? Ihm klopfte
das Herz bei diesem Gedanken. Sie hatte keine Ahnung
von dem, was ihm drohte. Die Kehle schnürte sich ihm zu,
wenn er sie sah, und zentnerschwer, wie die Ahnung her=
einbrechenden Unglücks, legte es sich auf seine Brust, so=
bald er ihrer nur gedachte.

So dämmerte der Tag heran, an welchem Boleslavs
Schicksal sich entscheiden sollte. Es war ein klarer, sonniger
Frosttag. Glitzernder Rohrreif lag auf dem Gezweig, und
über die weißen Schneeflächen glitt ein müder Purpur=
schein.

Den Vormittag brachte er beim Ordnen der Papiere zu.
Was irgend kompromittierend für das Andenken des Va=
ters war, sollte vernichtet werden, denn es war anzuneh=
men, daß, wenn man ihn heut' in Verhaft nahm, morgen
bereits fremde Hände in diesen Stößen wühlen würden.

Schon hielt er die Briefe in der Hand, um sie dem
Ofenfeuer anzuvertrauen, da besann er sich eines Besseren.
Wenn es ihm Ernst damit war, des Vaters Schuld auf
sich zu nehmen, durfte er nichts vertuschen, nichts verheim=
lichen und seine Bürde nicht leichter machen! Die Wahr=
heit zu fälschen, war seiner nicht wert. Lieber in Schanden
zu Grunde gehen, als Leben und Ehre auf Lügen erbauen.

Als Regine ihm sein Mittagessen brachte, schwankte er
einen Moment, ob er ihr alles sagen sollte. Aber wozu

rührsame Scenen heraufbeschwören? Ein Brief that denselben Dienst. „Wenn ich bis zur Dämmerung nicht hier bin," so schrieb er, „wirst du mich schwerlich wiedersehen. Frage in Wartenstein auf dem Landratsamte nach. Dort wirst du erfahren, wohin man mich gebracht hat. Ich rate dir, Schranden sofort zu verlassen. Lebe wohl und hab Dank."

Das Blatt legte er an unauffälliger Seite nieder, so daß sie es vor dem Aufräumen nicht finden konnte. Dann rüstete er sich zum Gange.

Zur selbigen Stunde vermochte die Schankstube des „schwarzen Adlers" die herandrängenden Gäste nicht mehr zu fassen. — Bis weit hinaus auf den Kirchenplatz standen sie zusammengepfercht und prügelten sich um brauchbare Plätze. — Ein jeder wollte den Untergang des letzten der Schrandener Freiherren mit eigenen Augen sehen.

Kurz vor zwei Uhr hatte der Landrat gemeinsam mit dem alten Pfarrherrn dessen Haus verlassen und war von der Hinterseite aus in den Gasthof eingetreten, an dessen Schwelle Herr Merckel senior ihn wiederum dienernd empfing, während Felix als Überzähliger mißmutig hinterdrein trollte, da er fand, daß ihm von den Zivilbeamten nicht genug Respekt erwiesen wurde.

Der Landrat von Krotkeim war ein um die Wehrhaftmachung des Vaterlands hoch verdienter Mann. — Er hatte vor zwei Jahren als Deputierter der eingesessenen Ritterschaft dem berühmten Landtage angehört, welchem

das Vaterland die Gründung der Landwehr verdankte.
Darauf war er in die Heimat zurückgeeilt, um die Or=
ganisation daselbst in die Hand zu nehmen, und hatte
Resultate erzielt, welche seinen Kreis über das ganze Land
hinaus als Muster leuchten ließen. Dann stellten die
Marodeure[1] des Erfolges, Eitelkeit und Eigensucht, sich
bei ihm ein. — Im übrigen hatte er schon lange, bevor
die Kunde vom Katzenstege in die Welt gedrungen war,
als erbitterter Feind des Schrandenschen Hauses gegolten.
Gutes stand von ihm nicht zu erwarten.

Als Boleslav den Kirchplatz betrat, hatte er mit seinen
Hoffnungen abgeschlossen.

Ein schadenfrohes Gemurmel empfing ihn, die Mauer
vor ihm that sich gutwillig auseinander, denn so viel
Überlegung besaßen sie alle, um sich klar zu werden, daß
ohne ihn der Skandal nicht losgehen könne.

Am Eingange des Herrenstübchens stand er dem Mann
mit der Löwenmähne gegenüber, zu dessen Seiten der
Pfarrer und der alte Merckel Platz genommen hatten,
während Felix am Fensterbrette lehnte und eine vornehm
lässige Haltung anzunehmen bestrebt war.

Unter den Brauen des Pfarrers hervor schoß ein Blitz,
und der Landrat besah kühl abwartend seine Hände, die
weiß und knochig waren wie die eines Gerippes.

Aus dem Haufen rief eine lallende Stimme ein unflä=
tiges Wort hinter ihm her. Die Schrandener lachten.

„Es ist der Vater — der unglückliche Vater,“ flüsterte
Herr Merckel dem Landrat wehmütig zu.

„Sind Sie der, welcher mich hierher bestellt hat," rief Boleslav, „so verlange ich von Ihnen Schutz vor den Beleidigungen dieser Menge."

Der Landrat kniff die Augen zusammen und verneigte sich.

„Ruhig, ihr lieben Leute," bat er, indem er sich das glattrasierte Kinn strich, und einschmeichelnd fügte er hinzu: „Die Ruhestörer lass' ich hinauspeitschen."

Dann griff er nach einer grünlichen Mappe, die auf dem Tische lag. Hinter ihm wurde ein graues Männlein sichtbar, welches eifrig langschweifige Gänsekiele probierte. Der Protokollführer wahrscheinlich.

Das Verhör begann. Mit eisiger Höflichkeit stellte der Landrat die Generalfragen. „Wo haben Sie gelebt — wenn es zu wissen erlaubt ist?"

Boleslav zählte die Orte auf.

„Ihr Wort sei heilig, Herr Baron, aber haben Sie Belege dafür?"

„Nein."

„Bis zu welchem Zeitpunkte gelten Ihre Angaben?"

„Bis zum Frühlinge des Jahres 13."

„Und dann?"

„Dann trat ich in das Heer."

„Haben Sie Belege dafür?"

„Nein."

„Ich bedaure unendlich, — aber der Name v. Schranden findet sich nicht in den Listen."

„Ich hatte einen andern gewählt."

„Den Namen Baumgart?"

„Ja."

„Aus welchem Grunde thaten Sie dies?"

„Mein wahrer Name hätte mir Schwierigkeiten bereitet."

„Darf ich vielleicht um Angabe des Truppenteils bitten, welchem Ew. Hochwohlgeboren sich attachierten?"

Boleslav berichtete, was nötig war.

„Dort wählte man Sie zum ... Offizier?"

„Ja."

„Ihr Wort sei heilig, Herr Baron, aber haben Sie hierfür Belege?"

„Nein."

„Man notiere diese Verneinung. Und dann traten Sie zur Landwehr über?"

„Ja."

„Aus welchen Gründen?"

Boleslav wies auf seinen Jugendgespielen. „Weil ich jenem Manne nicht begegnen wollte."

Felix schlug eine grelltönende Lache auf und rief: „Der Schwindel wäre sonst" — ein Wink des Landrats gebot ihm Schweigen.

„Zu welchem Regiment? — Bitte!"

Boleslav nannte den Namen des Kommandeurs.

Der Landrat beugte sich tief über die Mappe, so daß die graue Mähne das welke, schmale Gesicht fast ganz bedeckte.

„Das stimmt allerdings mit meinen Angaben überein," sagte er lesend. — „Dort gab es einen Lieutenant Baumgart, der zur Zeit des Waffenstillstandes in das Regiment trat. Außerdem existierten in der Armee noch vier andere Offiziere dieses Namens. Der Betreffende aber, auf den Sie sich berufen, hat zwischen dem 1. und 3. März in den Kämpfen an der Marne seinen Tod gefunden."

„Woher wissen Sie das, Herr Landrat?"

„Es steht in den Listen, Herr Baron! Auf einem Ordonnanzritte ist er von den Grenadieren des Korps Marmont erschossen worden."

Boleslav fühlte, wie heiße Blutwellen ihm zu Kopfe fluteten. Die schwersten und stolzesten Stunden seines Lebens stiegen leibhaftig vor ihm auf. „Das ist ein Irrtum," rief er, „der Lieutenant Baumgart fiel schwer verwundet in die Gewalt der Feinde, kam aber mit dem Leben davon."

„Und Sie wünschen demgemäß mit jenem toten Ordonnanzreiter als identisch betrachtet zu werden?"

„Ich glaube diesen Wunsch klar genug ausgedrückt zu haben."

„Nun wohl — so werden Sie auch wissen, um was es sich bei dem bewußten Ritte handelte."

„Selbstverständlich."

„Ich bitte um Mitteilung."

„Es war ein Aufruf nach Freiwilligen ergangen, um an den General von Kleist[1] eine Botschaft zu überbringen.

Tags zuvor hatte an einem Flusse, Namens Therouanne¹ ein Gefecht stattgefunden, in welchem der General mit seinem Korps von dem Hauptheere abgedrängt worden war. Es galt, die Botschaft zur Nachtzeit an den Vorposten der Feinde vorbeizuschaffen. Unter den Freiwilligen gab man mir den Vorzug. — Major von Schack führte mich vor den Feldmarschall. — Der überreichte mir einen Brief."

"Bitte, einen Augenblick," unterbrach ihn der Landrat und las eifrig in seinen Papieren, dann sagte er leichthin:

"Und dann, Herr — Lieutenant?"

"Dann führte ich den Befehl aus."

"Es gelang Ihnen also, zu Ihrem Ziele durchzubringen?"

"Ich hoffe, Herr Landrat, daß Ihnen hierfür die Geschichte des Krieges die Belege geliefert hat."

"Hm! — — Bei welcher Gelegenheit wurden Sie denn verwundet?"

"Auf dem Heimwege."

"Warum blieben Sie nicht da, wo Sie waren?"

"Weil ich übernommen hatte, dem Feldmarschall eine Rückmeldung zu überbringen."

"Dieses zweite Wagnis hätten Sie sich ja sparen können."

"Ich hätte mir auch das erste sparen können."

"Sie suchten den Ruhm."

"Ich suchte unter andern dem Vergnügen dieses Verhörs zu entgehen."

Der Landrat richtete sich auf und warf die Mähne zurück: „Ich erlaube mir, Sie aufmerksam zu machen, daß Sie vor dem Vertreter Ihres Königs stehen, Herr Baron von Schranden."

„Solch eine Unverschämtheit!" ertönte ein Murmeln vom Fenster her.

„Ich stehe vor meinem Vernichter," erwiderte Boleslav, dem Landrat fest ins Auge schauend.

Der blickte mit einem verbissenen Lächeln in seine Papiere. „Das führt mich zu dem letzten Teile meiner Untersuchung," fuhr er fort. „Es ist nicht zu bezweifeln, daß Ihre Angaben auf genauer Kenntnis des Geschehenen beruhen, allein dem gegenüber steht die Unmöglichkeit, daß der pp.[1] Baumgart, der alles in allem ein tapferer und ehrliebender Offizier gewesen zu sein scheint, es für gut befunden haben soll, der Armee, in welcher er Ehren und Wunden geerntet hatte, heimlich wie ein Fahnenflüchtiger den Rücken zu kehren. Freiherr von Schranden, ich hoffe, daß der Lieutenant Baumgart sich dieses Vergehens nicht schuldig gemacht hat, und wünsche daher, er habe den Tod gefunden."

Boleslav fühlte die Katastrophe nahen. Sein Blick glitt in die Runde. Überall schaute er in Augen, die von Haß und Rachsucht glühten. — Nur der alte Pfarrer hatte den wilden Kopf in beide Hände gestützt und stierte vor sich nieder.

„Meine Schuld ist es nicht, Herr Landrat, daß man den

Toten wieder lebendig macht. Er hatte, glaub' ich, seine
Pflicht gethan. Man hätte ihn ruhen lassen sollen."

Der Landrat zuckte die Achseln. „Da nun aber ein=
mal die Denunziation gegen ihn eingelaufen ist —."

„Eine Denunziation?" rief Boleslav in aufflammen=
dem Zorne. Sein Blick traf das Auge des jungen Mer=
kel. Dort las er, in Scham und Wut geschrieben, die
Geschichte seines Verderbens. Er lächelte und nickte.

„Ich werde mich vor dem Kriegsgerichte zu verantwor=
ten haben. Ich war darauf gefaßt und bitte, mich in
Verhaft zu nehmen."

Der Haufen drängte nach vorne, um seine Bitte prompt
zu erfüllen. — Boleslav, der bislang auf der Schwelle ge=
standen hatte, wurde gegen den Tisch hin geschoben und
stand dem Landrat Brust an Brust gegenüber, hinter sich
die Fäuste, die schon nach seinem Nacken tasteten.

„Geduld, liebe Freunde," sagte der Landrat weich und
freundlich. „Wer Hand an ihn legt, kommt selber in
Verhaft. — Noch eine Frage, Herr Baron. — Da Sie
gefangen genommen waren, wie Sie behaupten, wie kommt
es, daß Sie bei der später erfolgten Auswechselung nicht
ordnungsmäßig registriert und abgeliefert wurden?"

„Die Franzosen hatten mich, weil ich schwer verwundet
war, bei ihrem eiligen Abzug zurückgelassen. Auf dem
Felde bin ich von Bauersleuten aufgelesen worden. Mo=
natelang lag ich darnieder. Als ich fähig war, meine
Retter zu verlassen, war der Friede geschlossen und kein
Verbündeter in der Nähe.

„Ihr Wort sei heilig, Herr Freiherr, aber haben Sie hierfür vielleicht Belege?"

„Keine andern, als meine Narben, Herr Landrat."

„Hm! — Man notiere auch dies." — Er räusperte sich und strich die Mähne zurück, dann begann er, wie zu einer feierlichen Ansprache ausholend:

„Meine Herren! Wackere Wehrleute und Insassen von Schranden! Die Errichtung der Landwehr ist der Aufgang einer neuen Sonne, die fortan ewig über dem Ruhme des Preußenlandes leuchten wird. Preisen wir uns selig, daß wir in eine Zeit gesetzt worden sind, die so Großes von uns verlangte, und doppelt selig, daß wir uns dieses Verlangens würdig zeigten. Insbesondere dieser Kreis. Und in dem Kreise nicht zumindest die Gemeinde Schranden."

Der Volkshaufe erhob ein Hurrageschrei und der Pfarrer nickte mit grimmig befriedigtem Lächeln vor sich hin. Er wußte wohl, wessen Werk das war.

„Ich gebe ja zu," fuhr der Landrat mit einem eisigen Seitenblick auf Boleslav fort, „die Gemeinde Schranden hatte einen häßlichen Schmutzfleck abzuwaschen, aber wenn die Gnade des Königs darüber hinwegschaut und nur die lichten Seiten des Namens Schranden zu beachten geruht, so ist das nicht zum mindesten jener Wehrhaftmachung[1] zuzuschreiben, deren Leiter ich mich mit Stolz und Freude nennen darf. Die Gnade des Königs — "

Er blätterte in seinen Papieren, dann fuhr er fort:

„Nehmt eure Mützen ab, wackere Einsassen, — stillge=
standen, Wehrleute, — bitte, erheben Sie sich gütigst,
meine Herren — wer da hinten seine Mütze nicht abnimmt,
wird 'rausgeworfen — ich habe Ihnen eine Allerhöchste
Kabinettsordre zu verlesen. Sie lautet:
„'Verhält es sich wahrheitsgemäß, daß der Freiherr Bo=
leslav von Schranden auf Schloß Schranden und der
Lieutenant Baumgart vom 15. schlesischen Landwehrregi=
ment ein und dieselbe Person sind, und bestätigt es sich,
was bei einem so tapferen Offizier vorauszusetzen, daß
eine böswillige Desertion nicht vorliegt, so ernenne ich
denselben zum Kapitän meiner Landwehr, erteile ihm das
Kommando der Compagnie seines Bezirks und verleihe
ihm zum Lohne für seine ausgezeichnete Bravour das ei=
serne Kreuz der ersten Klasse. — Die Erhebungen hat
der Landrat des Kreises unter Zeugenschaft der Denun=
zianten zu führen. — Das Material ist ihm zuzustellen.
                                   Friedrich Wilhelm, Rex.'"
Ein langes Schweigen entstand. Die Schrandener Pa=
trioten standen da und glotzten einander an. Der Lieute=
nant Merckel war auf das Fensterbrett zurückgesunken.
Seine Finger zerrten krampfhaft an dem Kreuze[1] das
zwischen den schwarzen Fangschnüren[2] seines Rockes er=
glänzte.
Der Landrat zog aus den Tiefen seines Rockes ein
schwarzes Kästchen hervor, das er Boleslav mit überhöf=
licher Verbeugung präsentierte.

Der Deckel sprang auf, und aus dem blauen Sammet=
grunde leuchtete Boleslav der weiße Schimmer entgegen,
der das schwarze, schlichte Stückchen Eisen gleich einem
Kranze von Licht umrandete. In aufwallender Erregung
riß er es an sich und streckte dem Landrat die Rechte ent=
gegen.

Da trat dieser einen Schritt zurück, betrachtete seine
langen, weißen Knochenhände aufmerksam von allen Seiten,
als läge Gefahr vor, **daß sie bei dem Akte der Übergabe
Schaden genommen hätten,** und verbarg sie dann auf dem
Rücken.

„Herr Landrat, ich bot Ihnen meine Hand," rief dro=
hend Boleslav, dem der neue Schimpf die Zornröte ins
Gesicht trieb.

„Ich war von Sr. Majestät beauftragt, den Allerhöch=
sten Willen kundzuthun, bis zu einem Handschlag ging
mein Auftrag nicht."

In diesem Augenblick flog ein Kreuz, dem seinen gleich,
Boleslav vor die Füße. — Felix Merckel hatte es von
seiner Brust gerissen. In ehrlicher Entrüstung erglühend,
trat er vor den Beamten, von dem, wie er nun wußte,
nichts zu befürchten war, und rief:

„Da liegt's. Ich mag's nicht mehr! Jeder wackere
Soldat muß sich schämen, es zu tragen, **nachdem es der
da bekommen hat.**"

Boleslav stieß einen Schrei der Wut und des Schmer=
zes aus und drang mit erhobenen Fäusten auf ihn los.

Felix Merckel zog seinen Säbel und machte Miene, auf den Waffenlosen einzuhauen.

Der alte Gastwirt warf sich zwischen beide. Der Landrat begnügte sich, begütigend die Hände zu schwenken, und der alte Pfarrer stand mit glühenden Augen auf der Lauer.

Er kannte seine Schrandener. Er las den Mord in ihren Blicken.

„Zurück da!" dröhnte seine eherne Stimme in den Tumult hinein. Mit ausgebreiteten Armen sprang er gegen die Thür, wo schon in den vordersten Reihen Piken und Knüttel sich erhoben hatten, um hinterrücks auf das Haupt des Verhaßten niederzusausen.

Boleslav wandte sich um, um schaudernd zu sehen, wie nahe er dem Tode gegenüberstand.

Der Pfarrer hatte die Pfosten des Thürgerüstes umklammert und stemmte sich der Wucht der Herandringenden entgegen.

In Boleslav schrie eine Stimme: „Wie? Von diesem Greise läßt du dich beschützen? Bist du dir nicht selber Wehr genug?"

„Dies ist mein Platz, Ehrwürden," sagte er und pflanzte sich an seine Stelle.

Er umfaßte die Thürpfosten, wie der alte es gethan, und bot die Brust weit offen den lauernden Waffen dar.

Sein Auge lag fest und gebieterisch auf der rasenden Schar.

„Hier steh' ich," rief er, „meine Pistolen hab' ich zu Hause gelassen. Ihr könnt mich ruhig niedermachen. Nur vorwärts — wer den Mut hat."

Aber den Mut hatte keiner. Er drehte ihnen ja nicht mehr den Rücken zu.

Die Säbel senkten sich und die Piken tauchten unter.

„Gut — also meucheln wollt ihr nicht," fuhr er fort, sie mit den Augen meisternd. „Ihr wollt euch wie Menschen betragen und nicht wie wilde Tiere. So will ich wie zu Menschen mit euch reden. Tretet zurück und verhaltet euch ruhig."

Die Masse geriet ins Wanken, die Schwelle wurde frei.

„Und nun — sprecht! Was wollt ihr von mir?"

Kein Laut gab ihm Antwort. Nichts wie das Keuchen der arbeitenden Lungen erscholl in dem Raum.

„Ihr haßt mich — ihr wollt mir ans Leben — gut — so sagt mir — warum? Hier steht ein Vertreter des Königs, dem wir alle dienen, der alle Strafen in seiner Hand hält. Hier steht der Vertreter des Gottes, an den ich glaube und ihr auch. Dem Gerichte der beiden will ich mich unterwerfen. Nun könnt ihr klagen. . . . Was hab' ich euch gethan?"

Das Schweigen dauerte fort.

„Ihr seid stumm. Ihr wißt nichts. Und Sie, meine Herren, bitte, helfen Sie den armen Leuten doch auf die Sprünge. Da liegt ein Kreuz, das höchste Ehrenzeichen der Nation, das jemand wegwarf, weil er es dadurch, daß ich ein gleiches habe, für besudelt hielt. Dort steht ein andrer Jemand, der mir den Händedruck verweigerte, den jeder Ehrenmann mit jedem, der nicht Schuft ist, auszutauschen pflegt. Es thut nichts, Herr Landrat, wenn Kläger und Richter sich dieses Mal vereinen. Klagen Sie nur, richten Sie nur, ich kann's vertragen."

Eine neue Pause entstand. Der Landrat drehte verlegen Wickel in seinen Backenbart.

„Und Sie, Herr Pfarrer, — es geziemt sich nicht, daß ich den Erzieher meiner Jugend zur Verantwortung ziehe — aber Sie haben mir vor einigen Monaten Ihre Thür gewiesen. — Möchten Sie nicht Ihrer Gemeinde als Wortführer dienen?"

Da erscholl die Stimme des alten Pfarrers:

„Ist der Tischler Hackelberg zur Stelle?"

Ein Schieben, ein Drängen bewegte den Haufen. Halb gestoßen, halb gezogen erschien die verlotterte Gestalt des Trunkenbolds in der vordersten Reihe. Er wehrte sich, er schlug mit den Fäusten um sich, und als er schon auf der Schwelle stand, versuchte er noch, unterzuducken und Arm oder Schulter eines Hintermanns zur Deckung zu benutzen.

„Fürchte dich nicht, Hackelberg," sagte der Pfarrer, „es soll dir nichts geschehen."

Da wagte er, sich aufzurichten und aus den verglasten Augen einen scheu prüfenden Blick auf die hohen Herren zu richten, vor denen er stand.

„Hast du uns nichts zu sagen, Hackelberg?" sprach der Pfarrer.

„Was sollt' ich zu sagen haben, Herr Pfarrer!" lallte er.

„Hast du keine Klage zu führen?"

„Lassen Sie mich gehn," greinte er, „ich hab' keine Klage zu führen."

„Auch gegen den da nicht?" Er wies auf Boleslav.

Eine trübe Flamme erglomm in dem erloschenen Auge. Er hatte begriffen.

„Der arme, arme Vater!" klagte Herr Merckel senior und wischte sich gleichfalls die Augen.

„Wozu spielt man diese Komödie?" fragte Boleslav mit verächtlichem Lachen. Aber er war sehr blaß geworden.

„Man spielt hier nichts, sondern man hält Gericht," erwiderte ihm der alte Priester.

Boleslav zuckte die Achseln. „Ich bin's zufrieden," sagte er, und seine Stimme bebte, „ich hab' es so verlangt."

Die Schrandener reckten die Hälse, kommenden Spektakels gewärtig. In der Stille, die für einen Augenblick entstand, hörte man den Volkshaufen, der im Gasthause nicht hatte Platz finden können und den Kirchenplatz erfüllte, sich mit Johlen und Lärmen die Zeit vertreiben. Der angstvolle Schrei einer weiblichen Stimme mischte sich darin.

Sollte am Ende gar Regine — — — ? Doch wie

war das möglich? — Und der Gedanke verschwand blitz=
schnell, wie er gekommen war. —

„Mein Kind, mein armes, elendes Kind!" heulte der
Tischler, der sich nunmehr in gewohntem Fahrwasser be=
fand.

„Ich glaube, diese Litanei hast du mir schon einmal
vorgebetet," fiel ihm der Landrat ins Wort. Und zum
Pfarrer gewandt, setzte er lächelnd hinzu: „Mir scheint,
man hat diesem Strolche die Rolle des Virginius[1] beige=
bracht."

Der alte Pfarrer war wenig gesonnen, des Landrats
gnädige Witze über sich ergehen zu lassen. „So werde ich
für dich reden, Hackelberg," sagte er, „mich wird man
wohl ernst nehmen müssen. Freiherr von Schranden, Sie
haben mich aufgerufen, sind Sie noch willens, mir Rede
zu stehen?"

Er bejahte in banger Ungeduld. Ihm schien, als wäre
jener Schrei zum zweitenmal an sein Ohr gedrungen, das
Getöse der Menge übertönend.

„Sie haben das Erbe Ihres Vaters angetreten?"

„Zweifeln Sie daran?"

„Sie fanden ein Weib, Herr Baron, welches die Magd
Ihres Vaters gewesen war. Es hauste dort wie ein
Tier mit dem Tiere. Dieses elende Wesen gehörte hierher
und gehörte mir. Ich habe Gott geschworen im Ange=
sichte der Gemeinde, zu wachen über dieser jungen Seele,
die doppelt verwaist war, da der, welcher sie gezeugt hatte,

sich selber nicht bewachen konnte. Ich bin verantwortlich für sie vor Gott und vor der Gemeinde. Von deinem Vater konnte ich sie nicht fordern, denn er steht vor Gottes Thron, darum fordere ich sie von dir und frage in dieser Stunde der Abrechnung, die du heraufbeschworen hast: Was hast du mit dieser Seele gethan?"

Die Schrandener, aufs neue voll Hoffnung, daß es ihm an den Kragen gehen[1] könnte, erhoben ein Lärmen, der Haufen drängte gegen die Schwelle.

Da — alles Stimmengebrause übertönend — drang vom Hofe her ein Schrei der Not markerschütternd an Boleslavs Ohr. Nun galt kein Zweifel mehr. Das war Regine.

„Regine!" schrie er auf und rannte an das Fenster, das zum Hofe führte. Dort war die wilde Jagd entfesselt. Über den Zaun, über Wagen, über Fässer, über gefrorene Düngerhaufen kletterte, sprang und stürmte ein Haufe wütender Weiber. Bursche mit Knütteln hinterdrein. Steine flogen von allen Enden.

„Hilfe, Hilfe!" klang Reginens Schrei. Doch sie selbst war nicht zu sehen.

Da, als er die Hinterthüre aufriß, kam sie auf dem dunklen Korridor dahergeflogen. Die Meute johlend hinter ihr her.

Mit gewaltsamem Ruck zog er sie ins Zimmer hinein und schloß eilends die Thür, an der die Wut der Weiber sich brach.

Sie sank zu seinen Füßen nieder und preßte schluch=
zend ihr Gesicht gegen den Zipfel seines Rockes. Ihren
Händen entsanken zwei halb zersplitterte Dauben, die sie
krampfhaft umklammert gehalten, — die Reste des Schil=
des, mit dem sie die fliegenden Steine von sich abzuwehren
pflegte.

„Herr Landrat," sagte Boleslav, auf das knieende Weib
weisend, das halb besinnungslos sich an ihn schmiegte.
„Ich bitte, sich diese Scene einzuprägen. Wenn Sie selber
die Nötigung nicht fühlen, hier einzuschreiten, so könnte
es doch sein, daß ich Sie vor Gericht als Zeugen gegen
diese wackeren Leute gebrauchen muß."

Er ahnte wohl selber kaum, der vornehme Herr Land=
rat, welch klägliche Rolle er spielte. Selbst seine schöne
Löwenmähne war aus der Fassung gekommen und hing
ihm in steifen Zotteln um den Kopf herum.

„Merckel," krächzte er, „Sie sind Ortsvorstand. Ich
lasse Sie absetzen, wenn Sie nicht sofort Ruhe schaffen.
Ruhe — Leute — Ruhe! Das ist Landfriedensbruch —
— — — Morgen lass' ich euch Gendarmen kommen,
drei Gendarmen auf einmal — "

Es war sein guter Engel, der ihm diese Drohung ein=
gegeben hatte, denn keine andre hätte auf die Sinnlosen
noch gewirkt. Seit dem unglücklichen Kriege war in
Schranden kein Gendarm mehr stationiert gewesen. Das
war ein großes Glück, welches man nicht verscherzen durfte,
denn den Gendarmen fürchteten sie mehr als den König.

Herr Merckel, der für sein Amt zu zittern begann, that das Seinige, sie vollends zu beruhigen.

Der alte Pfarrer ließ keinen Blick von dem Paare, als wollte er ihnen bis auf den Grund ihrer Herzen schauen.

„Steh auf," sprach Boleslav zu der Knieenden nieder. „Man thut dir nichts — ich bin bei dir."

Aber sie drückte sich nur noch angstvoller an ihn. —

„Herr, ach, lieber, lieber Herr!" Und sie preßte die Stirn gegen seine Knie.

„Boleslav von Schranden — leugnest du noch?"

„Was soll ich leugnen? Daß dieses arme, elende Weib, das ihr verfemt und verstoßen habt, in mir ihren Retter, ihren Heiland sieht, weil ich der erste war, seit Jahren, der ein mildes Wort zu ihr gesprochen hat? Oder soll ich leugnen, daß dieses selbe elende Weib, welches das einzige Wesen war auf Gottes weiter Welt, das zu mir hielt, als alles mich verließ, mir lieb und wert geworden ist? — Müßt' ich nicht ein roher, plumper Klotz sein, — wenn ich anders dächte nach allem, was sie für mich gethan? Ich habe ihr nicht geheißen, meine Einsamkeit zu teilen, dort zwischen den Ruinen. Es ist gar nicht so lustig da oben, und all meine Güte zu ihr hat darin bestanden, daß ich zuließ, wie sie sich für mich opferte. — Will sie lieber meine Leibeigene sein, als sich von euch zu Tode steinigen lassen, so geht das niemand auf der Welt was an, am wenigsten euch Schrandener oder gar jenen Trunkenbold."

„Und dennoch fordere ich sie heute von dir, Boleslav von Schranden," sagte der Pfarrer, indem er die Hand auf den Scheitel Reginens legte; — sie duckte sich scheu, aber ließ es geschehen.

„Damit ihr sie bequemer steinigen könnt, nicht wahr?"

„Ich verspreche dir, daß ihr fürder kein Leid geschehen soll. Ich werde sie selber zu einem Amtsbruder bringen, der sie dem Leben fürs Diesseits und fürs Jenseits wieder zurückgewinnen soll."

Da mischte der Landrat sich darein, der sich schon halbwegs vom Schrecken erholt hatte. — „Hat die Person das mündige Alter erreicht?" fragte er.

Der Pfarrer rechnete nach und bejahte.

„Die vis paterna[1] ist also außer Kraft, so mag sie selbst entscheiden. Sind Sie damit zufrieden, Herr Baron?"

„Ich halte sie nicht," stieß er hervor und fühlte zugleich, wie der Körper zu seinen Füßen erbebte. Er beugte sich zu ihr nieder: „Regine — hörst du, was der Herr Pfarrer dir verspricht? ... Du weißt, für deine Zukunft ist gesorgt. Willst du ihm folgen?"

Da hob sie das glühende, thränenüberströmte Angesicht zu ihm empor und schluchzte: „Bitte, Herr — treiben Sie — keinen Spott mit mir." —

„Du willst also bei mir bleiben?"

„Sie wissen's ja, Herr! — Was quälen Sie mich?" —

„So steh auf, wir wollen gehen."

Der Pfarrer stellte sich ihm in den Weg.

„Mein Sohn," sagte er, „auch dich habe ich in den Bund der heiligen Taufe aufgenommen. Du bist mir gewesen wie mein eigen Kind und mehr noch, denn du warst der Sohn meines Herrn. Auch für dich hab' ich einzustehen vor Gottes Thron. Und darum fordere ich noch einmal dieses Weib von dir."

Regine hatte sich aufgerichtet und umklammerte fröstelnd seinen Arm.

„Komm!" sagte er, „man wird uns hoffentlich die Bahn frei geben." Und er machte Miene, an dem Alten vorbeizuschreiten.

Aber der trat ihm von neuem in den Weg und breitete die Arme gegen ihn aus.

„So bist du also deines Vaters würdig! Und wie ich deinen Vater einst verflucht hab', so verfluch' ich dich in dieser Stunde ... Nirgends soll eine Stätte für dich bereitet sein. Auf Trümmern sollst du hausen dein Lebenlang! Jetzt geht ... Macht Platz, ihr da — und wer Hand an sie legt, im Guten wie im Bösen, der soll verflucht sein mit ihnen."

Vor sich in dem dichten Haufen, der das Schankzimmer erfüllte, sah Boleslav eine Gasse sich öffnen, die im Bogen bis zur Thüre reichte.

Er schritt mit Reginen hinein.

Keiner lachte, keiner schmähte, keiner rührte ihn an.

Abergläubische Scheu lag erstarrend auf all den rohen Gesichtern. — —

Der Hauch des Winterabends schlug ihm eisig ins Gesicht.

Siehe da, ob jemand vorausgeeilt war, den draußen Harrenden Kunde zu bringen — ob eine Ahnung des Geschehenen sich über sie gebreitet hatte, auch hier empfing sie tiefes Schweigen, auch hier die Gasse, durch die sie beide langsam, mit gesenkten Häuptern zum Fluß hinunterschritten. — — — — — — — — — —

X.

Der Schnee knirschte unter Boleslavs Füßen. Sein Atem wallte in lichten Wolken vor ihm her. Die Frostluft that seinem glühenden Gesichte wohl. Er hatte Reginen vorangeschickt und suchte in einsamer Wanderung Ruhe und Klarheit zu gewinnen, denn in seinem Hirne brodelte es wie in einem Hexenkessel.

Jedenfalls mußte in seiner Stellung zur äußeren Welt vom heutigen Tage eine neue Epoche ihren Anfang nehmen. Dies Kreuz in seiner Hand bot ihm die Gewähr dafür, daß er ihr nicht recht- und ehrlos gegenüberstand, daß beides, Recht und Ehre, wohl zu erringen waren, wenn er den Mut besaß, über die Köpfe seiner persönlichen Feinde hinweg sich an die höchsten Behörden zu wenden. — Dann aber freilich mußte er auch die That des Vaters aus ihrer Dunkelheit hervorziehen, mußte mit gruftschänderischer Faust den Frieden des Todes brechen, und die Schmach des eigenen Hauses in die Welt hinausschreien. — Sein Mund verzerrte sich. Wovor sollte er zurückschrecken?

Dann ging er ins Haus. Regine deckte den Tisch zum Abendessen. Sie hatte die Jacke ausgebessert und das Haar mit Wasser glatt gekämmt. Ihr Gesicht war ruhig, als ob nicht das mindeste geschehen wäre, nur die Kratzwunden am Halse zeigten, welche Stunden hinter ihr lagen.

„Bring mir Wein," herrschte er sie an, sich zu Tische setzend.

„Von welchem, Herr?"

„Vom besten. Es ist hoher Festtag heute."

Sie sah ihn verwundert an und ging.

„Hol dir auch ein Glas," sagte er, als sie die grau umsponnene Flasche entkorkte. „Du sollst mir Rede stehen, Regine," begann er. „Antworte kurz und bestimmt auf alles, was ich dich fragen werde."

Sie schrak sichtlich zusammen. „Ja, Herr," flüsterte sie.

„Trinke, das wird dir die Zunge lösen." Sie gehorchte, aber der Wein schien ihr Furcht und Widerwillen einzuflößen.

„Es handelt sich um die Folgen jener Nacht, in der du die Franzosen über den Katzensteg führtest. — Gab es auf dem Hofe jemanden, der um diesen Gang wußte?"

„Nein, Herr."

„Durch wen ist er denn bekannt geworden?"

Sie schlug die Augen nieder. „Ich glaub' durch mich, Herr," stammelte sie.

„Wem hast du ihn verraten?"

„Meinem Vater."

„Wie geschah das?"

„Er ist von Zeit zu Zeit heimlich aufs Schloß gekommen, um Geld von mir zu kriegen; und wenn ich nichts hatte, dann hat er mich gekniffen und geschlagen."

„Warum riefst du nicht um Hilfe?"

„Es war zur Nachtzeit, Herr, und er hätt' ihn auspeitschen lassen, wenn man ihn gefunden hätt'!"

„Gut, weiter."

„Und so kam er auch kurz nachher — nach dem Gange mein' ich — und verlangt' allerlei — ich sollt' ihm — dem gnäd'gen Herrn — Geld abfordern oder heimlich seine Taschen durchsuchen und dergleichen. — Und um ein für allemal Ruh' vor ihm zu haben, holt' ich ihm den Beutel, den mir der französische Oberst geschenkt hatte. Wie er das rote Gold sah im Mondenscheine blinken, wurd' er rein wie toll —

„Und da kriegt er mich an der Gurgel zu packen und rief mir in die Ohren: Ich mach' dich kalt,[1] wenn du nicht auf der Stelle gestehst, wo du das viele Gold her hast... Und weil mir die Luft zu fehlen anfing ——"

Er lachte bitter vor sich hin. Sein Vater und ihr

Vater — sie wirkten beide mit denselben ehrenwerten Mitteln.

Regine glaubte, sein Lachen hätte ihr gegolten. „Ach Herr," fuhr sie mit flehendem Aufblick fort, „ich war ja damals noch so furchtbar dumm. Vierzehn Tage später, als sie mich verhörten, hätten sie mich ruhig erwürgen können und doch nichts 'rausgekriegt . . . Aber damals, und weil er doch mein Vater war . . ."

„Gut, da schwatztest du aus der Schule.[1] Und was dann?"

„Noch in derselben Nacht hat mich mein Gewissen zu drücken angefangen, und am Morgen, als ich dem gnädigen Herrn den Kaffee bracht', hab' ich ihm alles gestanden."

„Und er?"

„Er ist kreideweiß geworden und hat kein Wort gesagt — aber die Flinte hat er von der Wand gerissen und auf mich angelegt. Ich hab' die Hände gefaltet und die Augen zugedrückt, da hört' ich, wie er einen Fluch ausstieß — und dann warf er die Flinte über die Schulter und ist 'rausgelaufen. Ich dacht' mir gleich: Jetzt will er den Vater aus dem Weg räumen! — — und wie ich ihn nach der Zugbrück' rennen seh' mit seinen zwei Bluthunden, bin ich rasch durch den Park und über den Katzensteg ins Dorf 'runtergelaufen, um dem Vater Nachricht zu geben, daß es ihm jetzt ans Leben ginge. Wär' er bei sich zu Hauf' gewesen, hätt' ich ihn nicht mehr retten können.

aber er saß bei Merkels im schwarzen Adler. Da hatt' er
alle mitten in der Nacht 'rausgetrommelt[1] und lag nun
betrunken wie'n Stück Vieh.[2] — ... Und dann nach vierzehn Tagen ist ein Gendarm gekommen, um mich zu holen,
und hat mich in den schwarzen Adler geführt. Da saßen
in der Weinstub' fünf oder sechs vornehme fremde Herren,
der Herr Landrat von heute mit darunter, und man hat
hinter mir die Thür abgeschlossen und mich auszufragen
begonnen. ... Am liebsten hätt' ich nichts gethan als geweint, aber ich nahm mich zusammen und meinte, der
Vater hätt' die Gewohnheit, über den Durst zu trinken, er
würde wohl einen bösen Traum gehabt haben. ... Aber
da zeigten sie mir den Beutel, den sie ihm abgenommen
hatten. — Und dann fingen sie sich leise zu beraten an,
aber ich hab' gute Ohren, ich verstand alles. ... Ob sie
mich wohl ins Gefängnis sperren sollten, damit ich das
Reden lerne, ob sie den gnädigen Herrn auch verhaften
sollten und dergleichen, und dann kamen wieder andre und
meinten, es würde dem Kreise zur Schande gereichen, wenn
so was an die große Glocke gehängt[3] würde, und ganz Ost-
preußen würde damit entehrt dastehen, und da ja kein rechter
Beweis da wär', hätte man 'nen Grund, die Sache im
Dunkeln zu lassen — sie nannten es noch anders, aber das
Wort hab' ich vergessen."

„Und dann ließen sie dich gehen?"

„Ja. Der Herr Merkel meinte, ich solle mich scheren,
denn ich verpeste das Haus."

Ein Schweigen entstand, dann sagte er hastig:

„Nun die Brandnacht!"

Da fuhr sie von ihrem Stuhl empor und stierte ihn mit entsetzten Blicken an.

„Ich soll... vom Brande?"

„So gut du dich drauf besinnen kannst."

„Und ich soll... alles... Herr?"

„Alles."

„Herr... das kann ich nicht!" Wie ein Schrei in Todesnot quollen die Worte aus ihrem Munde.

In zornigem Staunen sah er an ihr nieder.

„Du sollst ——— du sollst auf der Stelle!"

Sie drückte sich gegen die Wand. Aus dem Dunkel flammten ihre Augen wie die Lichter einer verfolgten Wildkatze ihn an. — „Ich thu's nicht," grollte sie.

Die Brutalität des Herrn, die altererbte, erwachte in ihm. Er drang auf sie ein. Da in Todesangst griff sie ihm entgegen. Wie eiserne Klammern gruben sich ihre Hände in seine Schultern, und ein lautloses Ringen begann. Minutenlang währte es und wollte nicht enden.... Es schien erbittert, verzweifelt sogar, es schien um Leib und Leben zu gehen. Engumschlungen taumelten sie hin und her, bis er sie in die Knie drückte... Dann glitt sie zurück und fiel mit dem Hinterkopf hart gegen die Diele.

Ganz betäubt starrte er auf sie nieder. Sie lag wie tot, nur die kochende Brust rang nach Luft.

„Was nun?"

Und je länger er den daliegenden Körper anstarrte, desto höher schwoll die Angst in ihm empor.

„Fort aus diesem Hause — fort, fort, eh sie sich erhebt," schrie eine Stimme in ihm. Er riß den Mantel von der Wand, stülpte die Pelzmütze auf und floh hinaus in die Winternacht, als wäre die wilde Jagd ihm auf den Fersen.

Er rannte durch die Wälder. Der Frost kühlte ihn nicht, das Dunkel beruhigte ihn nicht.

Gab es keine Rettung — keine?

Das Pfarrhaus fiel ihm ein. Ein Hohngelächter quoll von seinen Lippen. — Und dennoch — hatte an jenem Fleck Erde nicht fast ein Jahrzehnt lang alles, was noch gut und froh und friedlich in ihm gewesen, seine Heimat gefunden? Sollte es ihm verwehrt sein, sich zu jener Stätte des Lichts zu retten, mochte tausendmal von ihr der Fluch ausgegangen sein, der das Dunkel auf ihn herabbeschworen hatte?

Dem eigenen Willen fast zuwider, schlug er den Weg zum Dorfe ein.

Die Turmuhr meldete eins. Fünf Stunden lang war er draußen umhergeirrt, und die Zeit erschien ihm wie ebensoviel Minuten.

Er schritt an der Kirche vorbei zum Pfarrgarten hin. Der Herzschlag stieg ihm bis zum Halse hinauf ... In ihrem Giebelfenster schimmerte noch Licht. Er schwang sich über den Staketenzaun und schritt in dem hohen

Schnee bis zum Gartenhause hin, welches in zwanzig Schritt Entfernung dem Giebel gegenüberstand. In seinem Schatten faßte er Posto[1] ...

Ein weißer Vorhang verhüllte dicht das erleuchtete Geviert. Der Schatten einer Mädchengestalt verdunkelte für einen Augenblick die helle Fläche ... Ein Zipfel des Vorhanges wurde emporgehoben.

Halb sinnlos streckte er die Arme nach ihr aus.

Rasch fiel der Vorhang herunter, und einen Moment später erlosch das Licht ...

Atemlos wartete er, ob sie ihm nun, aus gefahrloser Dunkelheit heraus, ein Zeichen geben würde. Doch nichts regte sich fürder.

So trat er den Rückweg an. Auf der Straße einherwandernd, fand er sein Blut um vieles ruhiger geworden. Schon das bloße Bewußtsein ihrer reinen Nähe also hatte friedenbringend auf ihn gewirkt.

„Wohin nun?" In alle Welt hinaus, nur nicht nach Hause.

Er schritt in das ungebahnte Feld hinaus. Höher und dunkler stieg die Waldmauer vor ihm empor, — noch hundert Schritte, da hemmte etwas seinen Weg, das wie ein Hügel vor ihm aufstieg und sich zum Walde hin wohl fünfzig bis sechzig Schritte weit erstreckte. Und doch für einen Hügel war es zu regelmäßig und hatte zu scharfe Kanten. Daneben, durch wenige Fuß getrennt, stand ein zweites, und weiter links ein drittes. Es werden Kieshaufen sein, dachte er, die man im Herbst aufgeschüttet hat, um sie nach Fortgang des Schnees abzutragen. —

Doch was bedeuten die Kreuze dort, die schauerlich und drohend am Ende der Hügel sich in die Nacht empor= recken?

Drei an der Zahl, für jeden Hügel eines. — —

Rätselhaft wie Denkmäler vergessener Schuld standen die rohen Ungetüme da, und das Mondlicht, das hervorbrach, versilberte ihre grauen Splitter.

Da plötzlich fielen die Schuppen von seinen Augen. Laut aufschreiend schlug er die Hände vors Gesicht. —

Das waren die Gräber der Anno sieben in der Un= glücksnacht Gefallenen.

Hier lagen die Opfer seines Vaters!

Sein Auge glitt über die abgeplatteten Hügelkämme dahin . . . Wie viele mögen darunter liegen? Wenn man sie nebeneinander gebettet hat, sind es mindestens hundert in jeglichem Grabe — vielleicht auch das Doppelte. — Und alles brave Soldaten, die freudig ausgezogen waren für König und Vaterland, um hier zur Nachtzeit durch tückischen Verrat ein schmähliches Ende zu finden.

Er umklammerte das Kreuz und preßte das Gesicht an den rauhen Stamm, dessen Späne ihm die Haut zer= schrammten.[1]

Sein Blick ging in die Ferne und suchte am Horizonte die Umrisse der Ruinen. Nichts war davon zu sehen, nur die Kronen des Parkes dämmerten, einen verwaschenen Bo=

gen bildend, zu ihm herüber. Dahinter, ein wenig zur rechten Seite, mußte der Katzensteg liegen.

Dort hinüber war sie gegangen, die dunkeln, blutdürstigen Scharen hinter sich. Wie schauerlich mußte der dumpfe, taktmäßige Schritt ihr in den Ohren geklungen haben! Dann weiter und weiter in den Wald hinein. Es stand klar und deutlich vor seinem Auge, als wär' er dabei gewesen.

Und dann, als man sie losgelassen, als sie, den Sündenlohn in der Tasche, allein den Heimweg angetreten hatte — wie muß das Knallen der Schüsse, das Wirbeln der Trommeln, die Pulverblitze, der Todesschrei der Überfallenen — wie muß sie das von hinnen gejagt haben — ein fürchterliches Furienheer!

Daß sie mit diesen Lauten im Ohr, diesen Bildern vorm Auge weiter zu leben vermocht hatte, er faßte es nicht! Der erste beste Strick, die nächste Wassertiefe hätten ihr als Erlösung willkommen sein müssen.

Aber nichts von alledem. Sie sah keine Visionen, ihr Gewissen marterte sie nicht, sie schien sich kaum irgend welcher Schuld bewußt.

Er umkreiste die Gräberreihen, unfähig, einen Gedanken zu fassen. Ihm war, als sähe er sich in einem ehernen Netze gefangen, dessen Maschen sich enger und enger um ihn zusammenschnürten. —

„Herr im Himmel," so bat er, „räche die Sünden der Väter nicht an mir. Laß sie schlafen, die Toten, — ich

habe sie nicht gemordet. Laß ein Wunder geschehen, gib
mir ein Zeichen, daß du mich retten willst vor Todsünde
und Verzweiflung." Sein Auge glitt hilfesuchend umher.
Kalt und teilnahmlos lächelte der mondershellte Himmel
mit seinem bleifarbenen Lichte auf ihn nieder. Kein Zei=
chen fiel herab, kein Wunder geschah.

In den eigenen Fußstapfen schritt er zum Dorfe zurück.
Dort war noch niemand auf den Wegen, dort rauchte
hie und da ein Schornstein schon, und die Hühner auf
ihren Stiegen gackerten dem Morgen entgegen.

Da, als er den Pfad zum Flusse hinunterschritt, war es
ihm, als sähe er den Schatten einer weiblichen Gestalt von
der Zugbrücke her auf sich zueilen. Regine vielleicht, die
auf ihn gewartet hatte und ihm nun entgegenkam? Doch
nein, so schlank, so schmächtig war Regine nicht. Wer
von den Dörfler hatte um diese Stunde an der Zugbrücke
zu thun? Sein Herz begann zu pochen. Nun war auch
er bemerkt worden. Ein leiser, quiekender Schrei tönte
ihm entgegen, und im nächsten Augenblick war die Gestalt
in einem Seitenpfade hinter den Zäunen verschwunden.

Sie zu verfolgen, fehlte ihm die Lust. — Doch als er
die Zugbrücke betrat, sah er in dem frisch gefallenen Rohr=
reif Fußspuren, die vor dem Pfosten endeten, an welchem
der Briefkasten angenagelt war.

Sollte jemand aus dem Dorfe Verlangen getragen
haben, nächtlich an ihn zu schreiben? Der Gedanke war
lächerlich und dennoch ergoß er einen Strom von Hoffnung
durch seine Seele.

Er riß den kleinen Schlüssel, den er bei sich zu tragen pflegte, aus der Tasche. — Der Kasten öffnete sich — ein Brief fiel heraus.

Mit zitternden Fingern brach er das Siegel. Helenens Unterschrift! — Wollte Gott sein Flehen erhören? Wollte er ihm Kraft und Rettung senden?

Der erste Morgenschein gab ihm das Licht zum Lesen.

„Mein lieber Jugendfreund!

Ich höre von Papa, wie unser edler und weiser König Dich so hoch geehrt hat. Er hat Dich zum Kapitän ernannt und hat Dir einen hohen Orden verliehen. Ich wünsche Dir viel Glück und freue mich herzlich darüber. Was sonst noch geschehen ist, hat Papa mir nicht sagen wollen, aber er war sehr aufgeregt und hat sich sehr aufgebracht über Dich ausgesprochen. — — Ach, wenn Du es doch verstanden hättest, Dir sein Wohlgefallen und die Liebe der Gemeinde zu erhalten! Ich brauchte dann nicht so ängstlich zu sein und würde Dich wohl hier und da sehen und sprechen können. — Ach, lieber Boleslav, ich flehe Dich in Todesängsten an, versuche nie wieder in den Garten zu kommen. Du kennst Papa ja . . . Wenn er wüßte! Ach, ich glaube, er brächte mich um . . . Harre aus, mein lieber Freund! Wer ausharrt, wird gekrönt,[1] wie's in der heiligen Schrift heißt. Habe Geduld, bis einst die Stunde schlägt, daß ich Dich rufen werde. Ich werde Dir dann Nachricht geben und gewißlich voll Sehn-

sucht auf Dich warten. O, die schöne Jugendzeit, wo ist
sie geblieben? Wie war ich doch so glücklich!

Deine Helene.

Postskriptum: Komme nicht wieder in den Garten. Ich
werde Dir einen andern Ort bezeichnen. Nur nicht in den
Garten."

Die Zeilen flimmerten vor seinen Blicken. Nur hie
und da prägte ein abgerissener Satz — ein vereinzeltes
Wort sich seinem Geiste ein. — „Harre aus!" — „Die
Stunde, da ich dich rufen werde." — „Sehnsucht!" — „Ju=
gendzeit!" — „Glücklich!" —

Eines doch las er aus allem: Das Zeichen, um das er
am Grabe der Krieger gefleht hatte, es war vom Himmel
gefallen: Das Wunder — es war geschehen!

Neues Selbstvertrauen strömte durch seine Adern. Noch
hatte das Heil ihn nicht verlassen, noch brauchte er nicht
an sich zu verzweifeln. Die Reine, die Lichte, sie, der Ge=
nius seiner Jugend, sie hielt fest an ihm, sie traute seiner
Kraft und seiner Treue.

Und er, wahrlich, er wird ihren Glauben nicht zu
Schanden werden lassen. Lieber wird er sterben. Und
zum Morgenrot gewandt, das ihm seinen Purpurschein
entgegenschickte, hob er die Schwurfinger in die Höhe.

Fort, fort noch in dieser Stunde!

Fort, bis du aus Menschen eine Mauer bauen kannst,
die dich und Regine auf ewig trennt!

Dann schritt er, wie von schwerer Last befreit, dem Hause zu.

XI.

Mehr als drei Monate waren seit der Nacht verflossen, da Boleslav von Schranden das Erbe seiner Väter verlassen hatte.

Derweilen hatte der Frühling sich eingefunden.

Es war das erste Jahr seit langen, langen Zeiten, welches friedlich begonnen hatte und von dem man hoffen konnte, daß es auch friedlich enden würde.

Was fernab an den Gestaden des Mittelmeeres im Monat März[1] geschehen war, davon ahnte man hier in den stillen Landstädtchen und einsamen Heidedörfern noch nichts, ahnte nichts von der unsanft gestörten Quadrille auf dem Metternichschen Balle,[2] von dem Zorn der Souveräne und dem Entsetzen der Excellenzen, ahnte nichts von der geiferbespritzten Achterklärung gegen den entwichenen Empörer, von Rüstung und Kriegsgeschrei.

— — An einem der letzten Tage des Monats April kam auf der Landstraße, welche von Osten her nach der Kreisstadt Wartenstein hinführt, eine seltsame Schar dahergezogen, welche das Staunen aller der Orte erregte, durch welche der Weg sie führte. —

Der Haufe mochte wohl hundertundfünfzig Köpfe zählen und marschierte in halbmilitärischer Ordnung, nach Zügen aufgereiht. Er bestand aus jungen, kräftigen Burschen, deren Typus deutsch nicht war und auch mit dem polnischen wenig gemein hatte. Sie redeten eine Sprache, die in der Gegend noch nie gehört worden, und sangen Lieder, die niemand nachzusingen vermochte. — Das Kommando jedoch, dem sie folgten, war deutsch, und deutsch war auch die Disziplin, welche ihre Glieder straffte und ihren Bewegungen Maß und Haltung verlieh.

An der Spitze des Zuges ritt einer, an dessen Mienen sie voll Angst und Liebe hingen und dessen kurz, doch nicht unfreundlich hingeworfene Befehle sie mit freudig=kindlichem Eifer vollführten.

Es war Boleslav, der mit diesem Heerhaufen das ihm zugehörige Reich wieder erobern kam.

Fern im litauischen Osten, an der äußersten Grenze der Provinz, dort, wohin von dem Namen Schranden weder gute noch böse Kunde je gedrungen war, hatte er ihn angeworben. Durch fünfjährigen Umgang[1] mit Sprache und Gemütsart des Völkchens vertraut, hatte er aus ihm seine Pioniere entnommen, mit Vorsicht nur solche wählend, die im Kriege gewesen und somit an soldatische Zucht gewöhnt waren, und die trotzdem zu wenig von der deutschen Sprache erlernt hatten, um durch die bösen Zungen der Schrandener vergiftet werden zu können.

Gern wäre er früher zurückgekehrt; allein um das Werk in großem Stile, wie es erforderlich war, in Angriff zu nehmen, mußte er den Zeitpunkt abwarten, da mit der Erbschaft der Großtante die nötigen Mittel in seine Hände kamen.

Schwere Zeiten lagen hinter ihm seit jener Januarnacht, als er auf verschneiten Wegen in die mondbeglänzte Ferne hinausgestürmt war, den Aufschrei des unglücklichen Weibes, das nicht hatte fassen können, was ihm geschah, gellend im Ohre.

Es dauerte lange, bis er ihn los wurde, und bis das angstvoll flehende Auge, das ihn verfolgte, wo er ging und stand, zu erlöschen begann.

In Königsberg, wohin er sich gewandt hatte, gedachte er die Gerechtigkeit, die ihm und seinem Hause bislang versagt worden war, mit kühner Selbstanklage zu erzwingen. Unter diesen Berührungen mit der Außenwelt, die in seltsamer Weise erkältend und ernüchternd auf ihn wirkten, begann die fieberhafte Gereiztheit seines Wesens allgemach zu schwinden. Er sah sich Gründen und nicht mehr Flüchen, Worten und nicht mehr Knütteln gegenüber. Das that ihm wohl und beruhigte ihn. Er entwarf Pläne und bereitete mit Umsicht vor, was die Zukunft von ihm forderte. —

Um Regine über seinen Weggang — seine Flucht hätte er sagen können — zu beruhigen, hatte er etliche Male an sie geschrieben, Antwort verlangt und baldige Wiederkunft verheißen.

Einmal war auch Nachricht von ihr gekommen, ein ruhiger ernster Brief in kräftigen Zügen und richtiger Schreibart. — Die Schule des alten Pfarrers hatte in all den Jahren der Knechtschaft ihre Kraft nicht eingebüßt. —

Angesichts der nahenden Heimat zog er das Blatt aus der Tasche und las im Sattel leise noch einmal vor sich hin, was er — wider Willen — auswendig kannte.

„Mein lieber Herr! Machen Sie sich keine Besorgnis um meinetwillen. Mir thut keiner etwas. — Die von unten wissen gar nicht, daß Sie fort sind. Auch vor den Wolfsfallen haben sie Angst, denn es hat ihnen ja keiner gesagt, daß wir sie ausgegraben haben. Der Eisgang und die Überschwemmung sind ja nun, Gott sei Dank, vorbei. — Ich habe einige Tage hungern müssen, weil das Wasser auf den Wiesen zu hoch stand, um durchzuwaten. Und zum Herrn Merckel wäre ich nicht gegangen, und wenn ich hätte sterben müssen. — Ach, lieber Herr, ich freue mich sehr, daß Sie bald wiederkommen wollen. Denn ich weiß gar nicht mehr, wozu ich lebe, seitdem ich Sie nicht mehr bedienen kann. — Ich stehe, so oft ich kann, am Katzensteg und warte auf Sie, damit Sie ihn nicht aufgezogen finden und hinüberkönnen. Bitte, kommen Sie nicht in der Nacht und am Dienstag nicht vor sieben Uhr früh, denn dann bin ich auf dem Wege nach Bockeldorf. Und der Schnee ist schon aller weg. Und das Gras fängt auch schon an, grün zu werden. Und gestern habe ich schon die Schwalben zwitschern gehört, die an der Traufrinne ihr Nest haben. Aber gesehen habe ich sie noch nicht. Manches Mal leide ich am Herzstechen und Schwindel, und ich esse auch wenig. Ich glaube, das kommt daher, weil ich das Alleinsein nicht vertragen kann. Aber ich weiß gar nicht, wozu ich Ihnen das alles erzähle. Das macht, weil Sie immer so gütig zu mir gewesen sind. Und ich bange mich sehr nach Ihnen, weil Sie immer so gütig zu mir gewesen sind. Womit ich verbleibe

Ew. Hochgeboren

unterthänige

Regine Hackelberg."

Der Brief hatte ihn mit Freude und Genugthuung erfüllt; denn er zeigte, daß sie nach wie vor in reinster Treue an ihm hing und ihm mit voller Seele angehörte.

Auch sein Glaube an Helenens heilbringende Sendung hatte inzwischen neue Nahrung erhalten. Ihr Brief war es ja gewesen, der ihn in Stunden höchster Gefahr vor sich selbst gerettet hatte, und als Talisman trug er ihn dankbar auf dem Herzen, wenngleich er ihn nicht so gern las, wie den Reginens. — —

Es war eine sonnige Morgenfrühe.

Von den zwei Türmen Wartensteins herab meldete die Glocke acht Uhr, als er zu dem moosigen Stadtthor hereinritt. So durfte er darauf rechnen, in früher Morgenstunde, durch Fragen unbehelligt, von dannen ziehen zu können.

Doch er ahnte die Überraschungen nicht, die seiner harrten. Der Wächter, statt ihn anzuhalten und nach Steuerbarem auszufragen, schrie zum Turmfenster empor:

„Zieh die Glocken, zieh die Glocken! Die ersten sind schon da!"

Dann streckte er salutierend seine Pike vor, während die Sturmglocke den Bürgern Wartensteins von Boleslavs Einzug Kunde gab.

„Was kann das bedeuten?" fragte er sich kopfschüttelnd und sein Erstaunen wuchs, als er weiterreitend die Straßen von aufgeregten Menschen erfüllt sah, Männern und Weibern, welche die Taschentücher und Mützen schwenkten und ihm brausende Hurras entgegenriefen.

Seine Litauer, von ihren Siegeszügen her an dergleichen Empfänge gewöhnt, hielten den Jubel für selbstverständlich und erwiderten ihn nach Kräften.

Boleslav war sich klar, daß hier ein Mißverständnis obwaltete, welches die nächsten Augenblicke von selber aufklären mußten.

Als er auf dem Marktplatz einritt, den die Menschenmenge dicht erfüllte, trat ihm in feierlichem Aufzuge der Landrat entgegen, von dem Bürgermeister und den Verordneten der Stadtgemeinde gefolgt.

„Ich beglückwünsche Sie, Freiherr von Schranden," begann er, „daß Sie der erste sind, welcher herbeigeeilt ist mit seinen Scharen — —"

„Halten Sie ein, Herr Landrat," unterbrach ihn Boleslav. „Hier muß ein Versehen vorliegen. Diese Leute sind Arbeiter, die ich in Litauen für meine Wirtschaft geworben habe. Ich bin auf dem Wege nach Schranden."

"Und Sie wissen noch nichts?" stammelte er. "Sie haben noch nicht gehört, daß Napoleon von Elba entflohen ist, und daß der König das Preußenvolk aufs neue zu den Waffen ruft?"

Boleslav fühlte ein Gemisch von Schreck und Freude heiß aus dem Herzen emporschwellen.

So hatte also die Weltgeschichte abermals sein kleines Los auf ihre Schultern genommen und trug es dem Ungewissen entgegen. Zerstoben waren seine Pläne, das Werk, dem er sein Leben geweiht, hatte ein Ende genommen, noch eh es recht begonnen.

Doch fort mit allem Bangen und Bedauern! Das Vaterland ruft! Das Vaterland ruft!

"Ich danke Ihnen, Herr Landrat," sagte er, indem er versuchte, das klopfende Herz zu bändigen, "für die Ehre, die Sie mir und den Schrandenern zugedacht haben. Wir werden uns ihrer würdig erweisen und in vierundzwanzig Stunden auf dem Platze sein."

Der Landrat streckte ihm die Hand entgegen. Er trat einen Schritt zurück und war im Begriffe, den einst empfangenen Schimpf dreifach zurückzugeben.

Da hielt er inne. "Das Vaterland ruft!" sprach es in ihm, "was will dein kleiner Haß und deine kleine Liebe!" — Und er erhaschte die Knochenhand, die sich schon gekränkt zurückzog, und schüttelte sie kräftig.

Sodann erfuhr er das Nähere. Gestern abend sei der Aufruf des Königs, vom 7. April datiert, in Wartenstein

angekommen. Die Nacht hindurch habe das Amt gearbeitet,
die Verordnungen für die Ortsvorsteher fertigzustellen, die
soeben durch reitende Boten abgesandt werden sollten.

„Auch nach Schranden?" fragte Boleslav.

„Gewiß."

„Darf ich eine militärische Ordre hinzufügen?"

„Wenn es Ihnen beliebt."

Er riß ein Blatt Papier aus seiner Schreibmappe und
warf folgende Zeilen darauf:

„Um fünf Uhr nachmittags hat sich die gestellungspflich=
tige Mannschaft mit Gepäck und Montierung auf dem
Kirchenplatze zur Musterung einzufinden. Die Stunde des
Abmarsches wird alsdann bekannt gegeben werden.

v. Schranden, Kapitän der Landwehr.

An den Ortsvorsteher."

„Und was wird aus Regine?" rief mahnend eine
Stimme in ihm.

Aber er wollte sie nicht hören. Er war wie im Tau=
mel. Das Fieber der Aktion hatte ihn übermannt.

Vorerst rief er seine Leute zusammen, machte ihnen klar,
daß ihr Dienstverhältnis zu Ende sei, und daß sie sich eilends
ein jeder in seine Heimat zurückzubegeben hätten, um von
dort aus zu ihren Truppenteilen zu stoßen. — Er lohnte
sie ab und entließ sie mit Händedruck und Segenswunsch.

Die wackeren Jungen, die ihm bereits von Herzen erge=
ben waren, küßten den Saum seines Rockes und schieden
mit Thränen in den Augen. Sodann schaffte er die Wagen

in Sicherheit, deren Befrachtung ein nicht geringes Kapital darstellte, traf Bestimmungen über den Verkauf des Saat= kornes wie der Lebensmittel und stellte die Pferde der Remontekommission zur Verfügung.

5 Nur eines, das, worauf er ritt, behielt er zum eigenen Gebrauche.

So konnte er vor seine Schrandener treten, die er nun auf andre Weise, als er geahnt, in seine Hand gegeben sah.

10 Zur selben Zeit, da Boleslav der Heimat zuritt, schritt im Hinterzimmer des „Schwarzen Adlers" der Lieutenant Merckel in zornigster Erregung auf und nieder.

„Und ich thu's nicht — und ich laß mir von dem Schuft nichts befehlen," schrie er den Vater an.

15 „Felixchen," bat er schmeichelnd, „nimm doch Vernunft an — wenn es der König so angeordnet hat und die Obrigkeit es verlangt —"

„Der König weiß viel! Der ist getäuscht, betrogen, hinters Licht geführt worden. Aber ich, ich will ihm die 20 Augen öffnen, ich will ihm zurufen: Majestät, hier sind dreißig wackere Soldaten und ein ehrliebender Offizier, die wollen lieber —"

„Trink, Felixchen," bat der Alte und wischte sich den Angstschweiß von der Stirn, „der Wein kostet mich selber 25 einen Thaler die Flasche. So was kriegst du in der gan= zen Welt nicht wieder."

„Hol' der Teufel deinen Krätzer!"[1] schrie der Sohn

und schlug mit der Säbelscheide gegen die Flasche. Meine Ehre läßt sich nicht zum Schweigen bringen! Meine Ehre verlangt, daß ich dem verfluchten Hund das Herz aus dem Leibe reiße! Und ich thu's. — Diese Schande für unser Vaterland muß endlich einmal getilgt werden. Diese Pestbeule des preußischen Offiziercorps muß ausgeschnitten und ausgebrannt werden! Ich thu's! So wahr ich ein wackerer Soldat bin! So wahr ich für meine Ehre sterben will! — Auf Wiedersehn, Vater! Ich hab' noch vom Feinsliebchen Abschied zu nehmen!"

Und die Lippen zum Pfeifen spitzend, schritt der Halbtrunkene hinaus, indem er die Säbelklinge taktmäßig hob und niederstieß. — —

Als Boleslav kurz nach vier Uhr im Dorfe einritt, fand er die Straße von Weibern und Greisen gefüllt, die lautlos und scheu wie das böse Gewissen vor den Hufen des Pferdes zur Seite wichen und dann hinter ihm herliefen. Er tastete nach seinen Pistolen, die in den Halftertaschen steckten und lockerte den Säbelkorb, denn ihm ahnte etwas von einem Strauße, den er zu bestehen haben würde.

„Wenn sie mit dem Soldatenrock nicht einen andern Menschen angezogen haben, so könnte ihnen wohl der Gedanke kommen, mich vor der Front niederzumachen," dachte er bei sich und seine Brust schwoll höher.

Vor dem Giebel der Kirche, etwa zwanzig Schritte von den Treppensteinen entfernt, sah er die Mannschaft zweigliedrig aufgestellt, nach erster Schätzung fünfzehn bis sechzehn Rotten stark.

Der Lieutenant Merkel schritt vor der Front auf und nieder, bald diesem, bald jenem ein — wie es schien — aufmunterndes Wort zuraunend. Sein Gesicht brannte, sein Gang schien taumelnd, zwei= oder dreimal geriet der Kavalleriesäbel, den er trug, ihm zwischen die Beine.

Tiefatmend ritt Boleslav in das Innere des Ringes, der sich hinter ihm schloß. Wieder einmal stand er — einer gegen alle — den Schrandener Wölfen gegenüber, doch dies= mal als Herr.

Zugleich fühlte er, daß die eiserne Ruhe, die allzeit sich einfand, wenn es Leib und Leben galt, ihn auch diesmal nicht im Stiche ließ.

„Ich vermisse Ihre Meldung, Herr Lieutenant," rief er drohend.

Ein Gelächter aus trunkener Kehle antwortete ihm.

Also sie meuterten. Seine Ahnung hatte ihn nicht ge= täuscht.

Er riß den Säbel aus der Scheide. — „Stillgestanden!" kommandierte er.

Ein Murmeln durchlief die Reihen. Zwei oder drei traten herausfordernd aus dem Gliede. Der Lieutenant Merkel stieß ein Schimpfwort aus und den Säbel zückend, sprang er gegen ihn an.

Der nächste Augenblick entschied über Leben und Tod. Wehe, wenn er zauderte!

Ein Leuchten — ein Zischen — und mit einem grellen Aufschrei sank der Lieutenant Merkel in den Sand.

Die Reihen wollten sich lösen, wollten sich auf ihn stürzen, allein Überraschung und Schrecken versteinerten sie.

„Stillgestanden!" erscholl es donnernd zum zweitenmal, und keiner wagte mehr, mit der Wimper zu zucken.

Boleslav zog mit der Linken eine Pistole aus der Satteltasche und spannte den Hahn, während er den Zügel in die bewaffnete Rechte gleiten ließ.

„Wehrleute," rief er mit einer Stimme, die weit über den Platz hinhallte, „ihr wißt, daß ihr seit sechs Stunden unter den Kriegsgesetzen steht und daß der leiseste Versuch zur Insubordination euch das Leben kostet. Was vorhin geschah, will ich nicht gesehen haben. Wer aber fortan meinen Befehlen nicht augenblicklich und ohne Murren Folge leistet, dem jage ich auf der Stelle eine Kugel durch den Kopf."

Felix Merckel, der aus einer Kopfwunde heftig blutete, war inzwischen zur Besinnung gekommen und versuchte sich aufzurichten. Aber das Blut, welches sein ganzes Gesicht überströmt hatte, benahm ihm das Augenlicht, so daß er nicht wußte, wo er war. —

„Nehmt ihm den Säbel ab! — Bindet ihn!" befahl Boleslav.

Die Landwehrleute sahen sich an. Sie hatten keine Stricke. Ein Zögern konnte aufs neue verhängnisvoll werden. — Rasch entschlossen sprang er vom Pferde, riß ihm den Zaum aus dem Gebiß und reichte das Riemenzeug dem linken Flügelmanne.

„Vorwärts! ihr zwei andern helft!"

Langsam mit giftig=scheuen Blicken machten sie sich ans Werk. Der Daliegende schlug mit Händen und Füßen um sich und versuchte, sich mit dem Ärmel das Blut aus den Augen zu wischen. Aber sein Sträuben war vergeb= lich. Die Riemen schnürten sich um sein Handgelenk, und die schaumbespritzte Kinnkette[1] wurde zum Knebel.

Der Rappe hatte sich inzwischen davongemacht und war durch die Reihen des erschrockenen Volkes ins Freie durch= gebrochen.

Boleslav, um sich schauend, sah die Kirchenthüre, wohl zu einer Abschiedsfeier, offen stehn und den Schlüssel im Schlosse stecken.

„Schafft ihn in die Kirche!" befahl er.

In diesem Augenblicke kam der alte Gastwirt heulend und händeringend des Wegs daher.

„Felixchen," zeterte er, „was thun sie dir? Laß es dir nicht gefallen. Schrei doch um Hilfe! Helft ihm, Leut= chen. Ich bin die Obrigkeit. Ich will es so. Ich be= fehl' es euch."

„Zu befehlen habe ich hier!" herrschte ihn Boleslav an.

Da änderte er seine Taktik und versuchte, das Herz des Gestrengen zu rühren.

„Herr Kapitän, haben Sie Erbarmen mit mir un= glücklichem Vater. Ich hab' Sie noch auf dem Arm ge= halten. Ganz klein, so klein sind Sie gewesen. Und immer hab' ich Sie lieb gehabt . . . Nicht wahr, liebe

Leute, für unsern Junker hätten wir allzeit das Leben
gelassen?"

Seine Wohlbeleibtheit[1] ließ es nicht zu, sonst wäre er
Boleslav zu Füßen gefallen. Dann, als er sah, wie man
den Sohn von dannen schleppte, rannte er verzweifelnd
hinter ihm her und suchte ihn am Rockschoß festzuhalten.
Doch bereits schloß sich die Thür hinter ihm.

„Mir den Schlüssel!" befahl Boleslav.

Der Alte warf sich auf die Stufen und polterte mit
den Fäusten gegen die eichenen Bohlen.

Der Flügelmann, von seinen Begleitern gefolgt, über-
brachte den Schlüssel.

„Wie heißt du?"

„Michel Großjohann," erwiderte verbissen der Schran-
bener.

„Und ihr beide?"

„Franz Malky."

„Emil Rosner."

Er notierte die Namen in seiner Schreibmappe. —
„Ihr drei werdet diese Nacht hindurch Wache bei dem
Gefangenen stehen und haftet mir für ihn mit eurem
Kopfe."

Der Alte schien an der Kirchenthür, da all sein Wüten
nichts half, wieder zu sich selbst zu kommen und schlich,
verstohlen nach Boleslav schielend, dem Pfarrhofe zu.

Der glaubte zu wissen, was er dort wollte.

„Ihr drei andern," fuhr er fort, „werdet die Sakristei-

thür bewachen, deren Schlüssel sich nicht in meinem Be-
sitz befindet, und dafür sorgen, daß niemand, außer dem
Barbier, der ihn verbinden soll, dort ein und aus gehe.
— Verstanden?"

„Zu Befehl!" murmelten drei vor Wut bebende
Stimmen.

„Nun zur Arbeit, Leute! Nach den Listen des Land-
ratsamtes hat das Dorf Schranden an wehrpflichtiger
Mannschaft zu gestellen — — —"

Und die Musterung begann. — — — — —

XII.

Als Boleslav zwei Stunden später den Kreis der gaffenden Menge durchbrach, war ihm zu Mute, als hätte er
soeben einen Käfig voll hungriger Bestien verlassen, die zu
bändigen ihm obgelegen. Er reckte und streckte sich im
Frohgefühl des errungenen Sieges. Noch von Reginen
Abschied nehmen — und alle Not war vorüber. Um sich
zum letzten schweren Werke zu sammeln und zu festigen,
beschloß er, bevor er den Katzensteg aufsuchte, noch einen
Umweg durch den Wald zu machen.

Von lichtem Grün umkleidet lachte der Park ihm entge-
gegen. Ein Silberschimmer hing über den Pappelkronen,
und der Epheu dunkelte dazwischen.

Wie war die Heimat so schön, die ihm nichts wie Not und Qual geboten! Wie drängte sein ganzes Wesen sich jenem armseligen Schutthaufen entgegen, wo er wie ein Verbrecher gehaust! War vielleicht jenes Weib daran schuld, das sein Elend freiwillig mit ihm geteilt hatte? Und als er die Stiege zum Katzensteg erklomm, sah er drüben hinter den Sträuchern die wohlbekannte Gestalt, die ein Strahl der untergehenden Sonne goldig überflutete.

„Regine!" rief er.

Aber sie rührte sich nicht.

„So komm mir doch entgegen."

Da schlich sie mit hochgezogenen Schultern langsam näher, die gespreizten Finger der Linken gegen die linke Brust gedrückt.

Er blickte sie an und — erschrak. —

„Mein Gott — wie siehst du aus!" stammelte er.

Ganz verwildert schien sie. Ihre Kleider waren zerrissen, das Haar, das sich unter dem Kamme schon so prächtig zu locken begonnen, hing wieder in krausen, dürren Zotteln über Stirn und Wangen. Aus tiefen, blauen Höhlen blickten die Augen mit hexenhaftem Glanze stier und brennend hervor und wagten nicht, sich zu ihm zu erheben. —

„Regine — so rede doch — es ist dir schlecht ergangen so mutterseelenallein."

Sie zuckte zusammen und schwieg.

„Warum hast du mir nicht geschrieben, daß du dich hier zu einsam fühltest?"

Sie schüttelte den Kopf, dann sagte sie schüchtern: „Es war nicht die Einsamkeit, Herr."

„Was war's denn sonst?"

Sie sah ihn ängstlich an und schwieg.

„Also?"

„Ich — ich hab' geglaubt — Sie würden — nicht — wiederkommen."

„Aber du thörichtes Frauenzimmer, ich hab's dir doch geschrieben."

„Ja, Sie haben geschrieben — ich komme vielleicht in acht Tagen, und dann hab' ich am Katzensteg gestanden Tag und Nacht — Tag und Nacht — aber Sie sind nicht gekommen. Und nach drei Wochen haben Sie wieder geschrieben: ich komme vielleicht in acht Tagen, und sind wieder nicht gekommen. Und da hab' ich gedacht, Sie wollten mich nur hinhalten. Und 's thät' Ihnen leid, daß Sie freundlich zu mir gewesen sind". . . Sie stockte und barg für einen Augenblick das Antlitz in ihren Händen.

„Nun ist aber alles gut — nicht wahr?" fragte er unsicher.

Da sank sie mit einem Aufschrei vor ihm nieder und rief, seine Kniee umklammernd: „Alles ist gut, wenn Sie hierbleiben, Herr. Ich hab' solche Angst, Sie könnten wieder fortgehen, Herr."

Nein, sie ahnte nichts. — Das Schwerste von allem stand noch bevor. Ihm war zu Mute, als hätte man ihm einen Blitz in die Faust gelegt, mit dem er sie bei nächster Berührung zerschmettern mußte.

Aber noch war es Zeit. Erst sollten dem armen, verängstigten Wesen ein paar Stunden freudigen Wiederauflebens beschert sein, ehe der letzte, der schwerste Schlag es traf. — So konnte sie Kräfte sammeln, ihn zu ertragen.

„Steh auf, Regine," sagte er weich, „laß uns froh sein und denke nicht an die Zukunft."

Dann schritten sie nebeneinander her durch den dämmerigen Garten, dessen Pfade, sauber mit weißem Kies bestreut, sich wie glitzernde Bäche durch das Rasengrün wanden. Ein unbestimmter Duft, aus dem Hauch von Sprießendem und Moderndem gemischt, wie ihn der Frühling bietet, quoll aus den Gebüschen, und von den Kronen herab erscholl ein wegmüdes, schüchternes Wispern und Zwitschern.

„Wie ist es hier schön geworden, seitdem ich fortging," rief er.

„Ja, Herr," erwiderte sie, „es ist so schön, wie es noch nie gewesen ist."

„Mit einemmale?" fragte er lächelnd und sah sie von der Seite an. Da gewahrte er die tiefen Schatten auf ihren Wangen, aber eine Röte hatte sich lieblich darübergebreitet.

„Sie lebt schon auf," dachte er bei sich, und ihm ward zu Mute, als ob diese Stunden auch ihm als die letzten eines versinkenden Glückes geschenkt seien.

„Du hast ja trotz allem wacker gearbeitet," sagte er, immer bemüht, den Ton des wohlwollenden Herrn festzuhalten und wies auf ein paar wohlgepflegte Rabatten, die von Aurikeln und Perlblumen umfriedet waren.

5 Sie stieß ein kurzes, stolzes Lachen aus. „Sie mußten doch alles in Ordnung finden, wenn Sie wiederkamen, Herr."

„Aber dich selbst, Regine, dich hast du vernachlässigt."

Sie wandte das Antlitz, das heiße Glut überflutete, 10 schamvoll zur Seite.

„Soll ich die Wahrheit sagen, Herr?" stammelte sie.

„Natürlich."

„Ich hab' gedacht — daß ich — vorher sterben würd' — und dann wär's ja doch — egal geblieben."

15 Er schwieg. Wie ein Meer von Liebe strömte es von ihr aus und ergoß mit jedem Worte seine Wogen über ihn.

Vor seinen Blicken that der Rasenplatz sich auf, der von der Hinterseite des Schlosses sich in sanftem Abhange zu dem Parke hinunterneigte. Dort stand auf dem verwitter- 20 ten Sockel das Fußgestell der Göttin Diana, das Regine im Grase zusammengelesen hatte. Der Torso, den sie wohl nicht hatte heben können, lag daneben gewälzt, und der Kopf mit seinen leeren, weißen Augen thronte oben auf. Wenige Schritte davon hob sich ein schwarzer, vier- 25 eckiger Abstich von dem helleren Rasen ab. Das war die Stelle, wo er sie zuerst erblickt hatte, beschäftigt, ein Grab für ihren Verderber zu graben, den niemand sonst hatte beerdigen wollen.

„Ich hab's gelassen — zum Andenken für mich!" sagte sie wie entschuldigend, indem sie auf die ausgestochenen Schollen wies, die zu einer grasigen Bank zusammenzuwachsen begannen.

Friedlich grüßte das Häuschen ihm entgegen.

Ein wohliges Heimatsgefühl überkam ihn und beschwichtigte für einen Augenblick die Unruhe, die an ihm nagte.

„Geh," sagte er, „koche mir etwas zum Abendbrot — ich bin hungrig und erschöpft vom scharfen Ritt."

„Und dich selber bring in Ordnung, damit du mir bei Tische nicht liederlich aussiehst."

„Ja, Herr, — so gut ich kann."

Im Hausflur trennten sie sich. Es litt ihn nicht lange in der Einsamkeit, und er wollte in die Küche treten; aber sie kam selber, schon angekleidet, um ihm die Thür zu öffnen.

„Was befehlen Sie, Herr?"

„Erzähl mir, Regine — was hast du erlebt derweilen?" fragte er.

Sie schüttelte den Kopf. „In Bockelsdorf war's wie immer — außer dem Krämer und seiner Frau hab' ich niemand gesehen. — Ins Dorf bin ich auch während der Überschwemmung nicht 'runter gegangen — doch das hab' ich Ihnen ja wohl geschrieben, 'n bißchen gehörig hab' ich hungern müssen — das schad't aber nichts. — Ja richtig, und dann sind Briefe angekommen in den letzten Wochen, von der Behörde aus Wartenstein, aus Königsberg auch — und heute noch einer — aus — —"

„Gut, gut, später, wenn du Licht angezündet hast." —

Dann, als der Abendbrotstisch bestellt war und die Lampe ihm aus Reginens Hand entgegenleuchtete, schritt er mit ihr zum Wohnzimmer hinüber.

„Gib mir die Briefe!" sagte er.

Sie holte ein Häuflein weißer Couverts, die sie auf seinem Platze niederlegte. Er öffnete das oberste und starrte über den Bogen hinweg ins Leere. —

— Se. Hochwohlgeboren, der Freiherr Boleslav von Schranden wird hierdurch benachrichtigt, daß auf dero Antrag die Untersuchung über die Entstehung, eventualiter Anstiftung, des am 6. März 1809 stattgehabten Brandes von Schloß Schranden wieder aufgenommen ist, und ist Termin anberaumt worden zum — —

Mit grellem Lachen warf er den Bogen beiseite. Seine Finger tasteten nach einem nächsten Briefe.

Da fiel sein Auge auf Helenens Handschrift.

Ein widriges Gefühl durchzuckte ihn. Was wollte sie noch? Warum störte sie ihn in dieser Stunde? —

Mein teurer Boleslav!

Ich kann Dich nicht in den Krieg ziehen lassen, ohne Dich noch einmal gesprochen zu haben. Ich bitte Dich und flehe Dich an, daß Du heute um neun Uhr nach der hinteren Kirchhofspforte kommen mögest, wo auf Dich warten wird   Deine

Helene.

„Warum nicht damals," murmelte er, „als es noch Zeit war?" — Und dann durchflutete ihn heiß der Gedanke, daß hiermit sein Schutzgeist ihm noch einmal die rettende Hand darböte und daß es Frevel wäre an Gott und allem Guten, sie zurückzustoßen.

„Du mußt — du mußt!" rief er sich zu, „oder du bist die Kugel nicht wert, die jetzt in Frankreich für dich gegossen wird."

War es nicht eine Fügung, wie nur die himmlische Gnade sie ersinnen konnte, daß die Tochter in höchster Not dazwischen trat, den Fluch des eigenen Vaters in Segen umzuwandeln?

Er sah nach der Uhr. Es fehlten nur wenige Minuten an der genannten Stunde.

Schwerfällig erhob er sich.

„Ich muß hinunter," sagte er, „ich habe mit jemandem zu reden." Und wiewohl er vermied, ihr ins Auge zu sehen, ging ihr rührend flehender Blick ihm bis ins Innerste der Seele.

„Ich bin bald — wieder hier," stammelte er.

Sie faltete die Hände und stellte sich schweigend vor ihn hin.

„Was willst du?"

Sie würgte an ihren Worten: „Herr, mir ist so bang — mir ist's — als würd's ein Unglück geben."

„Seit wann hast du Gespensterfurcht?" versuchte er zu scherzen.

„Herr — ich weiß nicht — es schnürt mir die Kehle zu. — Es ist wohl recht dumm von mir — aber ich bitt' Sie — gehen Sie nicht — heut' nicht."

Er schob sie sanft zur Seite. Die Hand, die sich ausstreckte, ihn zu halten, sank kraftlos an ihm hernieder. — „Herr — bitte — bitte — "

Er biß die Zähne zusammen und ging. — Ging zu seinem Schutzgeist. — — —

Zu derselben Stunde saßen die Schrandener, so viele ihrer sich von Haus und Hof hatten frei machen können, im „Schwarzen Adler" zum Abschiedstrunk vereinigt.

Der alte Merckel zahlte alles.

Hinter dem Schanktische stand er mit seinem wehmütigsten Lächeln, das ihm heut ein jeder glauben mochte, und goß unaufhörlich die geleerten Gläser voll.

„Trinkt, liebe Leute," mahnte er, „laßt euch durch das Unglück meines Hauses nicht abhalten. Was thut's, wenn er füsiliert wird? Er stirbt einen braven Tod für seine Ehre und für sein Vaterland."

Er wischte sich den Schweiß von der glänzenden Stirn, während seine Äuglein in Unruhe und Erwartung von einem zum andern glitten.

„Bring auch denen ein Glas, Amalie," wandte er sich an die Schankmamsell, „die bei Felix Wache halten. Und wenn du den alten Hackelberg siehst," rief er ihr nach,

„lad ihn ein — lad ihn ein. Auch er ist durch den Schuft ins Elend gebracht worden. Er soll nicht fehlen bei diesem traurigen Gelage."

„O, wackere Soldaten," fuhr er fort, indem er sich die Augen wischte, „trinkt, trinkt. Ihr müßt ja vergessen, daß ihr heut eure Ehre zu Grabe tragt. — Ja, ihr seid beklagenswert — beklagenswerter, als mein armer Sohn, denn dem ist es wenigstens vergönnt, für seine Ehre in den Tod zu gehen. Aber ihr — pfui — pfui — wie wird euch zu Mute sein, wenn der Sohn des Landesverräters, der Schuft, den unser verehrter Herr Pfarrer verflucht hat, morgen in der Frühe mit euch abmarschieren wird." —

Ein halb ersticktes Gemurmel ging durch die Schar, unheimlicher als sonst ihr Wutgeschrei.

Da trat der Tischler Hackelberg, der irgendwo in der Nähe gelungert haben mochte, taumelnd und halbbetrunken wie immer in die Schankstube.

Tiefes Schweigen empfing ihn. Der alte Merckel aber ging ihm feierlich entgegen, faßte ihn bei der Hand und führte ihn auf einen Ehrenplatz. —

„Seht ihn an, dieses klägliche Opfer," fuhr Herr Merckel fort, „so verwahrlost und verlottert der Mensch, dem die Möglichkeit zur Rache geraubt ist, der seinen Groll alltäglich und allstündlich in sich hinunterfressen muß. Aber auch der Wurm krümmt sich, wenn er getreten wird, und wer kann's uns verargen, wenn wir wünschten, der Frevler möchte den folgenden Tag nicht erleben?"

„Schlagt ihn tot!" lallte der Tischler, der allgemach in Wut geriet, aber nur ein schüchternes Echo antwortete ihm; denn jetzt, da man Soldat war und seinem direkten Vorgesetzten gegenüberstand, war das Totschlagen keine Kleinigkeit mehr.

Herr Merckel geriet in sittliche Entrüstung.

„O, pfui doch, lieben Leute, wer wird gleich so gotteslästerliche Reden führen! Ich bin die Obrigkeit und darf so was nicht gehört haben. Aber was kann dem Zorne wehren, wenn er überschwillt und sich in Verwünschungen Luft macht? Und so wünsche ich, unser aller Feind und Verderber möchte diese Nacht in seinem Bette sterben — oder er möchte verschwinden auf Nimmerwiedersehen — oder er möchte morgen früh im Fluß gefunden werden. Aber das wird ja nicht der Fall sein. Morgen wird er angeritten kommen und wird meinen Felix zur Schlachtbank schleppen, und die, welche im Gliede gemurrt haben, wird er auch angeben. — Wie eine Herde Hammel, die der Schlächter aufgekauft hat, wird er euch morgen von dannen führen, und die Witwen und Waisen werden hinter euch her weinen."

Ein Wutgeheul brach los, so jählings, daß der Hetzende selber erschrocken zurückfuhr.

„Leise, liebe Leute, leise! Nichts wider das Gesetz. — Aber ich weiß, was ihr sagen wollt, und wahrhaftig, ich kann's euch nicht verdenken: Wenn der hier in dunkler Nacht auf Schleichwegen betroffen würd', dann sollt's ihm schlecht ergehen."

„Totſchlagen — totſchlagen!" brüllte der Haufe.

„Schreit bloß nicht immer von Totſchlagen, Kinder. Die Ohren thun mir ſchon weh. So was macht man leiſe ab. — Paff, ein Schuß knallt — paff — noch einer — ein Wilddieb iſt's geweſen vom Walde her. — Rehe trei=ben ſich ja genug drin 'rum — was Hackelberg?"

Hackelberg rülpſte ſich und grollte in ſein Glas hinein.

„Aber du warſt einmal ein Jäger, und deine Kugel lief nie den falſchen Weg. — Trink, Menſch! — Es iſt gar nicht zu glauben, wie du einmal haſt ſchießen können."

„Kann ich auch heut noch," lallte der Tiſchler.

„Hahaha — verzeih, daß ich lache, Alterchen! Erſtens weiß man ja gar nicht, wo du deine Flinte gelaſſen haſt —'

„Aber — ich w—weiß es!"

„Und außerdem iſt dir die Hand zum Zielen zu ſchlapp geworden, und deine Ehre iſt flöten gegangen¹ und die Courage dazu."

Der Tiſchler lachte. In ſeinen Augenwinkeln erwachte ein giftiger Glanz. Er ſprang taumelnd in die Höhe. — „Komm' mir keiner nach!" ſchrie er und ſchüttelte die Fauſt. „Wo willſt du hin?"

„Geht keinen was an!"

Die Schrandener fanden in ihrem Zorn noch Luſt, über den Trunkenbold zu lachen, aber Merckel winkte ihnen be=gütigend. „Laßt ihn," raunte er den Nächſten zu, „er geht ſeine Flinte aus dem Miſte kratzen."

„Doch was hilft das alles!" fügte er mit einem Seuf=

zer hinzu, während seine Augen sich in verstohlener Angst auf die Thür hefteten. „Er wird sich hüten, sich zur Nacht in unsre Hand zu geben. D'rum trinkt, Kinder, nehmt Abschied von eurem alten Vater Merckel. — Halt, kommt da nicht Amalie?" unterbrach er sich in freudiger Spannung aufhorchend.

Die Thür wurde aufgerissen und herein stürmte die Schankmamsell, die ihm eilends eine Meldung ins Ohr flüsterte.

„Kinder," rief er, „es lebt noch ein Richter im Himmel! Der Freiherr ist in eure Hände gegeben."

Und Amalie erzählte. Sie habe warten wollen, bis die Wachen ihr Bier ausgetrunken hätten, und sei noch ein wenig in dem schönen Mondschein spazieren gegangen, um frische Luft zu schnappen — da habe sie einen Mann über die Felder kommen sehen, in der Richtung vom Katzensteg her. Der sei nach dem Kirchhof zu gegangen und habe einen Offizierrock angehabt mit rotem Kragen und blanken Knöpfen.

„Ist er bewaffnet gewesen?" fragte ein vorsichtiger Sohn Schrandens.

Ja, der Säbel habe nur so im Mondenschein geblinkert.

Diese Thatsache erregte Bedenken.

Er wird wohl die Wachen revidieren wollen," meinte ein andrer und kratzte sich den Kopf.

Herr Merckel stieß ein unruhiges Gelächter aus. „Seit wann stehen Wachen auf dem Kirchhof?" rief er. „Ich werd' euch sagen, was er dort will. Seinen saubern Herrn Papa will er besuchen, will ihm am Grabe schwören, daß er ihn rächen werd' an euch, sobald ihr als Soldaten in seine Hände gegeben seid. Gratuliert euch nur zu diesem Gange."

In diesem Augenblick erstand ihm ein Bundesgenosse, auf den er nicht mehr gezählt haben mochte.

Der alte Tischler stürzte zur Thür herein, in der Rechten eine Jagdflinte schwingend, an der noch Kot und Halme hingen.

„Kommt auf den Kirchhof!" erschallte es aus dem Haufen, der sich ermutigt fühlte.

Der alte Gastwirt erschrak. „Nicht auf den Kirchhof, Kinder!" mahnte er eifrig. „Erstens ist der Ort heilig, und zweitens könnt' er euch dort entwischen. Wenn ihr in Güte und Liebe was mit ihm abzumachen habt — ich weiß zwar nicht was, und will es auch nicht wissen — so rat' ich: Geht zum Katzensteg. Dort gibt's am Ufer Buschwerk genug — zwar ist's noch dünn — aber verstecken thut es euch doch."

„Los zum Katzensteg!" schrie der Tischler und stieß mit dem Kolben gegen Bänke und Tische. Die Schar setzte sich in Bewegung. Dann als die letzten draußen waren, trocknete Herr Merckel sich den Schweiß von der Stirn, faltete die Hände und sagte mit einem beklommenen Seufzer: „Ach, Amalie, wenn sie sich nur nicht an ihm vergreifen möchten."

Als Boleslav die Landstraße erreicht hatte, sah er drüben im Schatten des Kirchhofzaunes eine Mädchengestalt, welche sich ihm zögernd entgegenwandte.

Er sprang über den Graben und streckte ihr die Hände entgegen.

Sie barg mit einer zierlich-schamhaften Wendung die ihren auf dem Rücken.

„Sei doch nicht gleich so stürmisch!" lispelte sie.

Er stutzte. Eine kalte, fast höhnische Regung durchzuckte ihn, deren er sich schämte und die er niederzwang.

„Du hast mich lange warten lassen, Regine!" —

„Ich heiße Helene," sagte sie, „falls du meinen Namen vergessen haben solltest," und drehte ihm schmollend den Rücken. —

Er erschrak — „Verzeih," stammelte er. „Es geschah nicht mit Absicht."

Wahrlich, das war ein übler Anfang. -

Sie machte ein spitzes Mäulchen, schien aber geneigt, sich wieder versöhnen zu lassen. — „O, komm hier fort," bat sie, „ich fürchte mich."

„Wovor?"

„Nun — vor dem Kirchhof."

Wieder durchfuhr ihn jenes höhnische Gefühl. Ohne daß er sich dessen klar wurde, verglich er sie in allem, was sie that und sagte, mit Reginen. Und der Vergleich fiel nicht zu ihren Gunsten aus.

„Ich bin nämlich sehr graulich, wie du wohl noch

weißt," fuhr sie fort, während sie zur Landstraße zurück=
schritten, „und es war eine Übereilung von mir, daß ich
dich gerade hierher bestellt hab'. Überhaupt war es eine
große Übereilung von mir. Und wenn ich nicht — "
sie sah ihn mit einem gezwungenen zärtlichen Blicke von
der Seite an, der ihre Rede vollenden sollte. —

Das unklare Gefühl der Enttäuschung, das ihn bisher
beherrscht hatte, wandelte sich in reines Erstaunen.

Sie sah sich nach allen Seiten hin um. „Hier können
wir auch nicht bleiben," flüsterte sie. „Wenn Leute kämen
und mich hier mit einem Herrn zusammensähen, ich glaub',
ich schämte mich zu Tode."

„Wohin willst du also?"

„Ja, das mußt du bestimmen."

„Komm also zum Walde!"

Sie schlug mit einer altjüngferlichen Gebärde die Hände
zusammen. „Wo denkst du hin?" rief sie. „Zur Nacht=
zeit! Mit einem Herrn!" —

Er rieb sich die Stirne. War es denn möglich, was
er sah und hörte? — Das war Helene? Das der Genius,
zu dem er aufgeblickt hatte, als einem Wesen aus andern
Welten?

„So gehen wir also die Landstraße entlang," sagte er.

„Wenn nur niemand kommt!"

„Du siehst ja, es kommt niemand."

„Aber es wäre doch möglich!"

Darauf war nichts zu erwidern. Ein Schweigen ent=

stand. Dann sagte er: „Willst du mir nicht deinen Arm reichen?"

„Ich bin so frei!" erwiderte die Geliebte seiner Jugend.

Eine Weile schritten sie, wiederum schweigend, neben einander her. Fast schien es, als hätten sie sich nichts zu sagen.

„Du bist ja so stumm!" meinte Helene, indem sie mit den zwei Fingern, die auf seinem Arme lagen, neckisch gegen die Beuge seines Ellbogens tippte. „Du böser Mann hast mir wohl gar keine Zuneigung mehr bewahrt?" Und als er ein zögerndes: „Gewiß, gewiß!" gestammelt hatte, ließ sie einen vielsagenden Seufzer hören und meinte:

„Man hat mir so viel Schlechtes von dir erzählt, daß ich gar nicht mehr weiß, was ich glauben soll. — Aber es ist doch nicht wahr — nein?"

Sie machte einen leisen Versuch, sich enger an ihn zu schmiegen. Das blauseidene Ridicule,[1] das sie in der Hand trug, fiel dabei zu Boden. — Als er sich — zu gleicher Zeit mit ihr — bückte, um es aufzuheben, geschah es, daß der Rand seiner Mütze ihre Wange streifte.

„O, nicht doch!" lispelte sie schamhaft und bog sich von ihm fort.

„Bitt' um Vergebung," erwiderte er mit großer Höflichkeit — und biß die Lippen zusammen.

„Du hast mir noch immer nicht geantwortet," fuhr sie fort. „Am Ende ist es doch wahr, was die Leute sich von

dir erzählen. — Das wäre sehr häßlich, und ich armes
Mädchen würde mich bitter in dir getäuscht haben. Papa
hat immer gemeint, es würde mit dir noch ein schlechtes
Ende nehmen."

Das sagte sie in einer so naseweisen, superklugen Weise,
daß er ein Lachen nicht verbeißen konnte.

Sie schien einzusehen, daß sie sich in der Tonart ver=
griffen, und bitter gekränkt fuhr sie fort:

„Ja, nun lachst du über mich armes Mädchen. Und
ich mein' es doch so gut mit dir. — Ich möchte dich für
mein Leben gern nicht untergehen lassen."

„Bitte, gib dir keine Mühe!" erwiderte er.

„Nein, mache dich nicht schlechter, als du bist," lenkte sie
ein. „Ich weiß, daß du ein edler Mensch bist. Und wenn
uns das Schicksal auch für ewig trennt, ich werde dich doch
immer, immer lieb haben. — Allabendlich hab' ich für dich
gebetet: Lieber Gott, schütze meinen teuren Jugendfreund,
schenk ihm ein gutes Gewissen und bewahre ihn vor Sünde
und Rachsucht."

„Die Schrandener sind gerade dazu angethan, einem die
Rachsucht abzugewöhnen," erwiderte er.

Sie rümpfte das spitze Näschen. — „Die Schrandener
sind ein rohes Pack," meinte sie; „mit so was soll man sich
gar nicht abgeben. — Ich bin auch viel lieber bei der
Tante in Wartenstein. Da lebt man doch wenigstens un=
ter wohlerzogenen, anständigen Bürgersleuten, die da wissen,
wie man vor einer Dame den Hut abzunehmen hat. —

Das versteht kein einziger Schrandener, Herrn Merckel ausgenommen. Und den Felix natürlich." Sie stieß einen tiefen Seufzer aus. „Aber der hat meistens Uniform getragen," fügte sie nachdenklich hinzu. — Und als ob sie erst hierdurch an die Ereignisse des heutigen Nachmittags erinnert würde, schrie sie plötzlich hell auf, schlug die Hände zusammen und rief:

„O, Boleslav, Boleslav!"

„Was wünschest du, Helene?"

„Boleslav, wie konntest du nur so böse sein! — Der arme, arme Felix! Ich bin ja nicht dabei gewesen, ich war hinten im Garten bei den Radieschen. Aber später haben sie's mir erzählt: Mit dem blanken Säbel hast du ihm auf den Kopf gehauen, daß das Blut nur immer so gespritzt ist." Sie schauderte und mucke, das Weinen verbeißend. — Dann löste sie die Hand aus seinem Arme und lief nach der andern Seite des Weges hinüber. „Geh, ich mag nichts mehr von dir wissen," rief sie, „du hast schlecht und grausam gehandelt."

„Das verstehst du nicht, liebe Helene," erwiderte er.

„O, — und jetzt hast du ihn in die dunkle Kirche gesperrt — Papa meint, du habest gar nicht das Recht dazu, und er wollte dich beim Kommando anzeigen, da werde es dir schlecht ergehen —"

Sie war zu ihm zurückgekehrt und hatte mit einer zierlichen Gebärde die Hand aufs neue in seinen Arm geschoben.

„Daß du ihn aber morgen gefangen abführen, dann vor ein Gericht stellen lassen wirst, wie die Leute sagen, damit er totgeschossen werde — nicht wahr, das ist gelogen? Das glaube ich nicht von dir. So schlecht bist du nicht."

Er unterdrückte eine Regung der Ungeduld.

„Also doch?" fragte sie und wischte sich die Augen. „Aber, nicht wahr, wenn ich dich sehr bitte, lieber Boleslav — mir thust du's zum Gefallen und läßt ihn frei?" Ruhig, wie etwas Beiläufiges fast, kam die Bitte aus ihrem Munde. Aber in dem Auge, das argwöhnisch nach dem seinen schielte, flackerte geheime Angst.

„Lieber, lieber Boleslav!" fuhr sie dringlicher fort, während ihr Arm in dem seinen heftig zu zittern begann, „wenn du mich noch ein ganz klein wenig lieb hast, läßt du mich nicht so von dir gehen. — Ich will dich auch ewig in meinem Herzen tragen, und wenn das Schicksal uns grausam trennt, will ich wenigstens fortfahren, für dich zu beten und dich zu segnen."

„Verzeih mir, Helene," sagte er, durch ihre scheinbar hervorbrechende Innigkeit wärmer gestimmt, „wenn ich dir hart erscheinen muß. Aber es hilft nichts. Dein Wunsch ist unerfüllbar."

Sie, die diese Antwort nimmermehr erwartet zu haben schien, sah ihn eine Sekunde lang mit starren, bösen Augen an. Dann sank sie, in plötzliches Weinen ausbrechend, gegen einen Baumstamm und schlug die mageren Hände vors Gesicht.

In diesem Augenblicke ertönte aus der Ferne ein Schuß, dessen Echo langsam über den Wäldern verrollte.

Helene stieß einen Angstschrei aus, und, die Hände ringend, schluchzte sie: „Gewiß haben sie auf ihn geschossen, weil du Unmensch es befohlen hast!—"

Er, nach der Richtung hinhorchend, von welcher der Knall gekommen war, suchte sie zu beruhigen. Daß der Schuß Felix Merkel gegolten habe, davon könnte nicht die Rede sein. Sicher sei er im Walde jenseit des Schlosses abgefeuert worden. Ein Wilddieb wahrscheinlich.

Aber sie schluchzte nur um so heftiger. — „Dir kann's ja recht sein — o, du — du — du schleppst ihn ja doch zum Tode." —

Boleslav, den ihre steigende Verzweiflung zu befremden anfing, versprach ihr, sein möglichstes zu thun, um die Richter zur Milde zu stimmen. Und plötzlich sank sie vor ihm in dem lehmigen Erdreich nieder und umklammerte seine Kniee:

„Erbarme dich! sei edel! errette ihn!"

„Um Gottes willen, steh auf!"

„Nein, das thu' ich nicht. — Im Staube fleh' ich dich an." — —

„Aber begreifst du denn nicht, daß ich mich selbst des mörderischen Überfalls bezichtige, wenn ich ihn als schuldlos hinstelle?"

„Schadet nichts!" schluchzte sie. „Wenn du mich wahrhaft liebst, wirst du mir dies kleine Opfer bringen." —

Da fing er an zu verstehen, daß nicht er es war, um dessentwillen sie ihn gerufen hatte, und daß sie nach wohlüberlegtem Plane handelte, um seine Liebe für sie zu Gunsten eines andern auszunutzen. —

So also war das Weib beschaffen, dessen er sich jahrelang unwert geglaubt hatte! Nach dessen Segen er emporschaute, wie nach einem unerreichbaren Ziele. — Das war die Lichtgestalt, in der alles Gute und Reine sich zu vereinigen schien, die er für entheiligt gehalten hatte, wenn ihr Name mit dem Regimens in gleichem Atemzuge seinem Munde entglitten war.

Und Regine! wie himmelhoch stand sie über — dieser schlauen Tugend!

Ein wildes Gelächter quoll aus seiner Brust.

„Warum sagtest du mir nicht gleich, daß ihr verliebt seid?"

Sie sprang in die Höhe.

„Das ist eine Verleumdung," rief sie, „ich bin ein unbescholtenes Mädchen."

„So doch — verlobt!"

Sie fing aufs neue zu weinen an, obwohl sie nicht vergaß, dabei die Lehmkrumen von ihrem Kleide zu schütteln. „O Boleslav," schluchzte sie, „du trägst die Schuld daran. Warum hast du mich so lange warten lassen? Und warum hast du den Leuten so viel Anlaß zu übler Nachrede geboten? — Und dann der Widerstand Papas, der doch nie zu überwinden gewesen wäre. — Was sollte ich armes Mädchen — —"

„Bitte, es macht nichts," erwiderte er lustig.

„Und du bist mir nicht böse?"

„O, nicht im mindesten."

Schweigend begleitete er Helene in die Nähe des Dorfes zurück, nahm freundlichen Abschied und versprach nochmals, alles zu thun, was in seinen Kräften stände, um ihren Verlobten zu retten.

Sie dankte, machte eine artige Verneigung und entfernte sich.

So endete die große Liebe seines Lebens. — —

Und als er den Schatten ihrer schmalen Gestalt hinter den letzten Häusern hatte verschwinden sehen, quoll der Name „Regine" aus seiner Seele.

Über die mondhellen Wiesen ging sein Lauf.

Am Katzenstege stand sie wohl und harrte seiner, wie sie allezeit gethan.

„Regine!" rief er über den Fluß.

Nichts antwortetete ihm. Er erklomm die Stiege.

„Regine!" rief er noch einmal. — Schweigen wie zuvor.

Da gewahrte er, daß fast in der Mitte des Steges das schwankende Geländer durchbrochen war. Morsche Splitter hingen an beiden Seiten herab.

Erschrocken neigte er sich zum Flusse hinunter — — — — — — Auf der silbernen Fläche schwamm der Leichnam eines Weibes. — — —

XII

Als die Schrandener den Katzensteg erreicht hatten, verteilten sie sich zu seinen beiden Seiten und glitten so geräuschlos, wie ihr halbtrunkener Zustand es erlaubte, am Abhange hinunter, um das Erlengezweig als Hinterhalt zu benutzen. Die, welche Schießgewehre besaßen, der alte Tischler voran, faßten unten am Rande der schmalen Sandbank Posto, um ihn mit der Kugel vom Katzenstege herunterzuholen, falls es ihm gelänge, denen zu entwischen, die ihn mit Sensen, Piken und Dreschflegeln am Fuße der Stiege anzufallen gedachten.

Wohl fünf Minuten lang erscholl kaum ein Laut.

Da gewahrte der Tischler, dessen Augen der Branntwein noch einmal geschärft hatte, und der lauernd wie auf dem Anstand saß, daß drüben aus dem Buschwerk sich eine dunkle Gestalt loslöste, die dort gekauert haben mußte, und langsam und lautlos auf den Katzensteg zuschritt.

Als sie aus dem Schatten in den Bereich des Mondlichts trat, erkannte er seine Tochter. — Offenbar hatte sie die Mörder bemerkt und ging nun aus, den Freiherrn zu warnen. — Die Wut des Jägers, der seine sichere Beute sich entschlüpfen sieht, umnebelte vollends sein wirres Hirn.

„Wirste[1] zurück!" schrie er.

Sie duckte sich und glitt weiter, das Geländer des Stegs erfassend.

„Zurück — oder ich schieß'."

Sie wollte sich mit einem gewaltigen Sprunge vorwärtsschnellen — da knallte ein Schuß — lautlos sank sie gegen das Geländer — das brach entzwei. — Und von der Höhe des Katzenstegs herab fiel der Leib als eine dunkle, leblose Masse in den Fluß hinab. — Leuchtend spritzte das Wasser empor — die Steine auf dem flachen Grunde knirschten und rollten.

Dann wurde der Leichnam langsam von den Wellen aufgehoben und schwankte und drehte sich, bis das Antlitz emportauchte und von dem Monde grell beschienen ward.

Ein Wurzelknorren, der vom Ufer her in den Fluß hineinragte, hatte einen Zipfel des Rockes ergriffen und hielt den Leichnam fest, daß er nicht stromabwärts getrieben werden konnte. Nur leise und vorsichtig, als ob sie mit ihm spielen wollte, schob die Strömung den Körper hin und her, so daß dem Anblick des emporgewandten Hauptes keiner, wo er auch versteckt war, entrinnen konnte.

Wohl zehn Minuten lang währte das Schweigen, da brach aufs neue ein Rascheln und Knacken durch das Gehölz, und scheu, mit geduckten Schultern, das Fleisch gewordene[1] böse Gewissen, schlich einer der Schrandener von hinnen.

Ein zweiter folgte, ein dritter, ein vierter, — und eilends leerte sich die Unglücksstätte.

Der alte Tischler sah sich um und fand sich allein.

Da stieß er drei heisere Schreie aus: „Feuer, Feuer, Feuer!" schleuderte sein Gewehr nach dem Leichnam, so daß es platschend im Flusse versank, und rannte taumelnd hinter den andern her.

Nichts regte sich fürder am Katzensteg. — — Boleslav war frei. — — — —

Geraume Zeit dauerte es, bis er zu fassen vermochte, was er sah. Ganz betäubt starrte er bald die Leiche, bald das zerbrochene Geländer an.

„Du hättest es schon lange erneuern sollen," dachte er und spielte stumpfsinnig mit den Splittern.

Dann, wie aus einem Traum erwachend, stieg er ans Ufer zurück und den Abhang hinunter. — Da gewahrte er niedergebrochene Äste und frisch aufgestampftes Erdreich, und ein vager Verdacht zuckte durch seine Gedanken. Doch er verschwand, vertrieben von der Hoffnung, daß es noch Zeit sei, sie ins Leben zurückzurufen.

Auf dem Knorren kroch er rittlings in die Nähe des Körpers und zog ihn mit der Säbelscheide ans Ufer. . . .

Auf dem blinkenden Sande lag sie nun da, und das Wasser rann in hundert kleinen Bächen von ihr ab. Mit der Säbelklinge schnitt er die nasse Jacke von ihrem Leibe; da gewahrte er Blut. Da wußte er, was jener Schuß bedeutet hatte. —

Er sank an der Leiche nieder und brach in krampfhaftes Weinen aus. Lange lag er so, dann erhob er sich langsam, lud sie auf seine Schultern und trug sie zwischen den

Spuren ihrer Mörder den Abhang hinan, über den Katzensteg nach der Insel.

Am Rande des Buschwerks, welches das Gartenhaus umgab, mußte er sie sinken lassen, denn er fürchtete, ohnmächtig zu werden. An derselben Stelle lag sie, wo er sie nach dem Begräbnisse des Vaters leblos und blutend vorgefunden hatte. Wie damals spielte das Mondlicht auf dem bleichen Angesicht, doch diesmal sollte sie nicht mehr ins Leben zurückkehren.

„So haben sie dich doch erwischt!" rief er. — Ein stechender Schmerz zuckte durch seinen Hinterkopf. — Ihm war zu Mute, als müßte er wahnsinnig werden, wenn diese großen, starren, glanzlosen Augen noch länger zu ihm emporsahen.

Die Sorge, den Leichnam wohl aufgehoben zu wissen, ehe er von dannen zog, brachte ihn wieder zur Besinnung. — Die Schraudener waren ja im stande, die Ermordete irgendwo im Walde einzuscharren, damit den Gerichten kein Zeugnis der Missethat in Händen bliebe.

Der einzige, dem allenfalls zu trauen, war der alte Pfarrer, mochte er sie immerhin verflucht und verfemt haben, zur Teilnahme an Bubenstücken gab er sich nicht her.

Boleslav beschloß, ihn sofort aus dem Schlafe zu holen und zur Stelle zu führen, damit später ein Zeuge nicht mangelte, wenn er selber sich im Felde umhertrieb.

Die Turmuhr schlug elf, als er die Dorfstraße erreicht

hatte. Vor der Kirchenthür sah er die Wachen lautlos auf und nieder gehen, sonst schien alles im tiefsten Schlafe zu liegen.

Da vernahm er aus einer der Hütten, an denen er vorüberschritt, ein lautes Poltern und Schelten und Schreien.

Er schaute hin und gewahrte den grünen Sarg, das Wahrzeichen des Tischlers Hackelberg, das von seinem Ständer düster herniedersah.

Die lallenden Worte des Trunkenboldes fielen ihm ein. „So geht sein Wunsch in Erfüllung," dachte er, „der Tochter einen Sarg zu bauen," und in einer bitteren Laune beschloß er, dem Alten, falls er bei Sinnen wäre, auf der Stelle von dem schmählichen Tode seines Kindes Mitteilung zu machen und die Erfüllung seines Versprechens von ihm zu fordern.

Er betrat den finstern Hausflur. Aus einem zur rechten Seite gelegenen Raume drang das Zetern und Schreien der trunkenen Stimme ekelerregend an sein Ohr. Dahinein mischte sich ein kurzes, stoßweises Zischen und Sausen, das er sich nicht erklären konnte.

Er klinkte die Thüre auf. Da sah er ein Bild, so grausig, daß er, den der Tag wahrlich an Schrecken gewöhnt hatte, erbleichend zurückschauderte.

Der alte Tischler sprang mit heruntergerissenen Kleidern, blutend an Hals und Armen, in dem Zimmer umher, dessen schmutziges Elend der Mond grellfarben erhellte. Er schien vom Veitstanz befallen. — An der Rechten hing ein großer Hobel, und wo er eine hölzerne Fläche sah, an Tischen, Wänden, an den Holzstapeln, welche die Erde füllten, suchte er hobelnd darüber zu fahren. Das gab jedesmal einen zischenden Laut, der in einem Haken schroff abbrach.

„Wird gleich fertig sein!" schrie er — „Noch ein Zug" — ff — ff „und die Quetsche¹ is fertig" — ff — ff — — „verdammte Fledermäuse! können einen nie in Ruh' lassen" — ff — ff — „vorwärts — hopp — Feuer — Feuer — das Schloß brennt — Feuer, Feuer! — Wirste weg, Frauenzimmer — wenn du sagst, daß du mich gesehen hast — mit dem Schwamm² und dem Flachsbund" — — ff — ff „mach' ich dir den Sarg nicht fertig." — ff — ff — „Geh mir aus dem Weg, du Schlange" — —

Er war gegen Boleslav gestoßen, der, von gräßlicher Ahnung getrieben, sich ihm in den Weg gestellt hatte, und den er für seine Tochter zu halten schien.

„Geh zurück — geh vom Katzensteg... hier kriegt heut der Baron sein Teil — zurück — oder" — — — er legte den Hobel zielend an die Backe — dann, von einer neuen Vision gepackt, schrie er von neuem in Todesangst: „Feuer — Feuer — Feuer," suchte sich hinter dem Tische zu verkriechen und fuhr dabei hobelnd über die Fetzen seiner Jacke. — .

Boleslav, der, von Entsetzen geschüttelt, aus den Phantasien des tobsüchtigen Alten die grausige Wahrheit herauslas, vermochte nicht länger dies Bild zu ertragen.

Er floh hinaus, als wären die Flammen, die den Wahn=
sinnigen jagten, auch ihm auf den Fersen, und ruhte nicht
eher, als bis er das Dorf hinter sich wußte und die
Schatten der Ruinen ihn in ihrem Schoße bargen.

Die Uhr der Dorfkirche meldete Mitternacht, als Boles=
lav die Stätte erreichte, wo der Leib des entseelten Weibes
seiner harrte.

Er warf sich neben der Leiche auf die Knie, nahm Ab=
schied von den beiden erloschenen Sternen und strich sanft
die Lider über sie herab.

Nun erst, da Regine einer Schlafenden glich, wagte er
aufzuatmen, und ein schmerzlicher Friede zog in sein
Gemüt.

Was geschehen war, glich einer ehernen Kette von Schuld,
in welcher seit Jahren ein Glied sich an das andre reihte.
In diese Kette hineingefügt sollte alles, was Nacht und
Schweigen gezeugt, in Nacht und Schweigen begraben sein.
Begraben zugleich mit diesem Leichnam.

Was konnte die armselige Gerechtigkeit der Menschen
wohl für Sühne geben, da, wo das ewige Schicksal selber
Recht zu sprechen schien? Nein, wahrlich! Keinem der
Schrandener Wölfe soll sie zur Beute werden. Er selbst,
für den sie gelebt, für den sie in den Tod gegangen, wird
ihr die letzte Ruhestatt bereiten. Verstecken wird er sie im

Schoß der mütterlichen Erde und den Rasen ausbreiten über ihr, daß keine leichenschänderische Faust jemals den Frieden der heiligen Stätte störe. —

Er hob den Leichnam auf seine Arme und trug ihn nach dem Rasenplatze hin, über welchen der hochstehende Mond weithin seine weißen Schleier gebreitet hatte.

Die Trümmer der alten Dianenstatue leuchteten in blendender Helle aus dem Schimmer des taufeuchten Grases.

Dorthin trug er sie, ließ sie auf den Rasen sinken und lehnte ihren Nacken gegen das brüchige Postament, das Antlitz dem Monde zugewandt, so daß es schien, als wäre sie im Sitzen eingeschlafen.

Dann hielt er Umschau nach einem Begräbnisplatze. —

Sein Blick fiel auf den schwarzen, viereckigen Fleck, den Regine dem Vater zum Grabe bestimmt hatte.

Was lag näher, als daß er nur eben fortfuhr, die Grube zu vertiefen, die sie damals begonnen hatte, ohne Ahnung, daß es ihr eigen Grab werden sollte, woran sie grub?

Er holte einen Spaten aus der Küche, in welcher das Feuer, das sie geschürt, noch nicht erloschen war, und begann mit allen Kräften das Erdreich aus der Tiefe zu heben.

Von Zeit zu Zeit hielt er inne und schaute nach ihr hinüber.

Vom Mondenlichte hell beleuchtet saß sie da und schien in guter Ruhe seinem Werke zuzusehen. — Einmal, als ein Wolkenschatten über sie hinhuschte, war's, als ob sie sich regte und sich erheben wollte.

Das qualvolle Nichtglaubenwollen, das angesichts eines geliebten Toten einen jeden erfaßt, überkam auch ihn. Er schrie ihren Namen und stürzte zu ihr hin.

Ihre Hand war auf Dianens Haupt gesunken, das dicht neben ihr im Grase lag. Er wagte nicht sie zu berühren und schlich, das Gesicht in den Händen vergrabend, an seine Arbeit zurück.

Als die Grube sich zu vertiefen begann, so daß er fürchten mußte, den Rand nicht mehr erklimmen zu können, holte er sich eines der Blumengestelle aus dem Glashause. Das senkte er statt einer Leiter in die Grube hinein und fuhr fort, das Erdreich hinauszuschaufeln.

Als die Glocke vom Dorfe her die zweite Morgenstunde verkündete, war er mit seinem traurigen Werke fertig.

Die Stunde des Abschieds war gekommen.

In seinen Armen trug er sie an den Rand des Grabes, dann setzte er sich, um auszuruhen, auf die Rasenbank und hob ihr Haupt auf seinen Schoß.

Noch niemals hatte er sie so mit Muße anschauen können. Nun studierte er jeden Zug des toten Angesichtes, strich ihr über die straffen Wangen und preßte das Wasser aus dem schweren Lockenhaar.

„Leb wohl!" sagte er und küßte sie auf die Stirn. —

Er trug den Leichnam bis an den Rand der Grube und sprang auf die oberste Stufe des Gestelles hinunter.

— Langsam und vorsichtig hob er sie zu sich herab, streckte sie auf einem Tuche aus und bettete das Haupt auf einem weichen Kissen. Dann kletterte er aus dem Grabe empor und zog mit dem Kreuze des Spatenstieles das Gestelle hinter sich her.

Da besann er sich, daß er vergessen habe, einen Zipfel des Tuches über ihr Antlitz zu bereiten, damit die hinabrollende Erde es nicht beschmutze.

„Blumen thun's auch," dachte er bei sich, und begab sich auf die Suche.

Er raffte zusammen, was er im Dämmerscheine nur irgend entdecken konnte. Anemonen und Primeln hatten ihre Kelche zum Schlafe geschlossen, nur die Veilchen schauten ihn aus blauen Augen treuherzig an.

Mit den Blumen im Arme trat er an das Grab zurück, doch als er hinunterschaute, fuhr er, wie von einem Zauber getroffen, jählings zurück.

Und zauberhaft war das Bild, das sich ihm bot. — Der Mond, welcher den Zenith überschritten hatte und nun zu Füßenden der Grube stand, warf sein Licht an der Ostwand bis hinunter in die Tiefe und verklärte mit mildem Leuchten ihr Haupt, während der blutbesudelte Leib im Dunkeln vergraben blieb.

Wie im Traume lächelnd schaute das weiße Angesicht zu ihm empor.

Da warf er die Blumen von sich, hockte in dem aufgeschaufelten Erdreich nieder und starrte zu ihr hinab — eine stille Totenfeier zu halten.

In seinem Hirn schossen die Gedanken durcheinander wie flatterndes Nachtgetier,[1] und erst allgemach begann die Wirrnis sich zu lichten und zu beruhigen.

Ehrlos und schuldbeladen war sie durch die Welt gegangen und hatte doch nimmer bereut, ja sie schien sogar zufrieden im Bewußtsein dessen, was geschehen.

Einstmals in einer Stunde schwerer Not hatte er sich gefragt, ob die Stumpfheit des Tieres oder die Bosheit des Dämons in ihr hause, daß ihr Wille so mächtig und ihr Gewissen so matt geworden — und hatte sich keine Antwort gewußt.

Heute, da es zu spät, ward ihm ihr Wesen klar.

Nein, kein Tier und kein Dämon war sie gewesen, sondern nichts, wie ein ganzer und großer Mensch. —

Eine jener Vollkreaturen, wie sie geschaffen wurden, als der Herdenwitz[2] mit seinen lähmenden Satzungen der Allmutter Natur noch nicht ins Handwerk gepfuscht hatte, als jedes junge Geschöpf sich ungehemmt zu blühender Kraft entwickeln konnte und eins blieb mit dem Naturleben im Bösen wie im Guten.

„Wen die Natur begnadet hat," sprach er zu sich, „den läßt sie sicher in ihren dunklen Tiefen wurzeln und duldet, daß er dreist zum Lichte emporstrebe, ohne daß die Nebel der Weisheit und des Wahnes ihn hemmen und verwirren."

Ein so begnadeter, ganzer Mensch war dies verfemte, ehrlose Geschöpf.

„Und ich, für den sie lebte und starb, hab' ich dies Opfer verdient?" so fragte er sich weiter; „war ich es wert, daß sie in gläubigem Vertrauen zu mir emporsah?"

„Ich freilich — ich gehöre zu den andern, die ihr Leben lang zwischen Gut und Böse umhergeworfen werden und im Nebel den Weg nicht finden können. Damals hielt ich es für eine Schmach, den Vater an dieser Stätte zu begraben, heute würd' ich mich glücklich preisen, hätt' ich's gethan. — Damals verbiß sich mein Trotz in dem Gedanken, das väterliche Erbe festzuhalten, heute bin ich froh, seinen Staub von meinen Füßen zu schütteln. — Damals schalt ich die Schrandener wilde Tiere, und jetzt seh' ich ein, daß mein eigen Geschlecht das Menschentum in ihnen erstickte. Damals war mir dies Weib zu schmutzig, ein Stück Brot aus seiner Hand zu nehmen, heute steh' ich weinend an seiner Gruft. An die erloschene Flamme blöder Jugendthorheit hing ich mein Herz; ein zimperliches Jüngferchen, das mir schon lange keinen Pfifferling mehr galt, macht' ich zur Richterin meines Thuns, während ich vor vollsaftiger, allgewaltiger Menschlichkeit schaudernd zurückwich."

Und dann kam ihm der Gedanke, ob sein Leib, den er so der eigenen Willkür preisgab, auch wirklich und ausschließlich ihm gehöre. Ob er damit schalten dürfe nach seiner Laune. Wie, wenn das Vaterland ihn für sich begehrte?

„Es ist gut, daß in diesem Chaos, wo Gut und Böse,

Recht und Unrecht, Ehre und Schmach wirr durcheinander taumeln, und wo selbst der alte Gott im Himmel ohnmächtig dahinschwindet, ein fester Pol uns übrig bleibt, um den sich alles aufs neue ordnen muß, ein Fels, an den wir Ertrinkenden uns klammern können, und an dem es zu scheitern selbst noch Wollust ist — das Vaterland!"

So sprach der Sohn des Vaterlandsverräters und faltete inbrünstig die Hände.

Der Mondenschein war inzwischen an der Erdenwand emporgeglitten. Das tote Antlitz, das er verklärt hatte, lag im Dunkel vergraben da. Kaum unterschied es sich noch von der umgebenden Erde.

„Es ist Zeit," sagte er und schaute um sich.

Aber als er die Blumen in die Gruft hinabstreuen wollte, hielt er stirnrunzelnd inne und warf sie beiseite.

„Was soll das weichliche Gethue?" schalt er sich, „der Staub braucht sich vor dem Staube nicht zu scheuen."

Dann ergriff er den Spaten und, die Augen zudrückend, schaufelte er die schwarze Erde auf den geliebten Leib.

Eine Viertelstunde später war die Grube efüllt, und als die Sonne aufging, hätte sie vergeblich versucht, die Stätte, an welcher Reginens Leichnam ruhte, an den Tag zu bringen.

Boleslav sah sich nach einem Merkstein um, mit dem der Ort für Eingeweihte bezeichnet werden mochte. Sein Blick fiel auf den Kopf der zertrümmerten Statue, der ihn mit leeren Augen anlächelte.

Ihn trug er herbei und pflanzte ihn in den Rasen.

„Diana, die Keusche," sagte er, „soll ihr als Denkmal dienen. Sie ist ihrer nicht unwert, die Schwester, bei der sie Wache hält."

Um die sechste Stunde rüstete er sich zum Fortgehen.

Er setzte den Pistolen frische Zündhütchen auf und lockerte den Säbel, denn er gedachte sein Leben teuer zu verkaufen.

Doch als er die Zugbrücke überschritt, sah er von ferne befreundete Gesichter sich entgegenschauen.

Die Heidesöhne waren's, die auf dem Wege zum Versammlungsplatze in Schranden Station gemacht hatten.

Sie drängten sich um ihn und streckten ihm die Hände entgegen.

„Wir sind gekommen, uns unter deinen Befehl zu stellen," redete Karl Engelbert ihn an, „denn wir wollen gut machen, was wir an dir gefehlt haben."

„Ich danke euch," erwiderte er, „es ist vergeben und vergessen."

Dann schritt er auf die Landwehrleute Schrandens zu, die blaß und gekniffen, wie arme Sünder vor ihrem letzten Gange, nahe der Kirchenthür standen.

„Holt den Gefangenen heraus und schafft einen Wagen für ihn!" befahl er.

Felix Merkel wurde herbeigeführt. Er würdigte ihn keines Blickes.

Als das Volk von den Seinen Abschied genommen hatte und alles zum Abmarsch bereit war, schob sich aus dem Haufen der Gaffenden der alte Pfarrer hervor.

Sein Gesicht war verstört, und seine Hände schlotterten.

Er drängte sich an Boleslav und raunte ihm zu: „Ich höre, daß Regine diese Nacht den Tod gefunden hat.... Ich will ihr gern die christlichen Ehren erweisen."

„Ich danke, Ehrwürden," erwiderte Boleslav, „ich habe sie beerdigt."

Einer der Schrandener, der, um sich einzuschmeicheln, zur Nachtzeit auf die Jagd gegangen sein mochte, brachte mit unterwürfigem Grinsen Boleslavs Pferd herbei.

Er schwang sich in den Sattel. Sein Säbel flog aus der Scheide.

„Stillgestanden!" — Hart und dröhnend schallte seine Stimme über die Häupter der Menge hin.

„Rechts schwenkt, marsch!"

Hinaus zum Dorfe ging's. — Die Wälder nahten. Er sah sich nicht mehr um.

Schluß.

Von den weiteren Schicksalen Boleslavs weiß man nicht viel.

In Anbetracht der stattgehabten Meuterei hielt das Kommando für geraten, ihn zu seinem früheren Regiment zurückzuversetzen.

Während die ostpreußische Landwehr noch in den alten Provinzen zurückblieb, bekam er, viel beneidet, die Erlaubnis, sich ohne Verzug zum Kriegsschauplatz zu begeben.

Bei Ligny[1] soll er gefallen sein.

NOTES.

Chapter I.

Page 1. — 1. **Friede.** The peace that followed the abdication of Napoleon I, April 11, 1814, is meant. It was broken by Napoleon's return from Elba, March 1, 1815.

2. **Korse,** *Corsican,* i. e. Napoleon, who was born on that island.

Page 2. — 1. It is still the custom of German soldiers, when marching home, to put oak twigs in their caps or helmets.

2. **Kosaken,** *Cossacks,* from the Russian army that had invaded France with the Allies after the Battle of Leipzig, October 16–19, 1813.

Page 3. — 1. **Biwaks,** *bivouac's.*

2. **Anno 14,** *in the year 1814.*

3. **Accord,** *symphony* here.

4. **Kriege.** With interruptions the war had lasted from 1792 to 1814. The Prussian provinces with which we have here to do had suffered especially since 1806. — **Franzen,** for **Franzosen.**

5. **Feuergleich,** *reflected glow.*

6. **Pfeifendeckel.** All peasants in Germany smoke pipes with covers.

Page 4. — 1. **Blutsfremden,** *unrelated* by blood.

2. **Freibauern,** *free peasants,* i. e. those exempt from feudal service. They owned no land, but were not bound to the soil as serfs. Their social condition, like that of the Irish, is still much affected by the predominance of large estates corresponding to the *latifundia* that are said to have ruined Italy. See Contemporary Review, May, 1899.

3. **Landwehrkreuz,** *militia cross,* a distinction accorded to those

who served with honor in the so-called "War of Liberation," 1813-1814.

Page 5. — 1. genieren, *be bashful* or *hesitate*.
2. Zeug, *stuff.* Colloquial.
3. mir gestohlen werden kann, *is "no good" to me.* Familiar.
4. parat', *ready.* Familiar and military. From Latin *paratus.*
5. Jungens. Plurals formed with s are colloquially common.
6. Dannigkow, a hamlet marking the scene of a battle on Napoleon's retreat from Moskow in 1812.

Page 6. — 1. Alterchen, *old fellow.* Familiar.
2. accurat', *precisely.* Familiar.
3. Faßte sich einer ein Herz, *If any one took courage.*
4. was ausgefressen, *got into some scrape.* Familiar.
5. hinkende Bote, colloquial for "the other side," "the bad part," as though ill-fortune pursued slowly but surely and ultimately overtook the fortunate.

Page 7. — 1. uns den Kopf zerbrochen, *puzzled our heads.*
2. Marnestrom, the river *Marne.* Weichsel, the river *Vistula.* This first fixes the scene of the following narrative.
3. Graubärten, a term still used playfully of the Landwehr, because made up of older men than those in the regular service or than these volunteer Jäger.
4. du und gefangen, i. e. the contradiction implied in the thought of *you and a prisoner.*

Page 8. — 1. Abschiedspapiere, *military discharge,* for which he would need to go to Königsberg, the provincial capital.
2. ins Wasser fällt, *fails.* Colloquial. — eigen, *of his own.*
3. gedrechselt, *settled,* "arranged." Colloquial.
4. hereingeschneit, *arrived unexpectedly.* Colloquial.
5. 'ner, i. e. einer. Abbreviations of this sort are frequent in colloquy and will not be noted hereafter in this book.

Page 9. — 1. hat's 'nen Sinn gehabt *there was some sense in it.* Colloq The meaning is: There was some sense in *his* going into the militia, since it was there only that he stood a chance of promotion.

2. **Meilen.** The old Prussian *mile* is about 5 English miles.

3. **Den roten Hahn** einem auf's Dach setzen is colloquial for " set fire to one's house." **zu Schanden** (line 27), " shamefully," *terribly.*

Page 10. — 1. **Schrum,** *jollification,* " bout."
2. **aus dem Häuschen,** *beside himself.*
3. **verschimpfiert,** *disgraced.* **Herre** (line 21) for **Herr,** " Lord.'

Page 11. — 1. **Schlag,** *apoplexy.*
2. **Katzensteg,** *Cat's Bridge.*
3. **Anno 7,** *in the year 1807.* From this it appears that the ambuscade at Schranden must be placed in the campaign that began with the Battle of Eylau, Feb. 7, 1807, and practically closed with the Battle of Friedland, June 14, 1807. Peace was concluded at Tilsit, July 7th.

Page 12. — 1. **verschmitzt,** *slyly* or *craftily.*
2. **Schindanger,** *offal-dump* or *carrion-pit.*

Chapter II.

Page 13. — 1. **Schandentafel,** *mark of shame* such as criminals or others might be compelled to wear.

Page 14. — 1. **böhmischen,** *Bohemian.* As we see from Schiller's " Robbers," Bohemian woods were regarded as regions of peculiar lawlessness.
2. **Arkansas** was then a wild region just beginning to be exploited by pioneers. It had been purchased by the United States from France in 1803, but was not organized as a territory till 1819.
3. **das liebe Vieh,** simply *cattle.*
4. **Zeug.** See page 5, note 2.
5. **Kletterwegen,** *escalades,* "clamberings."

Page 15. — 1. **fronden,** 2. **scharwerken,** *till* and *plow* as vassals. Their legal status was changed a few years later, but in practice many of these abuses continue to this day. See page 4, note 2.

3. ins Kraut schoß, simply *grew*.
4. sühnende, *atoning* for his father's unpatriotic act.
5. hinüberzudämmern, say "believed *that he was* slowly *gliding over* into."
6. setzen, *spring*.
7. furchtbar, *awfully*. Familiar.

Page 16. — 1. Polentum. The ancient kingdom of Poland had been three times divided among the neighboring states, Russia, Austria and Prussia (1774, 1793, 1795) and the Poles felt themselves much oppressed. Napoleon used this discontent to aid his campaign of 1807, and later formed a part of Poland into the Duchy of Warsaw, which he united to the Kingdom of Saxony. The present partition of Poland, slightly modified in 1846, dates from 1814.

2. Agonie, *death struggle*, not "agony."
3. Kadavers, *corpse's*. See note 1.

Page 17. — 1. Winter, i. e. 1806–1807. Memel is a river (and city) in the extreme north-east of Germany, close to the Russian frontier.

2. geschwungener, *curled*.

Page 18. — 1. Eylau. See page 11, note 3.

Page 19. — 1. Weltmänner, *young men about town*, "society men."

2. Sr. Hochgeboren, *Your Honor*. The style of this letter is intentionally stiff throughout.

3. mache. Supply ich.
4. einen Verkehr zu pflegen, *to cultivate an acquaintance*.
5. ins Gesicht schlagen, *fly in the face of*, "contradict," "do violence to."
6. retournieret, *returned*. Antiquated word and form. From French.
7. erhungert, *saved* out of one's allowance for food.

Page 20. — 1. brach, *unused*, because the war had interrupted commerce.

Page 22. — 1. Gelbschnabel, *youngster,* with an allusion to the yellow bills of unfledged birds.

Page 23. — 1. munkeln, *mutter.* Löwe, Napoleon.

2. ins Bockshorn jagen, *be driven into a corner,* i. e. compelled to confess. Familiar.

3. hab' auf dem Halse, *am saddled with.* Familiar.

4. Kantschu, *whip.* Russian and Polish word and implement.

Page 24. — 1. Litauens, *of Lithuania,* a part of Poland on and near the Baltic, now Russian.

Page 25. — 1. The allusion is to Napoleon's retreat from Moscow, 1812.

Chapter III.

Page 27. — 1. blauwürfligen, *blue checked.*

Page 28. — 1. Franzen, for Franzosen.

2. Dörfler, *villagers.*

Page 31. — 1. Mistbeetfenstern, *hotbed frames.*

Page 32. — 1. Selbstschüsse, *spring guns.*

Page 35. — 1. Meilen. See page 9, note 2.

Chapter IV.

Page 39. — 1. es nahe lag, *was natural.*

Page 40. — 1. brösselte, *muttered* or *hummed drowsily.*

Page 44. — 1. geruhen. Note the plural with a singular object in addressing superiors. Servile and less used than formerly.

2. zuzu, i.e. drücken.

Page 46. — 1. warf ins Schloß, *slammed,* "closed hastily."

2. trag's nicht nach, *not lay it up against you.*

Page 49. — 1. englisch-ledernen, *satinet.*

2. Litanei, *rigmarole,* "monotonous complaint." Colloquial.

Page 53. — 1. Lassen . . . ihm, *Don't mention him to me.*

Page 54. — 1. ex ... exstinguatur, *let him be blotted from the memory of men.*

Page 55. — 1. pommersche, *Pomeranian.* Pomerania is a Baltic province of Prussia, whose inhabitants are chiefly agriculturalists distinguished for size rather than for subtlety.

Page 56. — 1. impft sich fort, *spreads like a contagion.*

Page 57. — 1. nehm' ... brauchte. Note the false sequence of tenses. It is a half-wild creature who speaks.

Chapter VI.

Page 74. — 1. spie. Spitting to express contempt for an absent person or thing is common among the vulgar of the continent and is probably derived from some ancient superstition. katzenbuckelnden, *cringing,* "sycophantic."

Page 75. — 1. freigewordenen. The necessities of the war against Napoleon had impelled Frederic William III, at the demand of his minister Vom Stein, to abolish serfdom in 1807. At the same time liberty of trade and occupation and of acquiring and selling land was accorded. Up to that year no exchange of landed property was legal between the noble, burgher and peasant classes.

Page 76. — 1. Keiles, *winch* here. Usually "wedge" or "key-pin."

Page 79. — 1. knallen mich nieder, *shoot me down.*

Chapter VII.

Page 80. — 1. Wacholderschnaps, *gin.*

2. kommen wieder auf die Kosten, *make up for the expense.*

Page 81. — 1. verdienen. He means that the pastor would not play for any considerable stake.

2. Animus, *idea.* A colloquial misuse of the Latin *animus.*

3. sei ein bißchen um sie 'rum, *court her a little.* — streich ihr Honig um den Mund, *flatter her.* Vulgar and colloquial.

4. **Fratze,** *phiz.* Vulgar for "face."

Page 82. — 1. **das Leben aufs Spiel setzen,** *risk your whole future.*

Page 83. — 1. **schön auf den Trab bringen,** *get him on a nice run.* Colloquial.

Page 85. — 1. **a. D.** = **außer Dienst,** *retired,* not in active service.

Chapter VIII.

Page 90. — 1. **Kattunfähnchen,** *calico dress.*

Page 97. — 1. **Brachwasser,** *stagnant water,* "puddle."
2. **Mehlschöpfe,** *flour-bucket.*
3. **Instleute,** *farmers.*

Page 98. — 1. **wunder was Gutes,** *something wonderfully kind.*

Chapter IX.

Page 106. — 1. **Sr.** = **Seiner. Ew.** = **Euer. Anni** futuri, *of the coming year.*
2. **Fahnenflucht,** *desertion.*

Page 109. — 1. **Marodeure,** *marplots,* "spoilers." From the French *maroder,* "to plunder, filch."

Page 112. — 1. **Kleist,** one of the chief subordinate commanders in the War of Liberation.

Page 113. — 1. **Therouanne,** a small river in northern France.

Page 114. — 1. **pp.** = *præmissis præmittendis,* an abbreviation used in place of all titles due the addressed by law or by courtesy. Here we might render by "aforesaid."

Page 116. — 1. **Wehrhaftmachung,** *mobilization,* "general call to arms."

Page 117. — 1. **Kreuze,** i.e. the Iron Cross given for bravery in the field. Cf. page 4, note 3.

2. **Fangschnüren,** *looped cords,* on the uniform.

Page 123. — 1. **Virginius.** A Roman who killed his daughter to save her from Appius Claudius. See Classical Dictionary or Macaulay's "Lays of Ancient Rome."

Page 124. — 1. **an den Kragen gehen,** *be a question of life and death.*

Page 127. — 1. **vis paterna,** *paternal authority.* Latin.

Chapter X.

Page 131. — 1. **mach' dich fort,** i.e. *kill you.*

Page 132. — 1. **schwatztest aus der Schule,** *told tales out of school.*

Page 133. — 1. **'rausgetrommelt,** i.e., noisily summoned to carouse with him on the newly got money.

2. **'n Stück Vieh,** simply *a beast.* Colloquial.

3. **an die große Glocke gehängt,** *made public,* become generally known. Familiar.

Page 136. — 1. **Posto,** *position.* Military.

Page 137. — 1. **zerschrammten,** *scarred with scratches.*

Page 140. — 1. Helen adapts to her purpose Revelations ii. 10: " Be thou faithful unto death and I will give thee **a crown** of life."

Chapter XI.

Page 142. — 1. **Monat März.** Napoleon escaped from the island of Elba in the Mediterranean (**Mittelmeer**) on March 1, 1815. He entered Paris in triumph on March 20. The so-called "Hundred Days" terminated practically on June 18, at Waterloo.

2. **Balle.** The news of Napoleon's landing in France rudely interrupted a ball given at the palace of Metternich, the Austrian chancellor, at Vienna.

Page 143. — 1. See page 24, lines 10-13.

Page 150. — 1. **Krätzer,** *bad wine.* Slang. Properly "scraper," "tickler." See dictionary under *Kratz* and *Krätze.*

Page 154. — 1. **Kinnkette,** a *chain* of flat links holding on the soldier's hat or helmet and at the same time protecting the neck from sabre cuts. Also the curb-chain of a bridle.

Page 155. — 1. **Wohlbeleibtheit,** *corpulency.*

CHAPTER XII.

Page 167. — 1. **flöten gegangen,** *gone a-dancing.* Colloquial.

Page 172. — 1. **Ridicule,** *reticule,* a net-work bag for fancy work and the like, such as were once generally carried by ladies in America also.

CHAPTER XIII.

Page 179. — 1. **Wirst** (wirst du) **zurück,** *Will you go back!* A command in the form of a threatening question.

Page 180. — 1. **Fleisch gewordene,** *incarnate.*

Page 184. — 1. **Quetsche,** *coffin,* i.e. "a tight place." — **is** = **ist.**
2. **Schwamm,** *tinder,* not "sponge."

Page 185. — 1. **Sternen,** i.e. *eyes.*

Page 189. — 1. **Nachtgetier,** *creatures of the night,* i.e. owls and bats.
2. **Herdenwitz,** *vulgar philosophy.*— **ins Handwerk gepfuscht,** *bunglingly interfered* with its hampering propositions in what was the business of the universal mother, Nature. These are "Naturalistic Ethics" and are no longer preached in this extreme form by Sudermann. See Introduction, p. vi.

Page 193. — 1. **Ligny,** battle, fought June 16, 1815, in which Napoleon defeated the Prussians under Blücher, two days before his own final defeat at Waterloo.

GLOSSARY

Words and idioms occurring only where translated in the notes, articles, numerals, regularly formed comparatives and superlatives, common conjunctions and auxiliaries, and certain words with English equivalents identical, or unmistakably similar in form, are omitted.

Nouns occurring in the text formed from infinitives, participles or adjectives, adjectives formed from participles, and adverbs formed from adjectives are separately noted only when their meaning is not immediately obvious.

Separable verbs **are** indicated by hyphens, but are entered under the prefix only when they are not fully rendered by combining the significations given for the prefix and the simple verb. Strong and irregular verb forms are tabulated after the Glossary.

The gender of nouns is indicated and **the plural, where this is in common use,** except in case of the weak feminines.

In grouping compounds and derivatives, nouns are entered separately to emphasize the distinction of the initial capital. Separable verbs, so far as they find special entry, are grouped under the respective prefixes.

Certain words spelled with th in the text are spelled with t in the glossary in conformity with the revised orthography. Reference to page and line is made thus: 75 : 15 (for page 75, **line 15**).

A

ab, *adv. and sep. prefix*, off, away up, aside, from; von jetzt —, from now on; =danken, dismiss with thanks; =finden, sich, reconcile oneself to; =geben, sich, have to do (with); =gewöhnen, wean from; =gewöhnen, sich, lose the habit of; =halten, restrain; =halten, sich, be restrained; =hangen, depend; =heben, sich, stand out; =liefern, deliver, surrender; =machen, settle; =schließen, shut, lock, finish, be done with; =sitzen, discharge, dismiss; =statten, render, deliver; =strängen, unharness; =streifen, strip off, put aside; =urteilen, condemn; =warten, await, wait for; =weisen, put off, turn aside; =ziehen, withdraw.

Abend, —e, *m.* evening; abends, in the evening; =brod, =essen, =suppe, supper; =brodtisch, supper table; =stunde, evening hour.

Abenteuer, —, *n.* adventure.
abenteuerlich, adventurous.

aber, but; =gläubisch, superstitious; =mals, again.

Abfahrt, *f.* start.
abgeplattet, leveled.
abgerissen, tattered, disconnected.

Abhang, =e, *m.* slope, precipice.
abhängig, dependent.
Abmarsch, *m.* marching off.
Abrechnung, *f.* settlement.

Abſchied, *m.* parting; — nehmen, take leave, be discharged (*military*), be mustered out; =feier, parting celebration; =gruß, farewell; =trunk, parting drink.
abſchüſſig, steep, precipitous.
Abſicht, *f.* intention; mit —, intentionally.
abſonderlich, strange.
Abſtich, *m.* patch.
abwartend, expectant.
Abwechſelung, *f.* change.
abwehrend, defensive.
Abzug, ⸗e, *m.* retreat.
accurat, *see* affurat.
ach, alas! O!
Achſel, *f.* shoulder; =zucken, shrug of the shoulders.
acht; ſich in — nehmen, take care, beware; =los, heedless.
achten darauf, heed it, notice it.
ächten, outlaw.
Ächterklärung, *f.* proclamation of outlawry.
Ackern, *n.* farming.
Ader, *f.* vein.
Adler, —, *m.* eagle.
ahnen, anticipate, suspect, forbode, dream of.
Ahnung, *f.* anticipation, suspicion, foreboding.
affurat ſo, wie, precisely as.
all, all; —es, everybody; —es in allem, take it all together; —es an, all the, 91 : 8; =abendlich, every evening; =gemach,

gradually; =gewaltig, all-powerful; =ſonntäglich, every Sunday; =ſtündlich, any time, every hour; =wöchentlich, every week.
alle=; von =dem, of that sort; ein für =mal, once for all; =weil, all the time; =zeit *or* allzeit, always.
allein, alone, unaided, but.
Alleinſein, *n.* being alone.
allenfalls, in any case.
aller=dings, to be sure; =hand, all sorts of; =höchſt, royal; =lei, all sorts of things.
Allermutter, ⸗, *f.* universal mother.
als, as, then; =bald, presently, immediately; =dann, then.
alſo, so, then.
alt, old; =bekannt, known long ago; =ererbt, hereditary; =jüngferlich, old-maidish; =preußiſch, old Prussian.
Altarbild, —er, *n.* altar picture.
Alter, *n.* old age.
Alterchen, *n.* old fellow.
Amt, ⸗er, *n.* office; =sbruder, fellow priest, 127 : 7.
an, *prep., adv., and sep. prefix;* on, at, by, in, against, 163 : 4; =blicken, look at; =fahren, attack, rebuke, 52 : 18; =fallen, attack, fall on; =fangen, begin, do, 9 : 18, go about (it), 78 : 3; =faſſen, take hold; =fechten, attack; =flehen, beseech; =geben, report; =gehen, concern; =ge=

GLOSSARY

hören, belong (to); =gloŧzen, stare at; =greifen, attack; =haben, wear, have on; =halten, summon, 106:4, halt, 146:26; =herrſchen, demand, command (*harshly*); =klagen, accuse; =kleiden, dress; =kommen, arrive, come up; =lächeln, smile (at); =legen auf, aim at; =lehnen, rest against; =muten, ſo fremd, ſo ſtolz, ſo herrlich mutete ihre Erſcheinung ihn —, her aspect so attracted him by its unwonted pride, its nobility, 92 : 26; =nageln, nail to; =nehmen, assume; =ordnen, command; =raumen, set (time); =rechnen, reckon; =reden, address; =reiten, ride up; =rücken, advance; =rühren, touch; =ſchirren, hitch up (horses); =ſchlagen, assume, 94 : 10; =ſchließen, ſich, join; =ſchreien, call out (to); =ſchwellen, swell; =ſehen, look at; =ſpannen, harness up; =ſprechen, speak to, address; =ſpringen gegen, spring at; =ſtarren, look at, stare at; =ſtecken, light up, set afire; =ſtieren, gaze at; =ſtimmen, set up (*a song*); =treten, begin, enter on; =tun, do; =vertrauen, commit, trust; =werben, recruit; =wettern, thunder at; =zeigen, show, inform against, denounce; =ziehen, put on (*clothing*); =zünden, light, set fire to.

anbei, enclosed (*in a letter*).
anbetracht, consideration (of).
Anblick, -e, *m.* sight.
Andenken, *n.* memory, memorial, reminder.
ander, andr=, other, next; =ś, otherwise, else; =mal, other time; =ſeits, on the other hand.
ändern, alter.
aneinander, beside one another; =ſchließen, join.
anerkannt, recognized.
Anfall, =̈e, *m.* attack, seizure.
Anfang, =̈e, *m.* beginning; den — machen, begin, 63 : 26.
Angabe, *f.* statement, record.
angänglich, practicable.
angebrannt, scorched.
angefeuchtet, moistened.
Angehörigkeit, *f.* connection.
angekleidet, dressed.
Anger, —, *m.* field.
Angeſicht, -er, *n.* face, presence; von —, face to face, 75 : 21; angeſichts, in view of, in the face of.
angeſtochen, speared.
angetan (dazu), fitted, adapted.
Angriff, -e, *m.* attack; im — zu nehmen, to take up, 143 : 25; =plan, plan of attack.
Angſt, =̈e, *f.* dread, fright, care; =ſchrei, cry of terror; =ſchweiß, sweat of fright; angſtvoll, timid, terrified.
ängſtlich, anxious, timid.
anheimelnd, familiar.

GLOSSARY

anheim=geben, offer, dedicate.
Animus, *m.* (*Latin*) idea.
Anlaß, ⸗e, *m.* occasion.
anmutig, gracious, graceful.
Anno (*Latin*), in the year.
Anrede, *f.* address.
Anruf, *m.* call.
ansehnlich, respectable, prosperous.
Ansprache, *f.* address.
anspruchsvoll, pretentious.
Anstand, ⸗e, *m.* hunting station.
anständig, respectable.
Anstiftung, *f.* setting (*fire*).
Antlitz, -e, *m.* face.
Antrag, ⸗e, *m.* proposal, motion, request.
Antwort, *f.* answer.
antworten, answer.
Anwesend=er, person present.
Apfel, ⸗, *m.* apple.
Arbeit, *f.* work; =**Kabinett**, =**zimmer**, study, office.
arbeiten, work, make, 48 : 23; twich, 53 : 18; heave, 120 : 15.
Arbeiter, —, *m.* workman.
ärgern, vex, torment.
Argusauge, -n, *n.* Argus eye.
Argwohn, *m.* mistrust, suspicion; **argwöhnlich**, suspiciously.
arm, poor; =**selig**, wretched, pitiable, inadequate, 72 : 8; **ärmlich**, wretched.
Ärmel, —, *m.* sleeve.
Art, *f.* way, sort (of); aller —, of all kinds.
artig, nice, pretty.
Ast, ⸗e, *m.* bough.

Atem, *m.* breath; **atemlos**, breathless.
auch, too, also; wer —, whoever; wo —, wherever.
auf, up, on, upon, to, toward, at, of, 93 : 12; =**atmen**, take a deep breath; =**bewahren**, keep; =**bieten**, summon; =**dämmern**, dawn; =**fädeln**, string; =**fallen**, surprise (*dat.*); =**fassen**, take, treat; =**flammen**, blaze, flash up (at), 30 : 11; =**fordern**, summon, urge; =**gehen**, rise (*sun*); =**hallen**, resound; =**heben**, lift, keep, pick up; =**horchen**, listen eagerly; =**hören**, stop; =**kaufen**, buy up; =**klären**, clear up; =**klinken**, open (*latch*); =**lachen**, laugh; =**lauern**, lie in wait; =**leben**, wake up; =**lesen**, pick up; =**lodern**, blaze up; =**machen**, open; =**nehmen**, receive, take up; =**passen**, attend, notice; =**räumen**, clear up; =**reihen**, range; =**richten**, sich, stand erect, draw oneself up; =**reißen**, open, fling open; =**rufen**, call upon, appeal to; =**schaufeln**, shove up; =**schlagen**, open, utter; =**schrecken**, rouse, make start; =**schreien**, call, cry, scream; =**schütten**, pile up; =**setzen**, put on, set on, 40 : 11; =**seufzen**, heave a sigh; =**sperren**, open; =**springen**, leap up, open; =**spüren**, discover; =**stapeln**, pile up; ein Licht =**stecken**, light a candle, throw light on

GLOSSARY

the case of, 86 : 17; =ſtehen, stand up, get up (*from bed*); =ſteigen, arise, rise (up); =ſtellen, draw up, set, post (guards); =ſtülpen, push on; =ſuchen, visit, call on; =tauchen, appear; =tun, ſich, open; =warten, wait, serve; =wecken, arouse; =zählen, enumerate.

Aufblick, -e, *m.* upward glance.
Aufgabe, *f.* task.
Aufgang, -e, *m.* rising.
aufgebracht, indignant, angry.
aufgehoben, provided for.
aufgeregt, excited.
aufgerichtet, erect.
aufgeſchwemmt, puffy, swollen.
aufgeſtachelt, goaded.
aufgeſtampft, trampled.
aufgewühlt, roused, excited.
Aufklärung, *f.* explanation.
aufmerkſam, attentive; einem — machen, call one's attention (auf, to).
aufmunternd, encouraging.
aufquellend, rising.
Aufräumen, *n.* clearing up.
Aufruf, *m.* call, summons.
aufſäßig, rebellious.
Aufſchrei, *m.* cry, scream.
Auftrag, -e, *m.* commission; im —e, in the name of.
aufwallend, in —er Erregung, with tense emotion, 118 : 4.
Aufzug, *m.* train; in dieſem —e, with such a procession, 51 : 11.
Auge, -n, *n.* eye; =nblick, mo-

ment, occasion; =nhöhle, eye socket; =nlicht, sight; =nwinkel, corner of the eye.
augenblicklich, instantly; =ſcheinlich, apparently.
Äuglein, —, *n.* beady eye.
Auguſttag, -e, *m.* day of August.
Aurikel, *f.* Auricula (*flower*).
aus, *prep., adv., and sep. prefix,* from, out, up, of, away from, out from; von ... —, even from, 102 : 3; =beſſern, mend; =bilden, train; =bleiben, fail, be lacking; =drücken, ſich, express; =forſchen, examine, question; =fragen, question; =gehen, issue, go out; =harren, endure, be steadfast; =holen, prepare, 116 : 6; =laſſen, let out, relieve; =löſchen, put out (*light or fire*); =nutzen, use, employ; =reißen, rip, tear; =ruhen, ſich, rest; =ſchlafen, finish sleeping, sleep oneself out of, 82 : 15; =ſchließen, exclude; =ſchütten, pour out; =ſehen, look; =ſprechen, utter; ſich =ſprechen, express oneself; =ſtoßen, utter; =ſtrömen, gush; =ſuchen, select; =tauſchen, exchange; =tilgen, blot out; =weichen, avoid, shrink from; =weiſen, prove, establish.
auseinander, *adv. and sep. prefix,* apart; =ſetzen, state, explain; =tun, ſich, part.
Auseinandergehen, *n.* separation.

Auseinandersetzung, *f.* agreement.
Auserwählt=er, elect.
ausgebrannt, cauterized.
ausgebreitet, outspread.
ausgenommen, except.
ausgesandt, despatched, appointed.
ausgestochene Schollen, cut rods, 161 : 2.
ausgetrocknet, dried up.
ausgezeichnet, distinguished.
Auskunft, -e, *f.* information.
Ausnahme, *f.* exception.
Aussaat, *f.* seed.
Aussätzig=er, leper.
ausschließlich, solely, exclusively.
Außenwelt, *f.* outer world.
außer, outer, beside, except, without, beyond; **äußerst,** uttermost, extreme; =dem, besides.
Äußerung, *f.* expression.
Aussicht (auf), *f.* prospect (of); aussichtslos, hopeless.
Auswechselung, *f.* exchange (*of prisoners*).
auswendig, by heart.
avancieren, advance.

B

Bach, -e, *m.* brook, rill.
Backe, *f.* cheek; =nbart, whisker.
Bad, -er, *n.* bath.
baden, bathe.
Bahn, *f.* path.
bahnen, clear (*a path*), 64 : 19.
Bahre, *f.* bier.
bald, soon, now; =ig, speedy.
Balke, *f.* beam, board, 60 : 19.
ballen, clench.
Band, -e, *n.* bond; in —en, in bondage.
Bande, *f.* gang.
bändigen, tame, control.
Bändigung, *f.* control.
bang, troubled; mir ist —, I am anxious.
bangen; sich — nach, miss, grieve for; **Bangen,** *n.* grief, anxiety.
Bank, -e, *f.* bench.
Bann, *m.* awe; in —e halten, overawe.
Bar=geld, *n.* cash; =summe, ready money.
Barbier', *m.* (*French*), barber.
barmherzig, merciful.
Bau, *m.* building; =werk, structure.
Bäuchlein, *n.* belly.
bauen, build, make, till (*land*).
Bauer, —, *m.* peasant; =nge= höft, farmers' buildings; =nsohn, peasant's son; =skind, peasant's child; =sleute, peasants, peasantry.
Baumstamm, -e, *m.* tree trunk.
beachten, notice.
Beamt=er, official.
beantworten, answer.
beauftragen, commission.
beben, quiver.
bedanken, sich, thank.

bedauern (Bedauern, *n.*), regret.
bedecken, cover.
bedenken, consider; Bedenken, hesitation.
bedenklich, dubious.
bedeuten, signify.
bedeutungsschwer, deeply significant.
bedienen, serve.
bedrohlich, threatening, threat, 106 : 15.
bedürfen, heed.
beendigen, end.
beerdigen, bury.
befallen, seize; afflicted, 183 : 27.
Befehl, -e, *m.* order; zu —, at your orders!
befehlen, command.
befehligen, command.
befestigen, fasten.
befinden, find; sich —, be.
Befrachtung, *f.* freight.
befreien, free.
befremden, surprise, astonish.
befreundet, friendly, familiar.
befriedigen, satisfy.
befürchten, fear.
begeben, sich, go.
begegnen, meet.
begehen, commit.
begehren, desire.
begeistert, enthusiastic.
Begeisterung, *f.* enthusiasm.
Begier, -den, *f.* longing.
beginnen, begin.
begleiten, escort.
Begleiter, —, *m.* companion.

beglückwünschen, congratulate.
begnaden, favor.
begnügen, sich, be content.
begraben, bury.
Begräbnis, *n.* burial; -leute, men on burial duty, 59 : 8; -platz, place for burial; -tag, burial day.
begreifen, understand, comprehend.
Begriff, -e, *m.* idea; im —e sein, be on the point (of).
begrünen, sich, come into leaf.
begrüßen, greet.
begütigend, soothing, pacifying.
Behäbigkeit, *f.* self satisfaction.
behaglich, comfortable, complacent.
behalten, hold, keep, remember; recht —, be right.
behandeln, treat.
behaupten, assert.
beherrschen, control, possess.
behilflich, helpful.
Behörde, *f.* officials, 162:1; höchste —n, government, 129 : 21.
bei, *prep. and sep. prefix*, by, with; — sich, to himself; -nahe, almost; -seite, aside; -bringen, produce, einem eine Rolle —, teach one a part, 123 : 9; -stimmen, agree.
Beide, both, the two.
Beieinanderfein, *n.* being together.
Beifall, *m.* applause, approval.
beifällig, approving.
Beil, -e, *n.* ax.

Beiläufiges, etwas, something incidental, 175 : 9.
Bein, -e, m. leg.
Beisammensein, n. being together.
beißen, bite, smart, 98 : 3.
bejahen, assent.
bekannt, known; — gegeben, announced.
beklagenswert, to be pitied.
bekleiden, dress, furnish with clothes.
beklommen, choked back, embarrassed, 169 : 23.
bekommen, get, receive.
beladen, loaded.
Beleg, -e, m. proof.
belehren, teach.
beleidigen, insult.
Beleidigung, f. insult.
beleuchten, illuminate.
belieben, please; wenn es Ihnen beliebt, if you please.
bellen, bark.
bemerken, observe.
bemühen, sich, try; bemüht, careful, cautious.
benachrichtigen, inform.
benehmen, take away; sich —, act, behave; Benehmen, n. behavior.
beneiden, envy.
benutzen, use.
beobachten, observe, watch.
bequem, convenient.
beraten, discuss; sich —, discuss with one another.
Bereich, -e, m. range.

bereit, ready, prepared; -s, already.
bereiten, provide, prepare, occasion, spread.
bereuen, repent.
bergen, hide, shelter.
Bericht, -e, m. message, report.
berichten, tell.
Beruf, -e, m. calling.
berufen, sich (auf), appeal (to), allude (to).
beruhen, be based on.
beruhigen, calm; sich —, grow calm.
berühmt, famous.
Berühmtheit, f. notoriety.
berühren, touch.
Berührung, f. touch, association.
beschaffen; so war —, such was the nature of, 177 : 5.
beschäftigt, busy.
Beschäftigung, f. occupation; sich zu wenig — machen, have too little to do, 80 : 20.
beschämt, ashamed.
bescheren, grant.
beschienen, lighted up, irradiated.
beschließen, determine.
beschmutzen, soil, dirty.
beschützen, protect.
Beschwerde, f. complaint.
beschwichtigen, calm.
beschwören, adjure, conjure.
besehen, look at, consider; genau —, strictly speaking, 39 : 13.

beſetzen, occupy, fill, garrison.
beſiegeln, seal.
beſinnen, ſich, think, remember; ſich eines Beſſern —, change one's mind; ſich darauf —, hesitate; Beſinnen, n. hesitation.
Beſinnung, f. consciousness; beſinnungslos, unconscious.
Beſitz, m. possession.
beſitzen, own, have.
beſoffen, drunk.
beſonder-er, especial; -s, especially.
Beſonnenheit, f. reflection.
Beſorgnis, -ſe, f. care, anxiety.
beſprechen, discuss, talk over.
beſſer, better.
beſtätigen, ſich, be established.
beſtaubt, dusty.
beſtäubt, sprinkled, covered, 92 : 7.
beſtehen, consist, undergo, endure.
beſtellen, order, invite, set (table).
Beſtie, f. beast.
beſtimmen, fix, decide, allot.
beſtimmt, definite.
Beſtimmung, f. —en über, arrangements for, 150 : 2.
beſtrafen, punish.
beſtrebt ſein, make an effort, 109 : 21.
beſtreichen, paint.
beſtreut, strewn.
Beſuch, -e, m. visit.
beſuchen, visit.
beſudeln, soil, defile.

betaſten, feel of.
betäuben, daze.
beten, pray.
betrachten, regard, look at, treat.
betragen, amount to; ſich —, behave.
betreffen, meet; Betreffend-er, person in question.
betreten, enter, go along.
Betrug, m. fraud.
betrügen, trick, deceive.
betrunken, drunken, drunk.
Bett, -en, n. bed; -beſtand, bedding.
betten, lay.
Beuge, f. bend.
beugen, ſich, bend.
beunruhigen, disturb.
Beute, f. prey.
Beutel, —, m. purse.
Bevölkerung, f. inhabitants.
bevor, before; -ſtehen, impend, remain.
bewachen, guard, look out for.
Bewachung, f. oversight.
bewaffnet, armed.
bewahren, preserve, retain.
bewegen, move.
Bewegung, f. motion, movement, emotion.
Beweis, -e, m. proof.
beweiſen, prove; es mir —, convict me of it, 23 : 12.
bewirken, cause.
bewirten, entertain.
Bewohner, —, m. inhabitant.
bewundern, admire.

bewußt, conscious of, aforesaid, already mentioned.
Bewußtsein, n. consciousness.
bezahlen, pay.
bezeichnen, indicate, mark.
bezichtigen, charge with, accuse of.
Bezirk, -e, m. district.
bezweifeln, doubt; nicht zu —, unquestionable.
bezwingen, master, control.
Biedermann, -er, m. leading man.
biegen, bend, turn.
Bier, -e, n. beer; =krug, beer mug.
bieten, offer.
Bild, -er, n. image, picture.
bilden, form.
Binde, f. bandage, sling (*for an arm*).
binden, bind.
bis, until; =her, till now, till then; =herig, previous; =lang, till now, since long ago; — an, till, up to; — auf, down to, except for; — dahin, till then; — nach, as far as; — zu, as far as, before; — zu ... hin, until.
Bissen, —, m. bit (*of a bridle*).
bißchen, little, bit of, 81 : 15; 'n — gehörig, a good bit, 161 : 25.
Bitte, f. request.
bitten, beg, ask, pray, supplicate; bitte, please!
Bitterkeit, f. bitterness.
Biwakfeuer, —, n. campfire.
blähen, sich, puff oneself up.

blank, bare, bright; — gerändert, white-bordered.
Blatt, -er, n. leaf, sheet (*of paper*), letter, 145 : 1, newspaper, 23 : 19.
blaß, pale.
Blässe, f. pallor.
blättern, turn sheets (*of paper*), search.
blau, blue; =grün, bluish green; bläulich, bluish; =seidern, blue silk.
bleiben, stay, remain.
bleich, pallid, pale.
bleifarbig, lead colored; =es Licht, leaden pallor.
blendend, dazzling.
Blick, -e, m. glance; *pl*. eyes, 141 : 8.
blicken, glance, look.
blinken, gleam, sparkle.
blinkern; nur so geblinkert, seemed to glitter, 168 : 20.
blinzen *or* blinzeln, blink.
Blitz, -e, m. flash, lightning, 42 : 26, thunderbolt, 159 : 1.
blitz=blank, bright and clean; =schnell, in a flash.
blitzen, flash.
blöde, silly.
bloß, just, mere, only.
blühend, blooming; zu —er Kraft, in full flower, 189 : 18.
Blume, f. flower; =ngestell, flower-stand.
Blut, n. blood; =geruch, smell of blood; =gier, thirst for blood; =hund, blood hound; =sbruder=

ſchaft, blood brotherhood; -ſtropfen, drop of blood; -vergießen, blood shedding, slaughter; -welle, pulse of blood.
blut=beſudelt, blood stained; =dürſtig, blood thirsty; =gierig, murderous; =ig, bloody.
Blüte, f. bloom.
bluten, bleed.
Bockelborf, a fictitious town.
Boden, —, m. ground, soil, floor.
Bogen, curve, sheet (of paper); =ſehne, bowstring.
Bohle, f. plank, timber.
bohren, pierce, bore; — in den Wunden, explore the wounds, 104 : 5.
borgen, borrow.
böſ=e, ill, evil, bad, cross, vicious; einem — ſein, be vexed with one; nichts Böſes, no harm; im Böſen, for evil, 128 : 19; =willig, willful, 117 : 11.
Bosheit, f. malice, malignity.
Bote, -n, m. messenger.
Botſchaft, f. message.
brambaraſieren, brag, boast.
Brand, m. fire, conflagration; =mal, mark of fire, ruin; =mauer, scorched wall; =nacht, night of the fire; im — ſtecken, set on fire.
Branntwein, m. brandy.
brauchbar, available, good.
brauchen, need.

Braue, f. eyebrow.
braun, brown.
brauſen, roar; Brauſen, n. uproar.
brav, good (of its kind).
Bravour', f. (French) bravery.
brechen, break; ſich —, break.
breit, broad; =knochig, broadboned; =ſchulterig, with broad shoulders.
Breite, f. breath.
breiten, spread.
brennen, burn, shine.
Brett, -er, n. board.
Brief, -e, m. letter; =chen, note; =kaſten, letter box; =wechſel, correspondence.
bringen, bring.
brodeln, seethe.
Brot, n. bread; =ſuppe, breadsoup.
brüchig, fractured.
Brücke, f. bridge; =nrand, end (edge) of the bridge, 28 : 22.
brüllen, roar.
brüſk, sharp, quick.
Bruſt, -e, f. breast; =taſche, breast-pocket; =ton, deep voice.
brüſtend; ſich in ... —, puffed up with, 74 : 5.
Brut, f. brood, brat, 48 : 12.
Bubenſtück, -e, n. knavery, shameful act, 182 : 22.
Buch, -er, n. book.
Büchſe, f. musket.
bücken, ſich, bend.
Bückling, m. bow, obeisance.

Bund, -e, *m.* bond; =esgenoß, ally.
Bündel, —, *m.* bundle.
Bürger, —, *m.* citizen; =meister, mayor; =sleute, citizens; =sjohn, citizen's son.
Bursch, -en, *m.* fellow.
Buschwerk, *n.* underbrush.
Busen, —, *m.* bosom.

C

Chor, -e, *m.* chorus; =alvers, choral stanza.
Christenmensch, -en, *m.* Christian.
christlich, Christian.
Couvert, -e, *n.* (*French*, *pron.* kuver') envelop.

D

da, *adv. and sep. prefix*, there, since, now that.
dabei, at that, about it, in that task, 38 : 18; at the same time, 177 : 22; busy, 38 : 2; present, 138 : 8.
Dach, -er, *n.* roof.
dadurch, through this, for this cause.
dafür, for it.
daher, *adv. and sep. prefix*, therefore, along; des Wegs —, up the street, 154 : 16.
dahin, *adv. and sep. prefix*, away, off, over, to the point, 69 : 2;

=ein, (along) with it; bis —, till then.
dahinter, after, behind.
damals, then, at that time.
Dame, *f.* lady.
damit, with that, by it, in order that.
Dämmerlicht, *n. or* **Dämmerschein,** *m.* dim light.
dämmern, grow light *or* dark, show dimly; stark —, be growing very dusky.
dämmerig, darkening.
Dämmerung, *f.* twilight; lähmende —, dreary monotony, 94 : 24.
dampfen, smoke, steam.
daneben, beside it *or* them.
Dank, *m.* thanks, gratitude; Gott sei —, Thank goodness! =gebet, thanksgiving.
dankbar, grateful.
danken, thank.
dann, then.
dannen, there; von —, away.
Dannigkow, Dankov, *about* 120 *miles southeast of Moscow.*
dar, *sep. prefix*; =bieten, offer; =stellen, represent; =tun, demonstrate.
daran, to it, about it.
darauf, after that, so that, about it, on it; — geben sie nichts, they'll pay no attention to that, 83 : 20.
daraus, from that.
darein, *adv. and sep. prefix,* in it; =werfen, interject.

darin, in it, in this, with it.
darnieder, bedridden, 115 : 26;
— liegend, prostrate.
darüber, *adv. and sep. prefix*,
above, over *or* about it *or*
that; =ſchwebend, overhanging.
darum, then, for that, therefore,
for that reason.
darunter, below; mit —, (down)
among them.
Daſein, *n.* existence.
daſelbſt, there.
datieren, date.
Daube, stave, tub handle,
125 : 3.
dauern, last.
davon, *adv. and sep. prefix*, of
or from it, that *or* them, away,
off; =fliehen, flee, run away;
=machen, get away.
dazu, to it, for it.
dazwiſchen, between, interrupting, 45 : 18.
Deckel, —, *m.* cover; =krug, mug
with a cover.
decken, cover, set (*table*).
Deckung, *f.* covering, protection.
Degen, —, *m.* sword.
deinetwillen; um —, for your
sake.
demgemäß, accordingly.
demnächſt, presently.
demütig, humble, obedient, 19 :
29.
denken, think.
Denkmal, =er, *n.* monument,
memorial.

denn, then, for.
dennoch, even so, yet.
Denunziant, =en, *m.* accuser,
denouncer.
Deputiert=er, deputy.
derb, coarse, rough.
dergleichen, such, that sort of
thing, 131 : 18.
Dero, his (*in formal address*).
derweilen, meantime, during
that time.
deshalb, for that (reason).
deſſentwillen; um —, for whose
sake.
deſto; je ... —, the (more) ...
so much the (more).
deuten, interpret.
deutlich, plain.
Deutſchland, *n.* Germany.
Dianenſtatue, *f.* statue of Diana.
dicht, close, thick.
Dickicht, -e, *n.* thicket.
Dieb, -e, *m.* thief.
Diele, *f.* floor board.
dienen, serve.
Dienerin, *f.* servant.
dienernd, servile.
Dienſt, *m.* service, work; =mamſell, barmaid; =verhältnis,
service.
Dienstag, *m.* Tuesday.
diesmal, this time.
diesſeitig, on this side.
Diesſeits und Jenſeits, this
world and the next.
Ding, -e *or* -er, *n.* thing.
Disziplin, *f.* discipline.
doch, though.

Dom, *m.* cathedral.
Donner, *m.* thunder.
donnern, thunder.
Doppel=bier, strong beer; =hahn, double cock (*of a pistol*); =lauf, double barrel.
doppelt, double; — so, twice as; das Doppelte, twice as many.
Dorf, ⁻er, *n.* village; =kirche, village church; =straße, village street.
Dörfler, —, *m.* villager.
dort, there; — erst, only there; =hin, thither.
dran, *see* daran.
drängen, push, rush, force; sich —, crowd; Drängen, *n.* crowding.
draußen, outside, out there.
drauf *or* d'rauf, *see* darauf.
drehen *or* sich —, turn, twist.
drei=fach, triply, three fold; =mal, three times.
dreist, boldly.
Dreschflegel, —, *m.* flail.
drin, in it; =nen, inside, within.
dringen, penetrate, press, come.
dringlich, pressing, insistent.
drohen, threaten; Drohen, *n.* rebuke, 85 : 19.
dröhnen, crash; =d, with a slam, 59 : 14.
Drohung, *f.* threat.
drüben, on the other side.
Druck, -e, *m.* pressure.
drücken, press, trouble, put, 73 : 20; withdraw, 67 : 14; =d, oppressive.

drum *or* d'rum, *see* darum.
drunter, down below.
ducken, sich, crouch.
Duft, ⁻e, *m.* odor.
dulden, suffer, permit.
Dülder, —, *m.* sufferer.
dumm, silly, stupid.
dumpf, dull, heavy, apathetic, muffled, 30 : 8.
Dumpfheit, *f.* dreariness, dullness.
Düngerhaufe, -n, *m.* dung heap.
dunkel, dark, dim; im Dunkeln, in obscurity, in shadow; =d, shadowy.
Dunkelheit, *f.* darkness, obscurity.
dunkeln, grow dark.
dünken, seem.
dünn, thin.
durch, *prep., adv., sep. and insep. prefix*, through, across; =aus, wholly; =brochen, parted; =einander, mixed, back and forth, 189 : 1; mitten =einander, through the middle, 105 : 21; =fahren, flash through, =flöten, swell through; =schreiten, walk through; =schauen, see through; =suchen, search; =träumen, dream through; =zucken, quiver through. (*Used separably with* brechen, dringen, laufen, schreiten, sickern, waten.)
dürfen, may, ought, be permitted; darf nicht gehört haben, must not permit myself to have heard, 166 : 8.

GLOSSARY

dürr, dry.
Durst, *m.* thirst; über den —, to excess.
düster, gloomy, grim.

E

eben, just; — noch nicht, not yet quite; =falls, in a similar way; =solch=er, similar; =soviel, so many.
Eber, —, *m.* boar.
Ecke, *f.* corner; an allen —n und Kanten, in every nook and corner.
Edel, edl=, precious, noble.
egal, all the same; na 's ist —, well, never mind, 69 : 10.
eh *or* ehe, before; =mals, formerly; eher, als bis, until; am ehesten, soonest.
ehern, brazen, harsh.
Ehre, *f.* honor; =namt, honorable office; =nfrone, crown of honor; =nmann, honest man; =npflicht, duty of honor; =n= platz, place of honor; =nzeichen, badge of honor.
ehren, honor.
Ehr=furcht, *f.* respect, solemnity; =gefühl, sense of honor, social pride, 87 : 12; =würden, Your Reverence!
ehr=enwert, honorable; =lich, honest, decent, honorable; =liebend, honor-loving; =los, without honor, dishonored.

Eiche, *f.* oak.
eichern, oaken.
Eid, -e, *m.* oath.
Eifer, *m.* zeal, eagerness.
eifrig, eagerly, busily, diligently.
eigen, own, identical, peculiar; sich zu — machen, make its own; =tlich, real, anyway, properly.
Eigensucht, *f.* selfishness.
eilen, hasten, hurry; =ds, hastily, with all speed.
eilig, hasty; es — haben, be in a hurry.
ein, *adv. and sep. prefix,* in; =büßen, sacrifice, lose; =fallen, occur, recur; =finden, sich, come, come around, report (*military*); =flößen, inspire; =geben, suggest; =halten, stop; =hauen, strike; =holen, catch up with; =kehren, turn in, come; =laden, invite; =laufen, come in; =lenken, turn the conversation, 173 : 13; =prägen, impress; =räumen, admit, grant, allow; =reden auf, harangue; =saugen, absorb, drink in; =scharren, bury; =schlafen, fall asleep; =schlagen, enter on, 135 : 19, take, 63 : 21; =schmeicheln, sich, curry favor; =schmeichelnd, ingratiatingly; =schreiten, intervene; =schüchtern, abash; =sehen, recognize, perceive; =stehen, be responsible; =stellen, appear; =tragen, bring;

=treffen, arrive; =treten, enter; =werfen, interject; =willigen, consent; =ziehen, procure.
einander, one another.
Eindringling, -e, m. intruder.
einfach, just, simply.
Einfluß, -e, m. influence.
Eingang, -e, m. entrance.
Eingeboren=er, native.
eingefangen, captive, caged.
eingelassen, fastened, set in.
eingerichtet, arranged.
eingesessene Ritterschaft, landed gentry, 108 : 26.
Eingeweiht=er, initiated, adept.
einher, *sep. prefix*, along, about; =wandern, stroll along here.
Einkauf, -e, m. purchase.
einmal *or* 'mal, once, at last; a while, 85 : 24; now and then, 80 : 24; auf —, at once; noch —, once more; nicht —, not even.
einsam, solitary, alone, lonely.
Einsamkeit, f. solitude.
ein=s, at one; =st, once, long ago, at length; =stig, former, future, only; =stmals, by and by, once.
Einsaß=er, inhabitant.
einstöckig, one-story.
eintönig, monotonous.
Eintritt, -e, m. entrance.
Einverständnis, -se, n. agreement.
Einwurf, -e, m. objection.
einzig, single, only, united.
Einzug, -e, m. entrance.

Eisen, n. iron; =stange, iron clamp.
eisern, iron.
Eis, n. ice; =gang, breaking up of ice (*in spring*); eisig, icy.
Eitelkeit, f. vanity.
Ekel, m. disgust.
ekelerregend, loathsome.
Elba, *island of Napoleon's exile in 1814.*
Elend, n. misery.
elend, wretched, miserable.
Ellbogen, —, m. elbow.
Empfang, -e, m. reception.
empfangen, receive.
empfinden, feel; Empfinden, n. feeling.
empören, outrage.
Empörer, m. instigator of revolt.
empor, *adv. and sep. prefix*, up, upward; =gewandt, upturned; =heben, lift, raise; =raffen, sich, struggle; =reißen, rouse; =richten, sich, rise; =schwellen, rise; =steigen, rise up before; =tauchen, emerge, rise.
emsig, busy.
Ende, n. end, side, 124 : 19; am —, perhaps, perhaps sometime; es würde mit dir ein schlechtes — nehmen, you would come to a bad end, 173 : 3.
end=lich, at last, now; =los, endless.
energisch, energetic.
eng=e, close, narrow, small,

tight; =umschlungen, gripped close.
Engel, —, m. angel.
entbehrlich, to be spared.
entdecken, discover.
entehrt, dishonored.
entfalten, unfold.
entfernen, sich, go away.
entfernt, distant, weit —, far from.
Entfernung, f. distance.
entfesseln, unchain, unleash.
entfliehen, flee, escape; entflohen, vanished.
entgegen, adv. and sep. prefix, against, at, over toward, out toward, to meet, to greet, in anticipation of; =gesetzt, opposite; =grüßen, send greeting; =lachen, give a smiling greeting, 156 : 20; =schimmern, be reflected; =stemmen, sich, brace oneself against.
entgegnen, reply.
entgehen, escape, avoid.
entgleiten, slip from.
entheiligen, desecrate.
entkommen, escape.
entkorken, uncork.
entlang, along.
entlassen, release, discharge, dismiss, muster out.
entleihen, borrow.
entnehmen, select.
entrinnen, escape.
Entrüstung, f. protest, indignation.
Entsagung, f. self denial.

entschädigen, requite.
entscheiden, decide, determine; sich —, be decided.
entschließen, decide, determine; rasch entschlossen, with quick decision, 153 : 25.
entschlummern, go to sleep.
entschlüpfen, slip away, escape.
Entschluß, -e, m. decision.
entschuldigend, apologizing.
Entschuldigung, f. excuse.
entseelt, lifeless.
entsetzen, n. horror.
entsetzt, horrified.
entsinken (dat.), fall (from).
entstehen, arise, come (from).
Entstehung, f. origin; =sgeschichte, f. story of the development.
Enttäuschung, f. disillusion.
entweichen, shrink away.
entwerfen, develop.
entwickeln, develop.
entwischen, escape.
entzwei, in two; mitten — gebrochen, broken off short.
Epheu, m. ivy.
erachten, esteem.
erbarmen, sich, show mercy.
Erbarmen haben mit, have pity on.
erbauen, found, build.
Erb=begräbnis, family vault; =e, inheritance; =folge, succession, inheritance; =schaft, inheritance; =stück, heirloom.
erbeben, quiver.
erbieten, offer.
erbittert, bitter, determined.

erbleichen, turn pale, fade.
erblicken, catch sight of.
Erd=e, f. earth; =enwand, earthen wall (*of a grave*); =reich, soil, earth.
Ereignis, -fe, *n.* event, happening, circumstance.
ererben, inherit.
erfahren, experience, learn, hear.
Erfahrung, f. experience.
erfaffen, grasp, seize.
Erfolg, *m.* result, success.
erfolgt; fpäter —en, subsequent, 115 : 21.
erfrieren, freeze.
erfüllen, fill, fulfil.
Erfüllung, f. fulfilment; in — gehen, be fulfilled.
ergeben, fich — in, resign oneself to, yield to; ihm —, devoted to him, 149 : 25.
ergebenft, very respectfully (*in letters*).
Ergebung, f. resignation.
ergehen, go, foll es ihm fchlecht —, he shall fare ill, 166 : 28; über fich — zu laffen, suffer to be tried on him, 123 : 12.
ergießen, shed; fich —, pour, pour out.
erglänzen, gleam.
erglimmen, shine, gleam, glitter.
erglühen, glow.
ergreifen, seize, catch.
erhalten, receive, obtain.
erhafchen, seize.
erheben, raise, receive (*a bequest*); fich —, rise.

Erhebung, f. rising, revolt; *pl.* investigation, 117 : 15.
erhellen, brighten, light up.
erhitzt, heated.
erhoben, uplifted.
erhoffen, anticipate.
Erhöhung, f. raised place.
erholen, fich, recover.
Erholung, f. refreshment.
erhören, hear, grant.
erinnern, remind.
Erinnerung, f. recollection, reminiscence.
erkältend, cooling, quieting.
erkämpfen, win; — dürfte, might hope to win, 100 : 21.
erkennen, recognize.
erklammen, grow stiff.
erklären, declare; fich —, understand.
erklimmen, climb, scale, ascend.
erklingen, sound, be heard.
Erkundigung, f. information.
erlangen, attain.
erlauben, permit.
Erlaubnis, -fe, f. permission; mit —, by your leave.
erläuchtet, illuminated.
Erläuterung, f. explanation.
erleben, experience, survive.
Erlen=bufch, =e, *m.* alder bush; =gezweig, alder branches.
erlernen, learn.
erlöfchen, grow dim, go out (*fire or light*); erlofchen, extinguished, dimmed.
Erlöfung, f. release.
ermahnen, caution.

Ermordet=er, murdered man.
ermuntern, encourage, urge.
ermutigen, encourage.
ernennen, nominate, appoint.
erneuern, renew, replace.
ernst, earnest; es ihm — damit war, he was in earnest about it, 107 : 21.
Ernte, f. harvest.
ernten, harvest, reap, receive.
ernüchternd, composing, calming.
erobern, conquer.
eröffnen, disclose, declare.
erraten, guess, anticipate.
erregen, excite.
Erregung, f. excitement, emotion.
erreichbar, attainable, to be had.
erreichen, reach.
erretten, save.
Errichtung, f. establishment.
erringen, conquer, win (by struggle).
erschallen, arise (sound), ring out, be audible.
erschauern, quiver.
erscheinen, seem, appear.
Erscheinung, f. appearance.
erschießen, shoot.
erschlaffen, relax, grow weak or faint.
erschöpft, exhausted, worn out.
erschrecken, be frightened, start; =d, startled, with a start; er= schrocken, startled.
erschüttern, shake, agitate, weaken.

erschwindeln, get by trickery.
ersetzen, supply, serve as substitute for.
ersinnen, conceive.
ersparren, spare.
erst, first, only; — jetzt, not till now; fragte —, 85 : 22, stopped to ask; das —e beste, the handiest; =ens, in the first place.
erstarren, grow rigid; =d, numbing, 128 : 26.
erstaunen, astonish.
ersticken, stifle, drown.
erstrecken, extend.
erteilen, grant, confer.
ertönen, ring out, be heard, 114 : 5.
ertragen, bear.
Ertrinkend=er, drowning man.
erwachen, awaken, awake.
erwarten, expect.
Erwartung, f. expectation; in —, expectantly; =svoll, expectant.
erwecken, awaken.
erweisen, show.
erwerben, win, get.
erwidern or erwiedern, answer.
erwischen, catch.
erwürgen, strangle.
erzählen, tell.
erziehen, train, bring up.
Erzieh=er, —, m. educator; =ung, f. education.
erzielen, attain.
erzittern, tremble.
erzeugen, beget.

erzwingen, enforce, secure (by compulsion), 56 : 21.
essen, eat.
Essen, n. meal; =enstunde, mealtime; =tisch, dining table.
etlich, a few; a certain, 87 : 11; considerable, 35 : 9.
etwa, about, perhaps (*in surprised questioning*), 68 : 9.
etwas, something; einem — angehen, be any business of one.
etwelche, some.
Evastochter, ⸗, f. daughter of Eve (*i. e. normal woman*).
eventualiter, or possibly, 162:13.
Ew. = euer, your.
ewig, everlasting, eternal, forever; auf — *or* für —, forever.
Ewigkeit, f. eternity; in alle —, forever.
Exzellenz; die Tante —, Her Excellency, his aunt.
Extraeinnahme, f. extra receipt.

F

Fackel, f. torch.
Faden, ⸗e, m. thread.
fähig, able.
fahl, pale.
Fahnenflüchtig=er, deserter.
fahren, drive, start.
Fahrgelegenheit, f. transportation, chance to travel.
Fahrwasser, n.; gewohntes —, plain sailing, 123 : 4.
Fall, ⸗e, m. case; falls, in case.

Falle, f. trap.
fallen, fall; ins Wort —, interrupt.
fälschen, falsify.
Fälschung, f. false statement, forgery.
falten, fold.
faltenfrei, unwrinkled.
Familien=archiv, -e, n. family archives; =ähnlichkeit, family resemblance.
Fangball, ⸗e, m. catch-ball.
fangen, catch, capture, make captive; ge— nehmen, take prisoner.
Farbe, f. color.
farbig, colored.
Faß, ⸗er, n. cask, keg.
Fassade, f. façade, front.
fassen, seize, hold, take, comprehend; sich —, recover self-control; sich ein Herz —, take heart; Posto —, take one's stand.
Fassung, f. order, form, style; hätte meine —, would be my composition, 87 : 2.
fassungslos, puzzled, taken aback, 19 : 9.
fast, almost.
Faust, ⸗e, f. fist, hand; =schlag, blow of the fist.
Federbett, -en, n. feather bed.
fehlen, lack, be missing, fail; an einem —, do amiss to one; fehlt dir nichts, do you lack anything; sie fehlte ihm, he missed her.

feierlich, solemn.
feiern, celebrate.
feige, cowardly.
Feigheit, f. cowardice.
Feind, -e, m. enemy; feindselig, hostile.
Feinsliebchen, n. little darling.
feist, fat, bloated.
Feld, -er, n. field; im —e, with the army; =marschall, field-marshall, =mütze, campaign cap; =zug, campaign.
Felixchen, Felix, dear.
Fels, -en, m. cliff.
Fenster, —, n. window; =brett, window sill; =flügel, window pane; =gerüste, window frame.
fern, adv. and sep. prefix, far, away, distant; — ab, away off; von —e, from afar; — bleiben, abstain from.
Ferne, f. distance.
Ferse, f. heel.
fertig, done. finished; — machen, finish, 184 : 13; — stellen, prepare; =en, make.
Fest, -e, n. festival, celebration; =tag, festal day.
fest, firm, fixed, steadfast; =igen, strengthen; =halten, catch, hold fast, cling to, stand by, 22 : 3, maintain, 160 : 2.
festlich, festal.
Fetze, f. tatter.
Feuer, n. fire; =steinsgewehr, flintlock musket; =werk, fireworks; =werkmachen, making fireworks.

feuern, fire.
Fieber, n. fever; fieberhaft, feverish.
finden, find; sich —, be.
findig, inventive.
finster, dark.
Finsternis, f. darkness.
figieren, fix one's eyes on.
flach, flat.
Fläche, f. surface.
Flachsbund, -e, n. bundle of tow (for kindling).
flackern, flicker.
Flamme, f. flame.
flammen, blaze, gleam, flash.
Flasche, f. bottle.
flattern, flutter.
flechten, weave, plait.
Fleck, -e, m. spot, bit, 135 : 13.
Fledermaus, ⸗e, f. bat.
flehen, pray, beseech; =d, supplicating; Flehen, n. prayer.
Fleisch, n. meat, flesh; fleischig, plump, puffy.
fleißig, diligent.
flicken, darn, mend.
Fliege, f. fly.
fliegen, fly; =d, panting, 101 : 22.
fliehen, flee.
flimmern, flicker.
flink, agile, strong.
Flocke, f. snowflake.
flott, easy, careless.
Fluch, ⸗e, m. curse.
Flucht, f. flight; =gedanke, thought of flight.
flüchtig, quick, hastily, 21 : 27.
Flügelmann, ⸗er, m. file leader.

Fluß, -e, m. river.
flüstern, whisper.
flüten, pour, rush.
Folge, f. result; — leisten, obey.
folgen, follow; —den Tag, tomorrow.
fordern, demand, challenge.
Forderung, f. demand.
forschen, inquire.
Forst, -e, m. forest.
fort, adv. and sep. prefix, away, off, forth; wollt ihr etwa —, are you really going, 68 : 9; =an, from now on; =dauern, =fahren and =setzen, continue; =pflanzen, propagate; =scheren, sich, "get out."
Fort=gang, m. passing away; =gehen, n. departure.
Frage, f. question.
fragen, ask; Fragen, n. questioning.
Franken=kugel, —, m. French bullet; =säbel, —, m. French sabre.
Frankreich, France.
Franz=er or =oser, Frenchman.
französisch, French.
Fratze, f. quip, silly story.
Frau, f. wife, woman; =engestalt, woman's form; =ensperson, sort of a woman, 58 : 9; =enzimmer, minx, girl, 158 : 8.
Fräulein, —, n. Miss, young lady.
frei, free, clear; — lassen, let go; sich — machen, get off; ich bin so —, I take the liberty; =ge=

worden, emancipated; =sich, to be sure, of course; =willig, voluntary, volunteer.
Frei=e, f. and n. open space, open air, freedom; =herr, baron; =heitskampf, War of liberation (in 1813-1814).
Freitag, m. Friday.
fremd, strange, mysterious, unfriendly.
Fremd=er or =ling, stranger.
Freude, f. joy, pleasure; =nfest, festival.
freud=eglänzend, bright with joy; =ig, joyous, happy; =ig=find=lich, with a childlike satisfaction, 143 : 10.
freuen, sich, rejoice.
Freund, -e, m. friend; =schaft, friendship.
freund=lich, friendly; =schaftlich, kindly.
Frevel, —, m. crime, impiety, sin.
Frevler, —, m. criminal.
Friede, -en, m. peace; es ist — geworden, peace has come; =nschluß, conclusion of peace.
fried=ebringend, soothingly; =lich, peaceful.
frieren, or sich —, be cold.
frisch, fresh.
Frist, f. space (of time), interval.
froh, joyous, glad, happy; Froh=gefühl, joyous sense.
fromm, gentle, pious.
Front, f. vor der —, before the front, at parade (military).

Froſt=luft, ⸗e, f. frosty air; ⸗tag,
  ⸗e, frosty day.
fröſteln, shiver.
früh, early, in the morning; —
  geſtorben, died young; ⸗er, before, former.
Früh; in der —e, at dawn; ⸗ling,
  m. spring; ⸗ſtücksmahl, breakfast; ⸗ſtücstiſch, breakfast
  table.
Fuchs=eiſen, n. or ⸗falle, f. fox
  trap.
Fuge, f. setting, joint.
Fügung, f. special providence,
  163 : 9.
fühlen, feel.
führen, guide, lead, conduct,
  carry on, maintain, bear, use,
  166 : 8; zum Hofe —, open on
  the courtyard; Klage —, make
  an accusation.
Führer, —, m. guide, leader.
führerlos, without a leader.
Führung, f. leading, bearing,
  taking, 106 : 20.
Fülle, f. abundance.
füllen, fill, cover.
fünfjährig, for five years.
funkeln, sparkle.
für, for.
Furcht, f. fear.
furcht=bar, awful, dreadful;
  ⸗ſam, timid, frightened.
fürchten, dread; ſich —, fear, be
  afraid.
fürchterlich, dreadful.
fürder, further, from this or
  that time on.

Furienheer, n. host of furies.
Fürſorge, f. care.
füſilieren, shoot.
Fuß, ⸗e, m. foot; zu —e, afoot;
  ⸗angel, foot-trap; ⸗breit, foot's
  breadth, "inch", 75 : 9; ⸗ende,
  foot; ⸗geſtell, lower part (of a
  statue); ⸗ſpur, foot-track;
  ⸗tapf, footstep.

G

Gabe, f. gift.
gackern, cackle.
gaffen, stare, gawk.
Gaffend=er, starer, gaper.
gähren, ferment.
Galerie, f. collection, 32 : 17.
Gang, ⸗e, m. walk, trip, journey, progress, passage, gait,
  burial, 60 : 18; letzter —, way
  to execution, 192 : 21.
Gänſekiel, ⸗e, m. goose-quill
  (pen).
ganz, whole, complete, full,
  quite, utterly; — und gar, absolutely.
gar, even, perhaps, at all, quite,
  very.
Garten, —, m. garden; ⸗haus,
  summer house; ⸗pforte, garden gate; ⸗zaun, garden hedge.
Gärtnerhaus, ⸗er, n. gardener's
  house.
Gaſſe, f. alley, path.
Gäßchen, —, n. alley.
Gaſt, ⸗e, m. guest; ⸗haus or ⸗hof

or =lokal, inn; =stube *or* =zimmer, guest room; =wirt, landlord.
gebannt, spellbound.
Gebärde, *n.* gesture.
gebärden, (sich), behave.
gebären, give birth.
geben, give; es gab, there was.
Geberin, –nen, *f.* giver.
Gebet, –e, *n.* prayer.
Gebiet, *n.* domain.
gebieten, command.
gebieterisch, commanding.
Gebiß, –e, *n.* bridle-bit, mouth (*of a horse*), 153 : 26.
geborsten, cracked.
gebraten, roast.
Gebrauch, –e, *m.* use.
gebrauchen, use.
gebühren, be due, belong.
Geburt, *f.* birth.
Gebüsch, *n.* underbrush, thicket hedge.
Gedanke, –n, *m.* thought, =nbildung, way of thinking.
gedankenlos, thoughtless, absent-minded, 51 : 22.
gedenken, think of, remember, intend, 39 : 10, expect, 144 : 9.
Gedenken, *n.* memory, mind, 54 : 18.
gedrungen, thick-set.
geduckt, crouching.
Geduld, *f.* patience.
geduldig, patient.
geehrt, honored.
geeignet, suited, suitable, proper.

Gefahr, *f.* danger.
gefahr=los, safe; =voll, dangerous.
Gefährte, –n, *m.* companion.
gefallen, please; es euch — lassen, accept that, put up with that, 85 : 1; zum Gefallen tun, do to please, 175 : 8.
Gefallen=er, killed (*in battle*).
gefälligst, if you please.
Gefangen=er, prisoner; =schaft, *f.* captivity.
gefangen, as a prisoner, 175 : 1; — gewesen, been a prisoner, 86 : 2.
Gefängnis, –se, *n.* prison.
gefaßt darauf, prepared for that, resigned, 115 : 10.
Gefecht, –e, *n.* fight.
Gefilde, *n.* fields.
gefroren, frozen.
Gefühl, –e, *n.* feeling.
gefüllt, full, brimming.
gegen, against, toward, about, 58 : 4.
Gegend, *f.* region, district.
gegeneinander, opposite one another.
gegenüber, opposite, face to face with; =stehen, face, oppose.
Gegenwart, *f.* presence.
Gegner, —, *m.* opponent, enemy.
geheim, private, secret.
Geheimnis, –se, *n.* mystery.
geheimnisvoll, mysterious.
gehen, go; zu Ende —, give out; um Leib und Leben zu —, as

though soul and **body were** at stake, 134 : 22.
gehetzt, hunted.
Gehölz, *n.* woods.
gehorchen, obey.
gehören, belong; es gehörte dazu, he needed, 89 : 5.
gehörig, necessary, belonging to, 19 : 15; properly, considerably, very **much.**
gehorsam, obedient.
geiferbesprizt, poison-sprayed.
geiseln, scourge.
Geist, —es, *n.* mind; ihr — ist verstört, **she** is weak-minded.
geistig, spirituous.
geknebelt, gagged.
gekniffen, pinched, **peaked.**
gekränkt, hurt.
Gelächter, *n.* laughter, laugh.
Gelage, *n.* feast.
Geländer, *n.* balustrade, railing.
geländert, balustraded.
gelangen in, attain, reach, **51 : 1.**
gelangweilt, **bored.**
Geläut, *n.* bell-ringing.
gelb, yellow, sallow.
Geld, —es, *n.* money, price, 36 : 3; =ausgeber, free spender; =stück, coin.
geleert, empty.
gelegen, situated; =tlich, occa- [sional.
Gelegenheit, *f.* occasion, chance.
geleiten, accompany.
gellen, yell, shriek; =d, ringing.
geliebt, beloved; Geliebt=er, lover.
gelingen, succeed; es gelang

Ihnen, you succeeded; **Gelingen,** *n.* success.
Gelock, *n.* hair.
gelöst, limp.
gelten, be worth, be equivalent to, be important to, be meant **for, be** question of, apply, 110 : 20; — als, pass for.
Gelüst, *m.* passion.
Gemach, =er, *n.* room.
gemein, common, in common; =sam mit, together with.
Gemeinde, *f.* community, parish, congregation; =bote, town crier.
Gemisch, *n.* mingling.
Gemurmel, *n.* whispering.
Gemüt, —er, *n.* mind, heart; =sart, character.
gen, *see* gegen.
genannt, appointed, 163 : 14.
genau, precise, accurate, just; aufs =este, very carefully.
Gendarm, —en, *m.* gendarm, state policeman.
General=frage, *f.* customary question; =kommando, headquarters; =kommissario, general staff; =kommission, royal commission.
geneigt, disposed.
Genick, *n.* back of the neck; im —, tipped back, 64 : 16.
Genoss, —en, *m.* companion.
genug, enough, plenty of.
Genugtuung, *f.* satisfaction.
Gepäck, *n.* baggage (*military*), 149 : 11.

gerade, just; =denkend, blunt, 82 : 24.
Geranke, n. tangle.
Gerät, -e, n. stuff, things; pl. tools, 58 : 22.
geraten, fall, get, happen to be; in Sorge —, grow anxious; in Wanken —, begin to waver; in sittliche Entrüstung —, assume a virtuous indignation.
geraume Zeit, a long time.
Geräusch, -e, n. rustling.
geräuschlos, noiseless.
Gerechtigkeit, f. justice.
gereichen zur Schande, be a disgrace to.
gereizt, cross, vexed.
Gereiztheit, f. sensitiveness.
Gericht, -en, n. court, jurisdiction.
gering, small.
gerinnen, curdle.
Gerippe, n. skeleton.
gern or gerne, willingly.
gerötet, flushed.
Gerücht, -e, n. rumor, report.
geruhen, deign.
Gerüst, n. framework.
gerüstet zu, ready for.
gesamt, entire.
geschehen, happen, be done, 127 : 4; des Geschehenen, of the facts, 114 : 12.
Geschenk, -e, n. gift.
Geschichte, f. story, history, affair, business.
Geschlecht, -er, n. race, family.

geschmeichelt, complacent, flattered.
geschmeidig, supple.
Geschöpf, -e, n. creature, creation.
Geschrei, n. screams, yelling.
geschwungen, arched.
gesegnet, blessed, happy.
Gesell, -en, m. fellow; =schaft, society, company.
Gesetz, -e, n. law.
Gesicht, -er, n. face.
Gesindel, n. body of serfs, 15 : 6; mob, 53 : 7.
gesonnen, disposed.
gespannt, attentive.
Gespensterfurcht, f. fear of ghosts.
Gespräch, -e, n. conversation.
gespreizt, spread, widespread.
Gestade, n. shore.
Gestalt, f. figure.
gestalten, take shape.
gestehen, confess, admit.
Gestell, -e, n. stand.
gestellen, furnish, 156 : 9; sich —, appear, present oneself; gestellt, situated.
gestellungspflichtig, summonable (*for military service*).
gestern, yesterday.
gestimmt, disposed.
gestört, interrupted.
Gesträuch, n. shrubbery.
Gestreng=er, stern ruler.
Gestrüpp, n. brambles.
Getöse, n. tumult.
Getränk, -e, n. drink.

getrauen, sich, trust oneself, be sure of one's ability.
Getreidehändler, —, m. grain dealer.
Getue, n. performance.
geviert, square.
Gewähr, –en, f. guaranty.
gewahr, aware.
gewahren, notice.
Gewalt, –en, f. power, force; =tat, deed of violence.
gewalt=ig, mighty; =sam, violent, powerful.
gewärtig, waiting, ready, expectant of.
Gewebe, n. web.
Gewehr, –e, n. gun.
gewinnen, gain, win.
gewiß, surely, certainly; =ermaßen, to some extent; =lich, surely.
Gewissen, n. conscience.
Gewohnheit, f. habit.
gewöhnen, sich an, accustom oneself to; gewöhnt an, used to, accustomed to.
gewöhnlich, usual.
gewohnt, familiar, used to.
Gewölbe, —, n. vault.
gewühlt, disordered, in disorder.
Gewürm, n. serpent.
gezahnt, notched.
geziemen, sich, be becoming.
Gezweig, n. branches, twigs.
gezwungen, forced.
Gibraltar, a fortress.
Giebel, —, m. gable; =fenster,

attic window; =zimmer, attic room.
gierig, eager.
gießen, pour, cast.
Gift, –e, n. poison; =stachel, sting.
giftig, poisonous, malignant; =scheu, timidly malignant.
Gilde, f. gild, association.
Glanz, m. lustre, splendor, brightness.
glanzlos, vacant, lustreless.
glänzen, shine, =d, brilliant.
Glas=haus, –er, n. hothouse; =tür, glazed door; =wand, glazed wall.
glatt, smooth; =rasiert, smooth shaven.
Glaube, –n, m. faith, belief.
glauben, believe, suppose, account genuine, 164 : 14; gar nicht zu —, incredible.
gläubig, trusting, confiding.
gleich, smooth, like, same, soon, immediately, hastily; das Gleiche, the same; ein Gleiches, a similar one; zu —er Zeit, together; =erweise, in the same way; =falls, also; =sam, as it were; =zeitig, at the same time.
Gleich=gewicht, n. balance; =mut, indifference.
gleichen, be like.
gleiten, glide, slip.
Glied, –er, n. limb, member, link, ranks, 152 : 21; Reih und —, rank and file.

glimmen, glow.
glitzernd, glistening.
Glocke, f. bell; =nflang, peal of bells; =nstrang, bell rope.
glorreich, glorious.
Glück, n. good fortune, happiness, luck.
glücklich, fortunate, happy; =erweise, fortunately.
glühen, glow; =d, glowing, ruddy, flashing, 119 : 5.
Glut, f. glow, flush; **glutrot,** burning red.
Gnade, f. favor, grace, mercy.
gnaden, have mercy on (gen.).
gnädig, gracious, condescending.
goldplattiert, gold plated.
gönnen, grant.
Gott, =er, m. God; **gotteslästerlich,** blasphemous.
Göttin, –nen, f. goddess.
Gouvernante, f. governess.
Grab, =er, n. grave; =gewölbe, vault; =hügel, grave mound; =scheit, spade.
Graben, =, m. trench; =enrand, roadside.
graben, dig; sich —, bury oneself.
Gräber=reihe, f. row of graves; =stimme, funereal voice.
Gram, m. sorrow, grief.
gräßlich, horrible.
gratulieren (zu), congratulate (on).
grau, gray; =enden Morgens, morning twilight; =lich, timid.
grauen, dread; =voll, horrible.

Grauen, n. aversion, horror.
grausam, cruel.
Grausamkeit, f. cruelty.
grausig, horrible.
greifen, clutch, reach (after).
greinen, whimper.
Greise, –n, m. old man.
grell, shrill, harsh, sharp; =farben, in vivid color; =tönend, harsh.
Grenze, f. border; **Grenzbestimmung,** f. fixing of boundaries.
Griff, =e, m. grip, reaching, 42 : 21.
grimmig, angry, fierce, grim.
grinsen, grin.
Groll, m. anger.
grollen, grumble, mutter.
groß, great, surprised, 100 : 26.
Groß=tante, great-aunt; =vater, grandfather.
Größe, f. size.
Grube, f. excavation, grave.
Gruft, =e, f. grave, tomb.
gruftschänderisch, tomb desecrating.
grün, green; =beschirmt, green-shaded; =gestrichen, painted green; =lich, greenish.
Grund, =e, m. land, bottom, reason, excuse; — und Boden, estate, 72 : 2; in — und Boden hinein loben, praise to death, 6 : 24; auf —, by reason of; zu —e gehen, perish; =ung, establishment.
Gruß, =e, m. greeting.
grüßen, greet, salute.

GLOSSARY

gut, good, well; **=mutig,** good humored, ingratiating; **=willig,** willingly, gladly.
Gut, **=er,** *n.* estate, property; **=herr,** baron.
Güte, *f.* kindness.
gütig, kind; **=st,** kindly.
gucken, peer, glance.
Gunst, *f.* favor, advantage, profit.
günstig, favorable.
Gurgel, *f.* throat.
gurgelnd, hiccoughing.
Gurt, –e, *m.* strap.
Gymnasium, *n.* high school.

H

Haar, *n.* hair; **=wald,** bush of hair.
Hab und Gut, possessions.
hacken, cut.
hadern, find fault.
haften, cling; sich — für, be answerable for.
Hahn, =e, *m.* cock; — spannen, cock (*a gun*); mit gespanntem —e, cocked (*of a gun*).
Haken, —, *m.* catch, splintering, 184 : 4.
halb, half; **=betrunken** *or* **=trunken,** half drunk; **=erloschen,** half effaced; **=gesenkt,** half shut; **=tot,** half dead; **=wegs,** halfway; **=widerwillig,** rather reluctant.
Halbkreis, –e, *m.* half circle.

Halftertasche, *f.* saddle pocket.
hallen, resound.
Halm, –e, *m.* straw.
Hals, =e, *m.* neck; **halsbrechend,** dangerous, venturesome.
Halt, *m.* hold.
halten, hold; an sich —, control oneself; zu ihm —, stand by him; Haus —, keep house.
Haltung, *f.* bearing, attitude, control, 143 : 7.
Hammel, =, *m.* sheep.
Hand, =e, *f.* hand; **=gelenk,** wrist; **=lungsweise,** conduct; **=schlag,** clasp of the hand, shaking hands; **=schrift,** handwriting; **=werk,** trade, business; **=werker,** artisan; **=werksbursch,** journeyman, apprentice.
Händedruck, –e, *m.* clasp of hands.
händeringend, wringing (his) hands.
handeln, bargain, act; es handelt sich um, the question is about, 130 : 25; um was es sich handelte bei, what was the purpose of, 112 : 23; um wen handelt es, whom does it concern, 53 : 12.
handgerecht, handy, ready to one's hand.
hangen, hang.
hängen, hang. [work.
Hantierung, *f.* employment,
harren, *with gen. and* auf, wait, await.

Harrend-er, expectant one.
hart, firm, stern, heavily, 134 : 24.
Haß, *m.* hate.
hassen, hate.
häßlich, hateful, 'horrid'.
hastig, quick.
Hauch, *m.* breath.
hauen, strike.
Haufe, –n, *m.* crowd; über den —n, aside, away (*contemptuously*).
häufen, heap, pile.
häufig, often.
Häuflein, —, *n.* little group, bunch.
Haupt, -er, *n.* head; **=heer,** main army.
Haus, -er, *n.* house, inn, family; — und Hof, home and work, 164 : 10; zu —e, at home; **=flur,** vestibule, entry; **=herr,** landlord; **=tür,** house door; **=wesen,** household.
Häuschen, —, *n.* cottage.
hausen, dwell, live; sich —, dwell, make oneself at home.
Haut, -e, *f.* skin. [swell.
heben, lift, raise; sich —, rise,
Heer, -e, *n.* army; **=haufe,** body of men; **=ruf,** call to arms.
heften, sich, be fixed on.
heftig, violent, fierce, emphatically, 30 : 26.
Heide, *a village,* Heath; **=dorf,** Heath; **=john,** Heath boy.
Heil, *n.* safety, salvation.
Heiland, *m.* savior.

heil=bringend, saving; **=ig,** holy.
heim, *adv. and sep. prefix,* home, back, **=geblieben=er,** stay at home; **=lich,** domestic, secret, hidden.
Heimat, *f.* home; in die —, home; **=gefühl,** feeling of home.
Heimweg, –e, *m.* way home, way back.
heischen, demand.
heiser, hoarse.
heiß, hot.
heißen, be called, mean, say, bid, command.
Held, -en, *m.* hero.
helfen, help.
Helfer, —, *m.* helper.
hell, bright, shrill, loud.
Helle, *f.* brightness.
Hemd, –e, *n.* shirt, chemise.
hemmen, hinder, block.
her, *adv. and sep. prefix,* hither, here, since then, along; in . . . —, along in; von . . . —, out from, since; vor . . . —, along before; wo . . . —, whence; hinter ihr **=blickend,** watching her as she went; **=geben,** cede, permit the use of; **=geben,** sich, lend oneself; **vor** . . . **=gehen,** precede.
herab, *adv. and sep. prefix,* down; von . . . —, down from; **=lassen,** condescend.
heran, *adv. and sep. prefix,* up, upon, up toward (*dat.*); **=dämmern,** dawn; **=wagen an,** venture to touch.

Herandringend=er, assailant.
herauf, *adv. and sep. prefix*, up, upon; =beschwören, bring on oneself.
heraus, *adv. and sep. prefix*, out; aus ... —, from out of; =bil=den, develop; =fordern, challenge; =lesen, discern.
Herausforderung, *f.* challenge.
herb, bitter.
herbei, *adv. and sep. prefix*, up, up here, hither.
Herbst, *m.* autumn; =schnee, autumn snow.
Herd, -e, *m.* hearth; =feuer, hearth (fire).
Herde, -n, *f.* herd.
herein, *adv. and sep. prefix*, in; =brechend, impending; =pol=tern, come noisily in.
hernieder, *adv. and sep. prefix*, down.
Herr, -en, *m.* master, gentleman, Sir; *sometimes untranslated;* — werden, master; großer —, fine gentleman; hohen —en, authorities; =en=sohn, son of the master; =en=stübchen, little inn parlor; =schaft, estate.
herrenlos geworden, left without a master.
herrlich, noble, generous, commanding.
herrschen, rule.
herüber, *adv. and sep. prefix*, over.
herum, *adv. and sep. prefix*, around; um sie — sein, be attentive to her; =laufen, run loose; =treiben, sich, roam around.
herunter, *adv. and sep. prefix*, down; =gerissen, disordered, half-buttoned.
hervor, *adv. and sep. prefix*, out, forward; aus ... —, out from; unter ... —, out from under; =bringen, utter; =rufen, evoke; =stoßen, exclaim; =tauchen, emerge.
Herz, -en, *n.* heart; übers — brin=gen, persuade oneself; =eleid, deep sorrow; =ensaffaire, love affairs; =schlag, heart beat; =stechen, pain in the side.
herzbedrückend, oppressive; =er Traum, nightmare.
herzlich, heartily.
herzu, up, near.
Hetzen, *n.* instigation; =der, instigator.
heulen, howl.
heut=e, to-day; =ig, present.
hexenhaft, uncanny.
Hexenkessel, *m.* witch's cauldron.
hie und da, here and there.
hieher, *see* hierher.
hier, *adv. and sep. prefix*, here; =auf, on this point; =bleiben, remain, stand one's ground; =durch, herewith, by this; =für, for this; =her, hither, here; gerade =her, to just this place; =mit, by this, thereby, therewith.

Hilfe, *f.* help.
hilf=ſuchend, seeking help; =los, helpless; =reich, helpful.
Himmel, *m.* heaven; =ſtürmer, heaven stormer, Titan, 'young blade'.
himmelhoch, high as heaven.
himmliſch, heavenly, divine.
hin, *adv. and sep. prefix,* up, up toward, over, over toward, in, along, off, away; — und her, this way and that; auf ... —, as a result of; 40 : 2; für mich —, by myself, 79 : 20; gegen ... —, along toward; nach allen Seiten —, in every direction; vor ſich —, to himself; zu ... —, over, toward; =bringen, pass (*time*); =geworfen, uttered, 143 : 10; =gucken, peek; =halten, put off, 158 : 16; =horchen, listen (*intently*); =ſchallen, echo, resound; =ſetzen, put before, 80 : 16; =ſtarren, stare; =ſtellen, place, represent, 176 : 25; =wollen, be driving at, 82 : 23, want to go, 167 : 21.
hinab, *adv. and sep. prefix,* down; =rollende Erde, earth as it fell, 188 : 7.
hinan, *adv. and sep. prefix,* up, up toward.
hinauf, *adv. and sep. prefix,* up, upon (it); =grüßen, send up a salute; =ſteigen, rise.
hinaus, *adv. and sep. prefix,* out, out there, away, afterwards;

— zu, out by; über ... —, out over, all over; =ragen, project; =ſchreien, proclaim; =ſtehlen, ſich, slink off; =weiſen, point the way out.
hindurch, through, during.
hinein, *adv. and sep. prefix,* in, into; in ſich —, to oneself; in ... —, over into; =gefügt, forged into, 185 : 16; =graben, fasten in, 76 : 4; =graben, ſich, bury oneself, =greifen, strike into, 66 : 27; =ragen, project; =ſchreiten, enter; =werfen, ſich in, mingle with.
hinnen; von —, away.
hinten, behind; von — her, up from behind.
hinter, *adj. and adv.* rear, behind, beyond; — ... her, along behind; — ... hervor, out from behind; =drein, along behind; =her, afterwards; =rücks, in the back, from behind.
Hinter=blieben=er, one left behind, survivor; =halt, ambush; =kopf, back of the head; =mann, man behind; =ſeite, rear(side); =tür, back door; =zimmer, back room.
hinüber, *adv. and sep. prefix,* over; =können, be able to get over, 145 : 19; =ſchielen, look askance at.
hinunter, down, go down, 163 : 16; =fahren, sail down, 97 : 23; =freſſen, consume, gnaw, 165 :

24; =neigen, slope down; =neigen, sich, bend down; =scharren, push down, 77 : 12; =würgen, force down, 92 : 1.

hinweg, *adv. and sep. prefix*, away, off, away over; über ... —, beyond; =schauen dar= über, overlook, 116 : 22.

hinzu, *sep. prefix;* =fügen, add; =setzen, add.

Hirn, *n.* brain.

hitzig, excitable.

Hobel, —, *m.* plane.

hobelnd, with a planing motion.

hoch, hoh=, high; höchst, direst, 67 : 1; hohen Herren, authorities, government, 85 : 20; einen — leben zu lassen, to drink the health of one; =aufgerich= tet, drawn up to full height; =gezogen, drawn up erect; =stehend, near the zenith, 186 : 5; =weis und hochedel, learned and honorable (*in official address*), 86 : 22.

Hochgeboren *or* Hochwohlgeboren, Right Honorable (*in official address*), Your Honor!

Hof, *m.* court, courtyard, farm, servant's quarters, 130 : 27.

hoffen, hope; =tlich, it is to be hoped.

Hoffnung, *f.* hope.

Höflichkeit, *f.* courtesy.

Höhe, *f.* height; in die —, up, 84 : 26.

hohl, hollow.

Höhle, *f.* cavern.

Hohn, *m.* scorn, mockery; =ge= lächter, mocking laugh.

höhnisch, scornful.

holdselig, gracious.

holen, get; aus dem Schlafe —, rouse

Hölle, *f.* hell.

Holz, -e, *n.* wood; =stapel, piece of wood, beam, 184 : 2.

holzig, corky, 14 : 26.

hölzern, wooden.

Honig, *m.* honey.

Honoratorienzimmer, *n.* special guest room.

Hopp! get up!

Horde, *f.* horde, mob.

hören, hear.

hüben und drüben, on this side and that.

hübsch, pretty, quietly, nicely.

Huf, -e, *m.* hoof.

Hügel, —, *m.* hill, hillock, mound; =kamm, top (*of a grave*).

Huhn, =er, *n.* hen.

hüllen, hide, veil.

Humushaufe, *m.* soil-heap.

Hund, -e, *m.* dog.

hundert=fältig, hundredfold; =mal, hundred times.

hündisch, dog-like.

hungern, sich, fast; sich tot —, starve; 'n bißchen gehörig hab' ich — müssen, I had to suffer a good bit for lack of food.

Hurrageschrei, *n.* shout of assent.

huschen, glide, creep.

Hut, -e, m. hat.
hüten, sich, take care (not to), 168 : 2.
Hütte, f. hut, hovel.
Hyäne, f. hyena.

J

identisch, identical.
immer, always; wie —, as usual; — noch, still; mochte er =hin, even though he might, 182:21.
in, in, on, at, to.
inbrünstig, fervently.
indem, while, by means of this, that, 89 : 7.
ineinander, on one another, together.
Ingrimm, m. anger.
Inhalt, m. contents.
inmitten, in the midst of.
inne, sep. prefix, in; =halten, restrain, stop, rein in (a horse).
Innere, n. inside, interior; Innerste, depths, 163 : 18.
innig, hearty, intimate.
Innigkeit, f. sincerity.
Insass=er, passenger, 58 : 6, inhabitant, 116 : 7.
insbesondere, especially.
Insel, f. island.
inzwischen, meantime, in the interval.
irden, earthen ware.
irdisch, earthly.
irgend, any, at all; — ein, any; nur —, in any way, for any purpose; =wo, somewhere, anywhere.
irren, wander.
Irrtum, -er, m. error.

J

ja, yes, of course, really. *Intensive particle often to be rendered only by accent.*
Jacke, f. jacket.
Jagd, f. hunt; die wilde —, the Wild Huntsman; — auf sie gemacht, chased her, 101 : 25; =flinte, hunting gun.
jagen, drive.
Jäger, —, m. hunter, mounted infantryman; =rod, uniform.
jäh, steep, sudden; =lings, suddenly.
Jahr, -e, n. year; =zehnt, decade.
Jalousi'en, pl. blinds.
Jammer, m. wretchedness, misery; =geschrei, cry of terror; =schade, a sin and shame.
jämmerlich, dreadful, pitiable.
Januarnacht, f. January night.
je, the (more); =her, long ago; =glich, each; =mals, ever; =mand, somebody.
jed=enfalls, in any case; ein =er, everyone; =ermann, every man, everybody; =esmal, every time, each time.
jenseit, on the other side of; =ig, opposite; Jenseits, the world beyond; see Diesseits.

GLOSSARY

jetzt, now.
johlen, shout.
Jubel, *m.* celebration; =geschrei, shout of glee.
jubeln, shout for joy.
jücken, itch.
Jugend, *f.* youth; =freund, friend of one's youth; =gespiele, –n, playmate; =torheit, youthful folly; =zeit, days of our youth.
jung, young; jüngst, youngest, recently, just.
Jung=chen, —, *n.* boy; =en *and* =ens, *pl.* 'fellows'; =frau, maiden, Virgin; =fräulein, little maid.
Jüngferchen, *n.* slip of a girl.
Junker, —, *m.* squire.
just, just (then), 1 : 19.

K

Kaffee, *m.* coffee; =kanne, coffee pot.
Käfig, –e, *m.* cage.
Kalk, *m.* whitewash.
kalt, cold.
Kamerad, –en, *m.* comrade.
Kamm, ⸚e, *m.* comb.
kämmen, comb.
Kämmerlein, *n.* chamber.
Kampf, ⸚e, *m.* battle, struggle; =gewühl, tumult of battle.
kämpfen, fight.
Kämpfend=er, fighter.
Kanalanlage, *f.* canal construction.

Kaninchen, *n.* rabbit.
Kante, *f.* edge, corner, rim, 30 : 4.
Kanzler, —, *m.* chancellor.
Kapelle, *f.* chapel.
Kasse, *f.* cash box.
Kasten, —, *m.* chest, box.
Kästchen, *n.* little box.
katzenbuckelnd, cringing.
kauen, chew.
kauern, crouch.
Kaufmann, ⸚er *or* =leute, *m.* dealer, merchant.
kaum, hardly.
Kavaleriesäbel, *m.* cavalry sabre.
Kehle, *f.* throat.
kehren, turn; Kehrt! about face!
Kelch, –e, *m.* cup, calyx.
Keller, —, *m.* cellar; =gewölbe, cellar vault.
kennen, know.
Kenntnis, –se, *f.* knowledge.
Kerl, –e, *m.* fellow.
Kern, –e, *m.* kernel.
Kette, *f.* chain.
kettenbeladen, fettered.
Keule, *f.* club.
keusch, chaste.
keuschen, pant.
Kienspan, ⸚e, *m.* pine chips.
Kies, *m.* gravel; =haufe, gravel heap.
Kieselsteinchen, *n.* little pebble.
Kind, –er, *n.* child; =erfaust, child's fist; =espflicht, filial duty; =heit, childhood; =heits=sonne, sun of childhood.

finderlos, childless.
Kinn, -e, n. chin; =backe, jaw.
Kirche, church; =nbuch der Gemeinde, parish register; =ntür or =ntüre, church door; =nzeit, church time.
Kirchhof, churchyard, cemetery; =spforte, churchyard gate; =wall, churchyard bank; =zaun, churchyard hedge.
Kirchplatz, m. square in front of the church.
Kissen, —, m. pillow.
Kiste, f. chest.
klaffen, yawn.
Klage, f. lament, accusation; =laut, cry of pain.
klagen, lament, accuse, bring accusation.
Kläger, —, m. accuser.
kläglich, lamentable, pitiable.
Klammer, f. clamp.
klammern, cling.
Klappe, f. cuff, blow.
klappern, rattle.
Klang, ⸗e, m. sound, accent.
klangen, sound.
klar, clear; sich — sein or sich dessen — werden, realize it; ins Klare kommen, have an understanding.
Klarheit, f. clear vision, 129: 13.
Klause, f. private study, office.
Klausel, f. clause.
klebrig, shiny.
Kleid, -er, n. dress, clothing, piece of clothing; =falte, gather, dress plait.
klein, little, small, petty.
Kleinigkeit, f. trifle.
klettern, climb.
klimmen, climb.
klingen, sound, ring out; =b, resounding; Klingen, n. clattering, 61 : 23.
klirren, clank, creak, whir.
klopfen, beat.
Klotz, ⸗e, m. clod.
Knabe, -n, m. boy; =nangst, boyish fear.
knabenhaft, boyish.
knacken, click, crackle.
Knall, -e, m. crack, sharp report.
knallen, crack (of musketry or a whip).
Knebel, —, m. gag; =bart, moustache.
knebeln, fetter.
Knecht, -e, m. servant; =schaft, servitude.
kneifen, nip, pinch, shut.
knicksen, curtsey.
Knie, —, n. knee; in die — sinken, fall to one's knees.
knien, kneel; =b, on one's knees.
Kniff, -e, m. trick; irgend einem —, some device or other, 72 : 21.
knirschen, crackle, rustle, hiss, 26 : 16; rattle, 180 : 8; =b, with a scraping noise, 67 : 10.
Knochenhand, ⸗e, f. bony hand.
knochig, bony.

Knopf, ⸗e, m. button.
Knorren, —, m. gnarled root.
knorrig, knotty, stocky, 13 : 2.
Knoten, —, m. knot; ⸗ſtock,
 knotted stick.
knurren, grumble.
Knüttel, —, m. cudgel.
kochen, cook; ⸗d, panting, 134 : 26.
kohlſchwarz, coal black.
Kohorte, f. brigade, cohort.
Kolbe, f. butt end.
kollern, growl.
Kommando, n. military headquarters, command, word of command.
kommen, come.
Kommiſſion, f. committee.
kompromittierend, compromising.
König, ⸗e, m. king; königlich, royal.
Königsberg, a city, capital of East Prussia.
können, can. be able.
Konſum, m. consumption.
Kopf, ⸗e, m. head, person, 142 : 21; ⸗wunde, wound in the head.
kopfſchütteln, shake one's head.
Korb, ⸗e, m. basket.
Körper, —, m. body.
Korps, m. army corps.
korſiſch, Corsican, i. e. Napoleonic.
koſtbar, precious, expensive.
Koſten, pl. cost.
Kot, m. dirt.

krächzen, croak.
Kraft, ⸗e, f. strength, power;
 pl. strength, 159 : 6; mit allen
 Kräften or nach Kräften, with
 all one's might or strength;
 außer —, no longer valid,
 127 : 14.
kraftlos, weak, faint.
kräftig, strong, hearty.
Kragen, —, m. collar.
Krämer, —, m. grocer.
krampfhaft, convulsive.
kränken, hurt.
Krankenlager, n. sick bed.
Kranz, ⸗e, m. circle, halo.
kratzen, scratch.
Kratzwunde, f. scratch.
kraus, tangled; ⸗köpfig, curlyheaded.
Kraut, ⸗er, n. herb, weed, vegetable.
kreideweiß, white as chalk.
Kreis, ⸗e, m. circle, circuit;
 ⸗ausſchuß, circuit committee;
 ⸗ſtadt, circuit town.
Kreuz, ⸗e, n. cross, crossbar.
kreuzweis, crosswise.
kriechen, creep.
Krieg, ⸗e, m. war; unglücklicher
 —, the defeat at Jena in 1806,
 125 : 24; ⸗sfurie, Fury of war;
 ⸗sgericht, court martial; ⸗s-
 geſchrei, war cry; ⸗sgeſetz, military law; ⸗slärm, tumult of
 war; ⸗sſchauplatz, seat of war.
kriegen, get; kriegt zu packen,
 catches, 131 : 23.
Krieger, —, m. soldier.

kriegerisch, military, warlike.
Krone, f. tree top, 137 : 27.
krönen, crown.
Kronleuchter, m. chandelier.
Kröte, f. toad.
Krug, ⸗e, m. mug, jug.
krummen, sich, twist, turn.
Krummsäbel, m. sabre.
Küche, f. kitchen; ⸗nschrank, kitchen cupboard.
Kugel, f. bullet.
kühl, cool; ⸗en, cool.
kühn, bold.
kummern, trouble.
kund, known; —tun, make known.
Kunde, f. news, message, report.
Kunst, ⸗e, f. art.
kurieren, cure.
kurz, short, curt, in short; ⸗ge⸗ stielt, short-stemmed.
Kuß, ⸗e, m. kiss.
küssen, kiss.
Kuver, see Couvert.

L

Labsal, n. refreshment.
Lache, f. shriek of laughter.
lächeln, smile.
lachen, laugh; Lachen, n. laughter.
lächerlich, laughable, ridiculous.
Lack, m. sealing wax.
laden, load, take, invite.
Ladentisch, ⸗e, m. counter (*in a shop or inn*).

Lager, n. sleeping place, resting place; festen —⸗, solid part, 28 : 22; auf ihrem —, abed.
lahm, lame. [ing.
lähmend, enervating, paralyz⸗
Laken, —, n. sheet.
lallen, stutter, sputter.
Land, ⸗er, n. land, country; *pl.* pieces of real estate, 75 : 7; ⸗esverräter, traitor; ⸗rat, counsellor, local magistrate; ⸗ratsamt, government office; ⸗sfriedensbruch, breach of the peace; ⸗städtchen, country town; ⸗straße, highroad; ⸗tag, diet, legislature; ⸗wirt, agri⸗ culturist.
Landwehr, f. militia, reserves; ⸗angelegenheit, militia bus⸗ iness; ⸗kreuz, militia cross (*for bravery*); ⸗leute, militiamen; ⸗mann, militiaman; ⸗regiment, regiment of militia; ⸗mütze, soldier cap.
lang *or* lange, long; schon —, long ago; eine Sekunde —, for a second; ⸗sam, slowly; ⸗schwei⸗ fig, long-plumed; längst, long ago.
langen, reach.
Lärm, m. noise, bustle.
Lärmen, n. racket; ⸗der, noisy fellow.
lassen, let, leave, make, 71 : 7, cause, 94 : 1.
lässig, indifferent, unconcerned.
Lästermaul, ⸗er, n. slanderous tongue.

GLOSSARY

Laſt, f. burden.
laſten, drag, be heavy.
Latour, *a name*.
Laßenſchurze, f. bib apron.
Lauer, f. watch.
lauern, lie in wait, lurk.
Lauf, m. course, barrel (*of a gun*).
laufen, run, hurry; den falſchen Weg —, go astray.
Laune, f. mood, whim.
Lauſchend=er, listener.
Laut, m. sound.
laut, loud, according to, 73 : 12, mere, very, 97 : 17; =los, noiseless.
lauten, sound, run (*of letters*).
Lebwohl *or* Lebewohl, farewell.
leben, live.
Leben, n. life; es ihm ans — ginge, his life was at stake, 132 : 26; für mein —, on any account, 173 : 11; das — ge= laſſen, given our lives, 155 : 2; — lang (one's) life long; =ende, life's end; =kraft, strength; =kreis, social circle; =smittel, *pl.* provisions; =szei= chen, sign of life.
lebendig, alive
leblos, lifeless, unconscious.
Lebtag, m. in all one's life, lifelong.
Leder, leather; =ſchirm, leather visor; =taſche, pistol case, 26 : 13.
leer, empty; =en, empty.
Leere, f. vacancy.

legen, lay.
lehmig, loamy.
Lehmkrume, f. bit of earth.
Lehne, f. arm (*of a chair*).
lehnen, lean, rest.
Lehr=amt, n. teacher's office; =ling, apprentice; =meiſter, —, teacher.
Lehre, f. in die —, apprenticed.
lehren, teach.
Leib, —er, n. body; es — und Leben galt, it was a matter of life and death, 152 : 11; zu —e rücken, pester, 6 : 5; =einig=er, vassal, slave, 126 : 24.
leibhaftig, bodily, in reality.
Leich *or* Leiche, f. corpse; =en= träger, corpse bearer; =enwa= gen, hearse; =enzug, funeral procession; =nam, corpse.
leichenſchänderiſch, desecrating the dead.
leicht, light, easy, slight; =hin, without comment.
Leid, n. sorrow, harm; es tut mir leid, I am sorry; =enſchaft, passion.
leiden, bear; — an, suffer from; es litt ihn nicht lange, he was not long content, 161 : 14.
leis, leiſe (*adv.*), slight, gentle, soft.
leiſten, furnish, give; Folge —, obey.
leiten, guide, superintend.
Leiter, —, m. leader, guide.
Leiter, f. ladder, wagon rack;

=wagen, wagon with racks, hay cart, 58 : 5.
lenken, guide, direct.
lernen, learn.
lesen, read.
letzt, last.
leuchten, glow, shine; Leuchten, n. glow, gleam, flash; =d, bright, sparkling.
Leuchter, —, m. candlestick.
leugnen, deny.
Leut=e, pl. people; =chen, Dear People!
licht, bright, light; die Lichte, the bright one, the guiding star.
Licht, –er, n. light, consciousness, 25 : 26; pl. eyes; — aufzustecken über, clear up the case of, 86 : 16; =gestalt, radiant form, bright vision; =schimmer, gleam of light; =ung, clearing.
lichten, sich, clear.
Lid, –er, n. eyelid.
lieb, dear, pleasant, 97 : 21; — haben, love, care for; =er, rather, better, 107 : 24; =er sein, prefer to be; lebe am =sten, like best to live, 79 : 20; am =sten, hätte ich, I would have liked best, 133 : 9.
Lieb=e, f. love, affection; =kosung, caress; =lingsnichte, favorite niece.
lieben, love, like.
lieblich, prettily.
Lied, –er, n. song.
liederlich, slovenly.

liefern, furnish.
liegen, lie; 's liegt sich, one can lie, 38 : 4.
Lieutenantspatent, –e, n. lieutenant's commission.
Linie, f. line, outline.
link, left; =s, to the left; Linke, f. left hand.
Linnen, n. linen.
Lippe, f. lip.
lispeln, lisp.
Liste, f. list, roll.
Litanei, f. rigmarole of complaint, jeremiad.
Litau=en, Lithuania; =er, Lithuanian.
litauisch, Lithuanian.
Litze, f. braid.
Lob, n. praise; =gesang, song of praise.
loben, praise.
locken, curl.
Locken=dickicht, n. thicket of hair; =haar, curly hair.
locker, loose; =n, loosen.
Lockung, f. enticement.
Lohn, pay, reward.
lohnen, pay, repay.
lorbeergekrönt, laurel crowned.
Los, –e, n. lot, fortune, 148 : 8.
los, adv. and sep. prefix, away, off, loose; =brechen, break out; =dringen, rush; =gehen, start; =lassen, let go, let loose; =lösen, sich, aus, begin to stand out from; 179 : 15; =sagen, sich, declare oneself free, 103 : 11; =werden, be rid of.

lösen, loosen; sich —, relax, break up.
lottern, stray, lie loose, 89 : 21.
Löwe, -n, m. lion; =nmähne, lion's mane.
Luchsauge, -n, n. lynx eye.
Lücke, f. gap.
Luft, ⸚e, f. air; pl. breezes; sich — machen, relieve itself.
lüften, raise, open, 27 : 23.
Lüge, f. lie.
lügen, lie.
lügnerisch, false.
lungern, lounge, loaf.
Lust, ⸚e, f. joy, desire, wish.
lustig, gay, jolly.
Lustigkeit, f. glee.

M

machen, make; Platz —, give way; sich ans Werk —, set to work; das macht, the reason is, 146 : 3; es macht nichts, it doesn't matter, 178 : 1.
Macht, ⸚e, f. power.
mächtig, strong, huge.
Mädchen, —, n. girl.
Mädel, —, n. girl.
Magd, ⸚e, f. maid, servant.
mager, meagre, thin, hungry, 29 : 7.
Mähne, f. mane, shock of hair, 111 : 26.
mahnen, warn.
Mal, ⸚er, n. time; mit einem — or —e, all at once, instantaneously; mal, just, *often best rendered by accent*; 'mal, *see* einmal.
malen, paint.
Mamsell, f. girl, barmaid.
manch=er, many, many a; =erlei, much, many things; =mal, often.
mangeln, lack.
Mann, ⸚er *or* Leute, m. man, husband; =schaft, force, men, 156 : 9; troops, 149 : 11.
mannshoh, high as a man.
Männlein, n. little man.
Mappe, f. portfolio.
Mär, f. story.
markerschütternd, making the marrow quiver.
Marktplatz, ⸚e, m. marketplace.
Marmont, *a French general*.
Marne, *a river in France*.
marschieren, march.
martern, torture.
März, march.
Masche, f. mesh.
Maß, n. rhythm.
Masse, f. crowd, mass.
matt, dull, lifeless; =gestirnt, pale-starred.
Mauer, f. wall.
Mäulchen, n.; spitzes —, wry face.
mechanisch, mechanically.
Meer, -e, n. ocean.
Mehl, n. flour.
mehr, more, longer; nicht —, no longer; =ere, several.
meiden, avoid.

meineidig, perjured.
meinen, declare, say, mean, 45 : 16.
meinetwillen; um —, on my account, for my sake.
Meinung, *f.* opinion.
meist *or* **meistens,** usually; am meisten, most.
meistern, master.
melden, report, strike (*clock*).
Meldung, *f.* report.
Memel, *a river in the extreme east of Germany.*
Menge, *f.* crowd, mob.
Mensch, –en, *m.* man, human being; — zu werden, to become human, 90 : 16; =enalter, generation; =enknäuel, disorderly throng; =enmenge, crowd; =enpflicht, human duty; =ensohn, human being; =enstimme, human voice; =heit, mankind, people; =lichkeit, human nature; =tum, humanity.
menschlich, human.
merken, observe.
Merkstein, –e, *n.* marker.
merkwürdig, remarkable.
messen, measure.
Messingzeiger, —, *m.* brass hand (*of a clock*).
meucheln, massacre.
Meute, *f.* pack (*of dogs*).
Meuterei, *f.* mutiny.
meutern, mutiny.
Miene, *f.* manner, show, glance, pretense, 86 : 25.
mild, gentle.

Milde, *f.* gentleness, mercy; — üben, be merciful.
militärisch, as a soldier.
mindest=er, least; zum =en, least; =s, at least.
minutenlang, for minutes.
mischen, mix; sich —, mingle, take part.
Missetat, *f.* crime.
mißmutig, vexed.
Mißverständnis, –se, *n.* misunderstanding.
Mist, –e, *m.* dung heap.
mit, *prep., adv., and sep. prefix,* with, along with, along with you, it *or* them; =machen, share in, do with; =teilen, impart; sich —, reveal oneself.
Mitbürger, —, *m.* fellow citizen.
Mitleid, *n.* sympathy.
mitsamt, together with.
Mitschuldig=er, accomplice.
Mittagessen, *n.* dinner.
Mitte, *f.* middle, midst; aus eurer —, from your number.
Mitteilung, *f.* information, communication; — machen, tell.
Mittel, —, *n.* means; mittels, by means of; =chen, device, scheme; =meer, Mediterranean Sea.
mitten in, in the midst of; =durch, right through; — durch= einander, through the middle, across.
Mitternacht, *f.* midnight.
Mitwisserin, *f.* confidante; —

feiner Leiden, sharer of his sorrows.
modernd, decaying.
mögen, may, wish, want.
möglich, possible; fein =ftes, all that he could.
Möglichkeit, f. possibility.
Monat, -e, m. month; monate= lang, for months.
Mond, -e, m. moon; =enlicht or =licht, =enschein or =schein, moonlight.
mond=beglänzt, moonlit; =er= hellt, in the moonlight; =hell, moonlit.
Montierung, f. equipment (military).
moosig, mossy, moss-covered.
Mord, -e, m. murder; =luft, lust of murder; =werkzeug, murderous device.
morden, slay.
Mörder, —, m. murderer.
mörderisch, murderous.
Morgen, —, m. morning, tomorrow; morgens, in the morning; =frühe, early morning; =rot, dawn; =schein, dawn; =schoppen, morning glass; =stunde, morning hour.
morsch, rotten, worm-eaten.
mucken, sulk.
müde, weary, slow, 107 : 12.
Mühe, f. trouble, concern.
müh=elos, without effort; =fam, with effort.
Mund, -e, m. mouth, lips, 24 : 27.

mündig, adult.
Mündung, f. muzzle (of a gun).
munkeln, mutter.
murmeln, mutter, murmur.
murren, grumble, mutter, complain, 6 : 20.
Musikstunde, f. music lesson.
Muskat, m. muscatel wine.
Muße, leisure; mit —, leisurely, quietly.
müssen, must.
Muster, —, n. model, pattern.
Musterung, f. muster (military).
Mut, m. mind, heart, courage; er war zu —e, or es war ihm zu —e, or ihm war zu —e, he felt.
Mutter, —, f. mother.
mütterlich, motherly.
mutter=los, motherless; =feelen= allein, friendless, solitary.
Mütze, f. cap.

N

Na, well!
nach, prep., adv., and sep. prefix, to, toward, at, after, for, according to; — zwei Zeiten hin, doubly; — und —, little by little; — ... zu, over toward, 65 : 17; nächst, next; für den nächsten, immediately, for the moment; nächstens, next time, by and by; Nächst=er, neighbor; =dem, after; =ein= ander, toward one another; =her, afterwards; =folgen, follow; =kommen, follow; =fragen,

inquire; =machen, imitate; es dir — machen, follow your example; =rechnen, reckon up; =sagen, report, say; =schauen nach, look for, 103 : 7; =singen, imitate; =tragen, lay up against; =weisen, show, prove.
nachdenklich, thoughtfully.
Nachhut, f. rear guard.
Nachmittag, -e, m. afternoon; nachmittags, in the afternoon.
Nachrede, f. talk, gossip; üble —, calumny.
Nachricht, f. news, warning; — geben, send word, 140 : 26.
Nacht, -̈e, f. night; nachts, by night, in the night; =lager, bed; =licht, night lamp; zur =zeit, by night.
nächtlich, nightly, by night.
Nacken, —, m. neck.
nackt, naked, bare.
Nadel, f. needle.
Nagel, -̈, m. nail.
nagen, gnaw.
nahe, near; näher ... zu, toward.
Nähe, f. neighborhood; das Nähere, the details.
nahen, come near; Nahend=er, comer; —den Heimat, home he was approaching, 145 : 1.
nähen, sew.
Nährung, f. food, strengthening.
Nähzeug, n. sewing (materials).
Namensunterschrift, f. signature.
nämlich, namely, 'you know'.

Narbe, f. scar.
Näschen, n. little nose.
Nase, f. nose.
naseweis, self-sufficient.
naß, wet.
Naturleben, n. natural life, nature.
natürlich, natural, of course.
'ne = eine.
Nebel, —, m. mist; nebelig, misty.
neben, beside; =einander, side by side.
neckisch, teasing, coquettish.
nehmen, take.
neidisch, envious.
nennen, call, name; es anders —, give it another name.
Nennung, f. naming.
nervig, muscular.
Nest, -er, n. place, 'hole'.
Netz, -e, n. net.
neu, new; aufs —e, anew, again; von —em, again; =belebt, vivified; =gierig, curious.
Neujahrsmorgen, m. New Year's morning.
nicht, not; =s, nothing, no harm; — doch, don't! 172 : 22; =desto=weniger, nevertheless.
Nicht=angehörigkeit, f. lack of connection; =glaubenwollen, refusal to believe; =sein, death, 25 : 27.
nicken, nod.
nie, now.
nieder, adv. and sep. prefix, down; =gebrochen, broken and

trampled, 181 : 14; =hoden,
crouch down, cower; =machen,
shoot down, kill; =schlagen,
cast down; =stürzen, fall;
=zwingen, subdue.
Nieder=lage, f. defeat; =schrift,
f. memorandum.
nieblich, pretty.
niedrig, low.
niemand, no one, none.
nimmer or nimmermehr, never,
not at all.
Nimmerwiedersehen, n.; auf —,
never to return.
nirgends, nowhere.
noch, yet, still, once; weder ...
—, neither ... nor; — fünf,
five more; — immer, still;
=malig, repeated; =mals, once
more.
Nordkap, n. North Cape.
Not, -e, f. distress, peril,
trouble.
notieren, note.
nötig, necessary; — haben, need.
Nötigung, f. imperative neces-
sity, 125 : 10.
Notiz, f. notice.
nu; im Nu, in an instant.
nun, now; =mehr, now at last, at
present.
nur, only.
Nußbaum, -e, m. nut tree.
nützen, help, be of use to.
nutzlos, useless.

O

ob, adv. and sep. prefix, whether,
Yes, indeed! 57 : 19; als —, as
though; einem =liegen, be one's
duty; =walten, exist.
oben, above; — auf, up on.
Oberhand, f. upper hand.
oberst, topmost; zu —, at the
top.
Oberst, -en, m. Colonel.
Obrigkeit, f. government, magistrate, authorities.
Obst, n. fruit.
obwaltend, prevailing, existing.
obwohl, although.
Ofen, -, m. stove; =feuer, stove
fire.
offen, open; =bar, obvious;
=baren, reveal.
öffentlich, open, public.
Öffentlichkeit, f. publicity, public.
Offizier=rock, -e, m. officer's uniform; =abzeichen, officer's
mark (epaulets, etc.).
öffnen or sich —, open.
öfters, frequently, more often.
ohne, without.
ohnmächtig, helpless, impotent;
— werden, faint, swoon.
Ohr, -en, n. ear.
Öllampe, f. oil lamp.
Opfer, —, n. victim, sacrifice.
opfern, sacrifice.
Orden, —, n. order, decoration.
ordentlich, really, thoroughly,
80 : 7.

ordnen, arrange; fich —, fall into line, 59 : 17.
Ordnung, f. order.
ordnungsmäßig, regularly.
Ordonnanz-reiter, —, m. orderly (*military*); =ritt, ride to carry orders, 112 : 9.
Orgelrausch, m. organ swell.
Ort, ⸗er, m. place; =s und Ge⸗ meindetischler, town and parish joiner; =schulze, village magistrate; =svorstand or =s= vorsteher, local public officer, 62 : 12 *and* 149 : 2.
Ost-en, East; =preußen, East Prussia; =wand, east side.
ostpreußisch, East Prussian.

P

Paar, n. pair; paar, few; paar⸗ mal, few times.
Pack, n. rabble, crowd.
packen, catch, seize.
paff, puff!
Pantherkatze, f. panther.
Pappelkrone, f. poplar tree top.
Partie, f. match, game, side.
passen, suit, be becoming.
Peitsche, f. whip; =nhieb, blow of a whip.
peitschen, whip, scourge.
Pelz-besatz, m. fur trimming; =mütze, fur cap.
Perlblume, f. 'pearl flower'.
persönlich, personal.
Pest, f. pestilence; =beule, pock-pustule, plague spot.

Pfad, -e, m. path.
Pfahl, ⸗e, m. post.
Pfarrer, —, m. vicar; =töchter⸗ lein, vicar's little daughter.
Pfarr-fräulein, n. vicar's daughter; =garten, vicarage garden; =haus, vicarage; =herr, vicar; =hof, vicarage; =zaun, vicarage hedge.
pfeifen, whistle.
Pfeiler, —, m. pillar.
Pferd, -e, n. horse.
Pfifferling, -e, m. trifle; keinen — galt, was not worth a snap, 190 : 18.
pflanzen, plant.
pflegen, be wont, be accustomed.
Pflicht, f. duty.
pflücken, pluck.
Pflugschar, f. ploughshare.
Pforte, f. gate.
pfui, alas! shame!
pfuschen, bungle.
Pfoste, f. post.
Pionier, m. pioneer.
platschen, splash.
plätschern, ripple, plash, splash.
platt, flat.
Platz, ⸗e, m. place; auf dem —, on the spot, 148 : 18; — nehmen, sit down.
plötzlich, sudden.
plump, coarse.
plundern, plunder, despoil.
pochen, beat.
Pol, -e, m. Pole.
polnisch, Polish.
Polsterstuhl, ⸗e, m. easy chair.

poltern, bang.
Poffe, f. joke.
Post, f. mail.
Postament, n. base, pedestal.
prächtig, splendid, beautiful, fine.
Prachtsohn, -e, m. fine son (ironical).
Pranger, m. pillory.
praffelnd, crackling.
predigen, preach.
Pregelstrom, m. river Pregel.
preisen, sich, count oneself.
preis=geben, surrender, give over.
Preußen or Preußenland, Prussia; =volk, Prussian people.
Preußer, Prussian man.
preußisch, Prussian.
Priester, —, m. priest.
Primel, f. primrose.
probieren, try.
Protokollführer, —, m. recorder, official reporter.
prozeſſieren, go to law.
prüfen, test.
prügeln, thrash, beat; sich —, quarrel.
Pulsschlag, -e, m. pulse beat, moment.
Pult, -e, n. desk.
Pulverblitz, -e, m. flash of powder.
Purpur=rose, f. purple rose; =schein, purple light or glow.
Putzsucht, f. desire for adornment.

Q

Qual, f. torment.
qualvoll, tormenting.
quälen, torment.
quälerisch, tormenting.
Qualm, m. smoke.
quellen, pour, gush.
quellenmäßig, original, based on original records.
quer, diagonally.
quiekend, squeaky, shrill.

R

Rabatte, f. flowerbed.
Rach=e, f. vengeance; =eengel, avenging angel; =sucht, desire for vengeance.
rächen, avenge.
Rachen, —, m. jaw.
Rächer, —, avenger; =gewerbe, work of vengeance.
Rad, -er, n. wheel.
Radieschen, —, n. radish.
raffen, snatch, filch, gather.
ragen, stretch out, project.
Ramme, f. rammer, beetle.
'ran, see heran.
Rand, -er, m. edge.
Range, -n, m. youngster.
Ränzel, —, n. knapsack.
Rappe, -n, m. black horse.
rasch, quick.
Rascheln, n. rustling.
Rasen, m. turf; =bank, bank of turf; =gras, sod; =platz, lawn, sodded place.

rafend, raging.
rafieren, shave.
Rat, ⸗e, m. counsel; mit sich zu ⸗e gehen, reflect, 17:26; ⸗schlag, advice, counsel.
raten, advise.
ratlos, puzzled.
rätselhaft, puzzling.
rau, rough.
rauben, rob, steal, take away.
Räuber, —, m. robber.
Raub⸗tier, beast of prey; ⸗zug, foray.
rauchen, smoke.
'rauf, see herauf.
Raum, ⸗e, m. room, space.
räumen, clear.
raunen, whisper.
'raus, see heraus.
Rausch, ⸗e, m. intoxication.
rauschend, noisy, hilarious.
räuspern, sich, clear one's throat.
Rechenschaft, f. account, explanation.
rechnen, reckon.
Recht, n. right, justice, law; — sprechen, pass sentence, 185 : 21.
recht, right, true, real, sure; die Rechte, right hand; — haben, be right; einem — sein, suit one; — und ehrlos, outlawed and dishonored.
recken, stretch; sich —, draw oneself erect, 156 : 14, dawdle, 91 : 26.
Rede, f. account, speech, words; — stehen, tell the story, 104 : 9, make one's defence, 55 : 6; mir — stehen, answer my questions, 123 : 15; nicht die — sein, be no question, 176 : 9.
reden, speak, talk; Reden, n. speech.
Redseligkeit, f. talkativeness.
regelmäßig, regular.
regen, sich, stir.
Regiment, ⸗e, n. rule, power.
Regine, a name.
Regung, f. motion, emotion, stirring, quivering.
regungslos, motionless.
Reh, ⸗e, n. deer.
reiben, rub.
reich, rich.
reichen, reach, hand, give; nicht weit —, be short.
Reife, f. maturity; zur — kommen, be definitely made, 56 : 18.
Reifen, n. ripening, maturity.
Reigen, m. dance, succession, 2 : 7.
Reihe, f. row, rank, series; — und Glied, rank and file, 60 : 1.
reihen, sich, join, range itself or themselves.
rein, pure, sheer; die Reine, the pure one; — wie, just as though, 131 : 21.
'rein, see herein.
Reisig, n. twigs.
reißen, tear, break, snatch; an sich —, seize.
reiten, ride; ⸗d, mounted.

Reiterpistole, f. cavalry pistol.
reizen, irritate.
reizvoll, charming.
Remontekommission, f. cavalry-horse commission.
rennen, run.
Rest, -e, m. remnant.
retten, save, rescue; sich — zu, take refuge in.
Retter, —, m. rescuer.
Rettung, f. rescue, safety.
Reverenz, f. humble greeting, 44 : 3.
revidieren, inspect.
Rex, Latin, king.
richten, judge, direct, point, turn; das Wort —, address.
Richter, —, m. or Richterin, -nen, f. judge, arbiter.
richtig, right, correct, of course, 70 : 17; ja —, Oh! I remember, 161 : 26.
Richtmaß, n. yardstick, ruler.
Richtung, f. direction.
Riegel, —, m. bolt, bar.
riegeln, bolt.
Riemen, —, m. strap; =zeug, reins and straps, 153 : 26.
ringen, struggle, wring, twist; sich —, struggle with one another; Ringen, n. contest, struggle.
rings um or ringsum, around.
rinnen, run.
Ritt, -e, m. ride.
Ritter=lichkeit, f. chivalry; =schaft, f. aristocracy, 108 : 27.
rittlings, astride.

Ritz, -e, m. or Ritze, f. break, crack, opening.
Rock, -e, m. coat, skirt, petticoat; =schoß, coat tail.
roh, rough.
Rohrreif, m. hoarfrost.
Rolle, f. rôle, part.
Ronde, f. round, company call (military).
rosig, rosy.
rot, red; — werden, blush; =wangig, red cheeked.
Röte, f. blush.
Rotte, f. file, squad (military), mob.
ruchlos, pitiless, ruthless.
Ruck, -e, m. jerk, 124 : 25; movement, 64 : 27.
Rücken, —, m. back, rear.
Rück=kehr or =kunft, f. return; =meldung, return message; =schlag, rebound; =weg, way back.
rücken, advance; zu Leibe —, pester; mir zu nah auf den Leib zu —, try to touch, 43 : 6.
rückwärts; nach —, backwards.
rudern, row.
rufen, call, shout; Rufen, n. shout.
Ruhe, f. rest, repose, quiet, calm; in —, quietly; =platz or =statt, resting place; =störer, disturber.
ruhen, rest, lie.
ruhig, quiet, calm, without danger, 120 : 2.
Ruhm, m. fame.

rühren, strike, touch; fich —, stir.
rührfam, affecting.
Rührung, f. emotion.
rülpfen, fich, hiccough.
'rum, see herum.
rumpfen, turn up (a nose).
rund, round; =lich, plump; =bau=dig, round bellied.
Runde; in die —, around.
'runter, see herunter.
runzeln, wrinkle; die Braue —, frown.
ruffich, Russian.
rüften, fich, prepare.
Rüftung, f. arming, mobilisation (military).
Rutenftreich, -e, m. blow of a rod.

S

Saal, ⸗e, m. banquet hall, 105 : 1.
Saatkorn, n. grain seed.
Säbel, —, m. sabre; =klinge, sabre blade; =korb, sabre hilt; =fcheide, sabre sheath.
Sache, f. matter, affair, business.
facht, quickly.
fäen, sow.
faftig, juicy.
Säge, f. saw.
fägen, saw.
fagen, say, tell; will —, signifies, 86 : 3.
Sakrifteitür, f. door to the sacristy (the clergy's entrance to the church).
falbungsvoll, unctuous.
falutieren, salute (military).
Salvengeknatter, n. roll of musketry.
fammeln, collect.
Sammetgrund, m. velvet background.
famt, together with.
fanft, gentle, soft.
Sarg, ⸗e, m. coffin.
fatt toben, yell as much as they chose, 86 : 12.
Sattel, ⸗, m. saddle; =tafche, saddle pocket.
Satz, ⸗e, m. leap, sentence.
Satzung, f. institution, dogma, social convention.
fauber, clean, neat, 'fine' (ironical).
faufen, drink, guzzle.
Saum, ⸗e, m. hem.
faufen, crash, smash, rush, whiz.
Schach, m. chess.
Schade, -n, m.; — fein, be a pity.
fchaden, harm; fchadet nichts, does no harm, 161 : 26, never mind, 176 : 26.
fchadenfroh, in malicious glee.
fchaffen, make, provide, procure, put; mit . . . zu — haben, have to do with.
Schall, m. roar.
fchallen, resound, ring out.
fchalten, govern, deal with.
Scham, f. shame.

ſcham=haft, bashful; =voll, timid.

ſchämen, ſich, be ashamed, be humiliated; ſich zu Tode —, die of shame, 171 : 12.

Schande, f. shame; zu — werden, be put to shame; zu —n, shamefully; =nſtück, shameful act.

ſchänden, put to shame, make a mockery of.

Schandfleck, -e, m. blot.

Schank=mamſell, f. barmaid; =raum, =ſtube, =zimmer, barroom; =tiſch, bar; =weſen, bar, business in drink.

Schar, f. multitude, crowd, troop.

ſcharf, sharp, hard, 161 : 10.

ſchärfen, sharpen.

Scharnier, -e, n. hinge.

Schatten, —, m. shadow, shade (*of the dead*).

ſchattengleich, like a shadow.

ſchätzen, esteem, realize.

Schätzung, f. estimate.

ſchaudern, shudder, start in terror.

ſchauen, look, see; um ſich —, look around.

ſchauerlich, dreadful, awe-inspiring.

ſchauern, shudder.

ſchaufeln, shovel.

ſchäumen, foam.

ſchaumbeſpritzt, foam flecked.

Scheide, f. sheath, scabbard.

ſcheiden, part, go away.

Schein, m. light.

ſchein=bar, apparent; =heilig, sanctimonious.

ſcheinen, shine, seem.

Scheitel, —, m. forehead, head, 127 : 3.

ſcheitern, suffer shipwreck.

ſchelten, scold, say in reproof, 96 : 11; call in reproof, 190 : 12.

Schemen, —, m. phantom.

ſchenken, give.

Schenktiſch, m. bar (*at an inn*).

ſcheren, ſich, 'get out'.

ſcherzen, jest.

ſcheu, shy, timid.

Scheu, f. aversion, dread.

ſcheuchen, frighten away, drive away.

ſcheuen, ſich, hesitate, shrink.

Scheuſal, —, m. disgusting spectacle.

ſchicken, send.

Schickſal, -e, n. fate, destiny.

ſchieben, shove, push, move.

ſchielen, look askance.

ſchießen, shoot; in die Höhe —, jump up.

Schießgewehr, -e, n. gun.

Schild, -e, m. shield, signboard, 27 : 5.

ſchildern, indicate.

Schimmer, —, m. sparkling, trace.

ſchimmern, beam, twinkle, shimmer.

Schimpf, -e, m. insult, scorn, disgrace; =wort, insult.

Schirm, -e, m. visor (*of a cap*), lamp shade.
Schlacht, f. battle; =bank, block (*for execution*); =feld, battlefield.
Schlächter, —, m. butcher.
Schlaf, m. sleep; =zimmer, bedroom.
Schläfe, f. temple (*of the head*).
schlafen, sleep; geh —, go to bed!
Schlafen=der, sleeper; =zeit, bedtime.
Schlag, ⸗e, m. blow, apoplexy.
schlagen, strike, hit, beat, fight; Hände vors Gesicht —, cover one's face with one's hands.
Schlange, f. serpent.
schlank, slender.
schlapp, unsteady.
schlau, sly, calculating.
schlecht, bad, ill; Schlechtes, evil, 172 : 14; =erdings, absolutely.
schleichen, slip, slink, creep.
Schleicher, —, m. interloper.
Schleichweg, -e, m. by-path; auf =en, prowling.
Schleier, —, m. veil.
schleifen, sharpen, grind.
schleppen or sich —, drag, trail.
schlesisch, Silesian.
schleudern, fling.
schleunig, quick, speedy.
schlicht, plain, simple, commonplace.
schließen, shut, close, conclude.
schließlich, anyhow, anyway, of course, at last.

schlimm, bad.
Schlingel, —, m. rascal.
schlingen, throw, wrap.
Schloß, ⸗er, n. castle, manor house, lock; =bereich, manorial estate; =insel, manor island; =verwalterin, manor housekeeper, chatelaine.
schlottern, shake.
schluchzen, sob.
Schluß, ⸗e, m. conclusion.
Schlüssel, —, m. key; =loch, keyhole.
Schmach, f. shame, disgrace.
schmächtig, lithe.
schmähen, insult.
schmählich, shameful, inglorious, 137 : 21.
schmal, slender, thin, narrow.
Schmarre, f. scar.
schmeicheln, ingratiate; =d, ingratiatingly, 150 : 15.
schmeißen, strike, stone, 35 : 17.
Schmerz, m. pain.
schmerzlich, painful, rueful, 185 : 12.
schmiegen, sich an, cling to, draw to, 172 : 18.
schmollend, pouting.
schmunzeln, smirk, smile.
Schmutz, m. dirt; =fleck, stain.
schmutzig, dirty, unclean.
schnappen, get a breath of, 168 : 14.
Schnaps, m. brandy; =flasche, brandy bottle.
Schnee, m. snow; =fläche, surface of snow; =gefilde, snowy

plains; =geſtöber, snow drift; =licht, light from the snow; =ſturm, snow storm.

ſchneiden, cut; =d, piercing, sharp.

Schnellen, n. snapping.

Schnitt, -e, m. slice.

Schnurrbartſpitz, f. tip of a moustache.

ſchnüren, draw tight.

Scholle, f. sod.

ſchön, beautiful, good; — Dank, many thanks! =rednerisch, rhetorical.

ſchon, already; — lange, long ago.

ſchonen, spare.

Schornſtein, -e, m. chimney.

Schoß, -e, m. lap, bosom.

Schramme, f. cut, scar.

Schranden, a village and a title, 52 : 25; die =er, the men of Schranden; ein —, one of the Schrandens; ſchrandenſch=er, of Schranden.

Schrank, -e, m. cupboard.

Schranke, f. limit, bound, barrier.

Schreck, m. or Schrecken, m. terror, fright, shock; =bild, terrifying object.

Schrei, -e, m. cry.

Schreib=art, f. spelling, 144 : 26; =mappe, f. portfolio, note book.

ſchreiben, write; Schreiben, n. document.

ſchreien, call, yell.

ſchreiten, step, walk, stride.

Schrift, f. writing, document, Scripture, 140 : 24.

Schritt, -e, m. step, tread.

ſchroff, abrupt.

ſchüchtern, timid.

Schuft, -e, m. scoundrel.

Schuld, f. guilt, fault; — daran tragen or ſein, be to blame for it; =loſigkeit, innocence.

ſchuld=beladen, guilt-laden; =bewußt, guiltily; =ig, guilty; =ig ſein, owe; =los, innocent.

ſchulden, owe.

Schule, f. school, schooling.

Schulter, f. shoulder.

ſchultern, shoulder.

Schulz or Schulze, -n, m. magistrate.

Schuppe, f. scale.

ſchüren, stir, rake (fire).

Schürze, f. apron.

Schuß, -e, m. shot.

ſchußfertig, ready to fire.

Schutt, m. fragments, ruins; =haufe, ruin.

ſchüttern, shake.

Schutz, m. protection, shelter; =geiſt, guardian spirit, angel guardian.

ſchützen, protect.

Schwalbe, f. swallow.

ſchwanken, waver, shake, hesitate; =d, shaky, loose.

Schwarm, -e, m. crowd.

ſchwarz, black; =verſchnürt, black-frogged or braided.

ſchwatzen, talk, chatter.

schweigen, be still; =d, silent, in silence; Schweigen, n. silence.
Schweiß, m. sweat.
schwelgen, exult.
Schwelle, f. threshold.
schwellen, swell.
schwenken, wave; rechts schwenkt, right face!
schwer, heavy, hard, severe, difficult, bitter; =fällig, heavily; =lich, hardly, probably not, 108 : 3.
Schwert, —er, n. sword.
Schwester, —, f. sister.
Schwierigkeit, f. difficulty.
schwimmen, swim.
Schwindel, —, m. fraud, dizziness.
schwindeln, cheat; bis ... geschwindelt, worked himself by fraud into an officer's commission, 84 : 26.
schwinden, vanish.
schwindlig; mir — wurde, my head swam, 104 : 27.
schwingen, swing, brandish; sich —, vault.
schwirren, flutter, whir.
schwören, swear, conjure.
Schwung, ⸗e, m. swing; in — bringen, get started, set going.
Schwur, ⸗e, m. oath; =finger, oath fingers (three, raised in invocation of the Trinity).
Seele, f. soul; aller —n, everybody's mind, 63 : 27.
Segen, —, m. blessing; =Swunsch, good wishes.

segnen, bless; das Zeitliche —, die.
sehen, see, look; — nach, look out for, see to, 80 : 22.
sehnlich; je —er er hoffte, the more he longed, 74 : 22.
Sehnsucht, f. longing.
sehr, much, very.
Sein, n. life, 25 : 27.
seinetwegen, so far as he was concerned.
Seinige, n. his part, 126 : 2.
seit, since, ago; =dem or =her, since then.
Seite, f. side, page; zur —, aside; nach zwei —n hin, doubly; =nblick, side glance; =npfad, side path; =ntür, side door; =nweg, byways.
Seitwärtsblinzeln, n. glancing aside.
selb=er, himself; von —er, of their own accord; =ig, same; =st, self, even; =stverständlich, of course, a matter of course.
Selbst=anklage, f. self-accusation, admission, 144 : 11; =überredung, self-persuasion; =vertrauen, self-confidence.
selig, blessed, happy, deceased, 44 : 23.
seltsam, strange.
senden, send.
Sendung, f. mission.
senken, sink, lower, bow; sich —, fall.
senkrecht, perpendicular.
Sense, f. scythe.

GLOSSARY

Seſſel, —, m. seat, settle.
ſetzen, set; ſich —, sit; in den Kopf —, get into one's head.
Seufzer, —, m. sigh.
ſicher, sure, safe, **secure, certain.**
Sicherheit, f. security.
ſichern, assure.
ſicht=bar, visible; =lich, obvious.
Siechtum, n. illness.
Siegel, —, n. seal.
ſiegeln, seal.
Sieg=er, m. victor; =esſchritt or =eszug, victorious march.
ſiegreich, victorious.
Silber=groſchen, silver groschen (*about* 2½ *cents*); =ſchimmer, silvery gleam.
ſilber=n, silver, silvery; =umran= det, framed in silver.
ſingen, sing.
ſinken, sink, fall.
Sinn, -e, m. mind, *pl.* senses; bei —n, sober, 183 : 12.
ſinnend, thoughtful.
ſinn=los, unthinking, reckless; =reich, significant, symbolic, 27 : 9.
Sitte, f. custom, *pl.* manners.
ſittlich, moral.
Sitz, -e, m. seat.
ſitzen, **sit**, nestle, 27 : 26; im Sitzen, while sitting; zum Sitzen, to sit down, to take a chair.
Skandal, -e, m. racket, noise, row.
Skripturen, *pl.* papers.
ſo was, stuff like that, 150 : 25.

ſo=bald, as soon as; =dann, immediately; =eben, at that moment; =fort, immediately; =gar, even; =genannt, so called; =gleich, immediately; =lange, so long as; =mit, therefore; =viel, however much; =wie, as well as; =weit, as far as.
Sockel, —, m. base, plinth.
Sofa=lehne, f. sofa back *or* arm.
Sohle, f. sole, heel, 25 : 3.
Sohn, ⸚e, m. son.
ſolch, such.
Soldat, -en, m. soldier; =enrock, uniform.
ſoldatiſch, military.
ſollen, shall, ought, be destined to, be said to, be meant to; was ſoll ich mit, what use have I for, 57 : 1; ſollte noch einer kommen, let anyone come, 95 : 8; ſollte am Ende gar, could perhaps possibly, 122 : 27.
Sommer, —, m. summer; =ſtube, summer room.
ſondern, but, on the contrary.
Sonne, f. sun.
ſonnig, sunny.
Sonntag, ⸚e, m. Sunday; — nachmittags, on Sunday afternoon.
ſonſt, else; — was, anything else.
Sorge, f. care, concern.
ſorgen, care, look out for.
ſorg=fältig, carefully; =lich, carefully.

Souverän, -e, m. sovereign.
spähen, spy, watch, peer, glance.
Spalt, -e, m. gap, crack.
spalten, sich, split.
spanisch, Spanish.
Span, -e, m. splinter, 137 : 23.
spannen, stretch, cock (*a gun*).
Spannung, f. suspense.
spät, late; =geboren=er, late born, of a later day.
Spaten, —, m. spade; =stich, thrust of a spade; =stiel, spade handle.
Spatz, -en, m. sparrow.
spazieren gehen, go to walk.
Spaziergang, -e, m. walk; machte einen und den andren —, took a walk here and there.
Speditionsgeschäft, -e, n. forwarding company.
speien, spit.
Spektakel, —, m. row, 'sensation'.
sperren, shut up.
Spiegel, —, m. mirror, surface, 75 : 27.
Spiel, -e, n. play, game, business, 54 : 27; aufs — setzen, stake, risk; dem Verrate leichtes — zu geben, to make treason easy, 76 : 22; =zeug, toy.
spielen, play.
spitz, pointed, wry, 'pug', 173 : 22.
Spitze, f. point, head.
spitzen, pucker.
Spitzfindigkeit, f. sophistry, 82 : 23.

Splitter, —, m. splinter; *pl.* rough hewn surface, 137 : 9.
Sporn, -en, m. spur.
Spott, m. mockery; — treiben, mock.
Sprache, f. language.
sprechen, speak; zu — sein, to be seen, 40 : 25.
Sprecher, —, m. speaker.
sprießend, growing, sprouting.
springen, jump, spring.
spritzen, splash, spurt.
Sprung, -e, m. jump, leap; helfen auf die Sprünge, give a lift, lend a hand.
spülen, rinse.
Spur, f. trace, track.
Staat, -en, m. state, government.
stacheln, spur.
Stadt, -e, f. city, town; =gemeinde, municipality, city government; =tor, town gate.
stählern, steely.
Staketenzaun, -e, m. picket fence, palisade.
Stall, -e, m. stable.
Stamm, -e, m. beam, tree trunk.
stammeln, stammer, hesitate.
stammen, descend, come, 99 : 1.
stande; im=, capable of, in a position to (*with inf.*).
Ständer, —, m. pedestal.
stark, strong.
starr, fixed, unmoved, bristly, 48 : 8.

'tirren, gaze, stare; =b, firm, 30 : 15.
Station, f.; — machen, report for mobilization, 192 : 11.
statt, instead of; =gehabt=er, which had occurred, 193 : 18; =finden, take place.
Stätte, f. place, resting place.
statten, see ab=statten.
Staub, m. dust; =wolke, cloud of dust.
stäuben, fly (of snow).
Staunen, n. astonishment, surprise.
staunend, surprised.
stäupen, scourge.
stechen, cut, pierce.
Stecken, —, m. stick.
stecken, stick fast, hide; mitten in ... —, be bound up in, 18 : 22.
Steg, -e, m. path, footbridge.
stehen, stand; Rede —, give account; stand zu erwarten, was to be expected, 109 : 10.
stehlen, steal; sich — hinaus, slink off.
steif, stiff, tall, 17 : 23, stern, 60 : 1.
steigen, climb, mount, increase.
steil, steep.
Stein, -e, m. stone; =bild, statue; =broden, fragment of stone; =frug, earthenware mug; =platte, flagstone; =würfen, throwing stones.
stein=ern or =igen, throw stones at, stone.

Stelle, f. place, spot; zur —, here, 121 : 15.
stellen, stand, place, put; sich —, stand; vor ein Gericht — lassen, have (him) courtmarshalled, 175 : 2.
Stellung, f. position.
Stempel, —, m. postmark.
sterben, die.
Stern, -e, m. star; =enschein, starry brightness.
stets, always.
Steuerbar=es, dutiable goods.
Stich, -e, m. im —e lassen, abandon, leave in the lurch.
Stiege, f. steps, perch, 139 : 10.
Stiefel, —, m. boot.
Stiel, -e, m. handle.
stier, fixed.
stieren, stare.
Stiernacken, —, m. bull neck.
Stil, m. style; im großen —e, on a grand scale.
still, silent; =stehen, stand still; =gestanden! attention! (military).
Stille, f. silence.
stillen, quiet.
Stimme, f. voice; =ngebrause, roar of voices.
stimmen, dispose, 176 : 16.
Stimmung, f. frame of mind, mental atmosphere, 67 : 26.
Stirn, —, f. forehead, stirnrun= zelnd, with wrinkled brow, 191 : 15.
stöbern, hunt (among papers).
stocken, hesitate.

ſtolpern, stumble.
Stolz, *m.* pride.
ſtolz, proud.
ſtören, interrupt, disturb.
Stoß, ⸗e, *m.* docket (*of documents*), 107 : 18.
ſtoßen, push, thrust, pound, strike; — zu, advance to join (*military*).
ſtoßweis, jerky.
ſtottern, stutter, mumble.
ſtraff, strict.
Strafe, *f.* punishment.
ſtraffen, brace; ihre Glieder —, 'set them up' (*military*).
ſtraff, rigid.
Strahl, -en, *m.* flash, beam.
ſtrahlen, beam, shine.
Strähne, *f.* lock (*of hair*).
ſträngen, harness (*military*).
Straße, *f.* street, highroad.
Sträuben, *n.* resistance.
Strauch, ⸗er, *m.* bush.
Strauß, *m.* struggle.
ſtreben, strive, struggle.
ſtrecken, stretch.
Streich, -e, *m.* blow.
ſtreichen, stroke, smooth, push, spread.
Streif, -e, *m.* stripe.
ſtreifen, slip, roam, graze, 172 : 21.
Streitigkeit, *f.* dispute.
ſtreng, severe, clean-cut, 93 : 3.
ſtreuen, strew.
Strich, -e, *m.* stroke; gegen den —, against the grain, 68 : 26.

Strick, -e, *m.* rope, halter; ⸗ſtrumpf, knitted stocking.
Stroh, *n.* straw; ⸗käſtchen, little straw box.
Strolch, -e, *m.* vagrant, tramp.
Strom, ⸗e, *m.* stream; ſtrom⸗ abwärts, downstream.
ſtrömen, stream, pulse.
Strömung, *f.* current.
Stück, -e, *n.* piece, lot of, 56 : 22; ⸗chen, bit.
ſtudieren, study.
Stufe, *f.* step.
Stuhl, ⸗e, *m.* chair.
ſtumm, silent.
Stumpf, ⸗e, *m.* stump; ⸗heit, obtuseness, apathy; ⸗ſinn, dullness, apathy.
ſtumpf, dull, unfeeling; ⸗ſinnig, vacantly.
Stunde, *f.* hour.
Sturmglocke, *f.* tocsin, alarm bell.
ſtürm⸗en, rush; ⸗iſch, impetuous, eager.
ſtürzen, rush; ſich —, throw oneself; ſich — über, plunge into; durcheinander ſtürzenden Wor⸗ ten, confused phrases, 60 : 8.
Stutze, *f.* support.
ſtutzen, hesitate, draw back, 170 : 9; become suspicious, 82 : 22.
ſtützen, prop, rest, support; ſich —, lean.
ſtutzig, suspicious.
Suche; auf die —, to look for (them), 188 : 10.

suchen, seek; Suchen, n. search.
Sühne, f. atonement, expiation.
sühnen, expiate.
Sünde, f. sin; =ngeld or =nlohn, wages of sin.
Sünder, —, m. sinner.
superflug, presuming, pert.
Suppe, f. soup.
süß, sweet.

T

Tabaksqualm, m. tobacco smoke.
Tadel, m. rebuke.
Tafel, f. table, signboard; =runde, Round Table, company.
Tag, -e, m. day, daylight; an den — bringen, reveal; =es= fasse, receipts for the day; in =esklarheit, clear as day; =es= licht, daylight.
tag=elang, all day long; =hell, light as day; =täglich, every day, day by day; =über, all day long.
tagen, dawn.
täglich, daily, every day.
Taille, f. French, waist.
taktmäßig, rhythmical, measured.
Taler, —, m. Thaler (about 72 cents).
Tante, f. aunt.
Tanz, -e, m. dance.
tapfer, daring, brave.
Tasche, f. pocket, saddlepocket.

tasten, feel; — nach, feel for.
Tat, f. deed; =sache, fact.
Täter, —, m. doer.
tätlich, actually.
Tatze, f. claw.
tauchen, dive, sink, cast, 51 : 21.
Taufe, baptism; Taufschein, baptismal certificate.
taufeucht, dewy.
Taumel, m. whirl.
taumeln, tumble, stagger, reel; =d, unsteady.
täuschen, deceive.
tausendmal, thousand times.
Teil, -e, m. and n. part; zum —e, partly; kriegt sein —, get his account settled, 184:19; =nahme, participation.
teilen, share.
teil=nehmen, share, participate in.
teilnahmlos, indifferent.
Tempelschändung, f. desecration, sacrilege.
Termin anberaumt, day set (legal).
Testament, -e, n. will.
teuer, dear.
Teufel, —, m. devil; hol' der —, Deuce take!
teuflisch, diabolical.
th, see t.
thronen auf, sit on; — oben auf, lie on top, 160 : 23.
tief, deep, low; =atmend, drawing a long breath; =ergeben, deeply obliged, very humble (in address).

Tiefe, *f.* depth, abyss, bottom.
Tier, -e, *n.* beast.
tilgen, efface.
tippen, tap.
Tisch, -e, *m.* table.
Tischler, —, *m.* joiner; =tochter, joiner's daughter.
titulieren; sich — dürfen, claim the designation of, call oneself, 83 : 5.
toben, rage, yell; Tobend=er, noisy fellow, racket maker.
tobsüchtig, delirious, frenzied.
Tochter, ⸗, *f.* daughter.
Tod, *m.* death; =esangel, angel of death; =esangst, mortal dread; =esgefahr, deadly peril; =esgestöhn, death rattle; =esnot, peril of death; =eschrei, death cry; =sünde, mortal sin.
toll, wild, crazy.
Ton, -e, *m.* sound, note, 30 : 7; word, 7 : 14; =art, tone; =fall, tone of voice.
tönen, resound.
tonlos, inarticulate.
Tor, -e, *n.* gate.
töricht, foolish.
tot, *adj. and sep. prefix,* dead; =schießen, kill; =schlagen, kill, killing, 85 : 17.
töten, kill.
Totenfeier, *f.* burial service.
Trab, *m.* trot.
trachten nach, seek to take, 35 : 19.
träg, slow.

Träger, —, *m.* bearer.
tragen, bear, carry, wear; Verlangen —, feel a desire.
Träne, *f.* tear; =überströmt, swimming in tears.
trauen, trust.
trauernd=er, mourner.
Traufrinne, *f.* gutter.
Traum, -e, *m.* dream.
träumen, dream; Träumend=er, dreamer.
traurig, sad.
treffen, meet, hit, strike, make, 150 : 2.
trefflich, well, 76 : 21.
treiben, drive, carry, have as one's business, 6 : 12; Spott —, mock.
trennen, separate; sich —, part.
Treppenstein, -e, *m.* stone step.
treten, tread, go, come, enter.
treu, faithful, true; =herzig, loyal, sincere.
Treue, *f.* faithfulness.
trinken, drink.
Tritt, -e, *m.* step, tread.
trocken, dry.
trocknen, dry, wipe.
trollen, stroll; her —, roll along.
Trommel, *f.* drum; =wirbel, rolling of drums.
trommeln, drum.
Tropf, -e, *m.* drop.
trösten, comfort.
Trotz, *m.* defiance, independence (*of mind*); zum —e, in spite of (*dat.*).
trotz, in spite of; =dem, although

and yet, in spite of that; =ig, defiant.
trutzen, defy.
trübe, dull.
Trümmer, *pl.* wreckage, ruins, fragments; =ſtatt, ruin; =werk, ruins.
trunken, drunken.
Trunkenbold, *m.* drunkard.
Truppenteil, -e, *m.* military body.
Tuch, -er, *n.* cloth, shawl, wrap, 90 : 3.
tüchtig, able.
Tücke, *f.* deceit.
tückiſch, malicious, tricky.
Tugend, *f.* virtue.
tun, do, make; tut, will, 169 : 17 was tut's, what matters it; es tut nichts, it doesn't matter; einem etwas —, hurt *or* harm one; Fragen —, question; Tun, *n.* occupation, 89 : 4; action, 190 : 19.
Tür, —, *f.* door; =gerüſt, door frame; =pfoſte, doorpost, door jamb.
Turm, -e, *m.* tower; =fenſter, tower window; =uhr, tower clock.
Typus, -pen, *m.* type, cast of features.

U

Übel, *n.* damage.
übel, übl=, bad; ein Übles, any harm, 78 : 10.

üben, practise, exercise.
über, *prep., sep. and insep.* prefix, over, about, at; den Tag —, all day long; =all, everywhere; =bringen, deliver; =dies, besides; =fluten, spread over, roſig =fluten, flood with rosy light; =geben, give; =gießen, illuminate, 63 : 19; =haupt, anyway, in general; =höflich, ostentatiously courteous, 117 : 26; =kommen, come over, overcome; =laſſen, commit, give over; =legen, consider; =liefern, surrender, give over; =mannt, overcome; =müdet, tired out; =nehmen, undertake; =raſchen, surprise; =reichen, hand (over); =ſäen, strew; =ſchreiten, overstep, pass; =ſchwellen, overflow; =ſiedeln, move over; =ſpringen, get transferred, 7 : 7; =ſtrahlt, beaming; =ſtrömen, rush over; =tönend, rising above (*of sound*); =tragen, carry over, transpose; =wältigen, overcome; =winden, overcome, get over; =ziehen; ſich —, be overspread, 17 : 27. *Used separably with* gehen, ſpringen *and* treten.
Über=bleibſel, *n.* remnants; =eilung, imprudence; =fall, -e, surprise (*military*), assault (*legal*); =fallen=er, ambushed man; =gabe, presentation; =legung, reflection; =mut, in-

solence; =raſchung, surprise; =ſchwemmung, freshet; =zäh=lig=er, superfluous (person).
überein=ſtimmen, accord.
übrig, rest, remainder; zu wün=ſchen —, to be desired; — blei=ben, remain; im =en, besides; =ens, besides.
Ufer, —, *n.* shore, bank.
Uhr, *f.* clock; o'clock.
Uhu, –s, *m.* owl.
um, *prep., sep. and insep. prefix,* around, about, at, for, in order; — ... herum, around; — ſo, so much the; — vieles, a good deal, 136 : 15; — ... willen, for the sake of; — ... bringen, deprive of; =armen, embrace; =bringen, kill; =dre=hen, ſich, turn; =faſſen, clasp; =faſſend, comprehensive; =frie=den, enclose, border; =geben, surround; =füllen, shroud; =flammern, grip, clutch, clasp, grasp; =kleidet, with changed dress; =kreiſen, encircle; =ne=beln, shroud; =rahmen, frame in; =randern, enclose; =ſchauen, look around; =ſchauen nach, pay attention to, 67 : 13; =ſchnallen, buckle on; =ſehen, ſich, look around; =ſinken, collapse; =ſponnen, cobweb-covered; =wandeln, change, transform; =wenden, ſich, turn. Used *separably with* bringen, drehen, ſchauen, ſehen, ſinken *and* wenden.

Umblick, –e, *m.* glancing around, 57 : 9.
Umfang, *m.* extent, boundaries, 75 : 11.
Umgang, *m.* association.
umher, *adv. and sep. prefix,* around, about; =gleiten, sweep around, 139 : 3; =lun=gern, prowl around; =treiben, ſich, move about, be restless; =werfen, toss about.
Umriß, –e, *m.* outline.
Umſchau, *f.* review.
Umſicht, *f.* prudence.
Umſtand, –e, *m.* circumstance; Umſtände machen, be ceremonious.
Umweg, –e, *m.* ;— machen, go around.
unabläſſig, unremitting.
unangefochten, unattacked.
unauffällig, inconspicuous.
unaufhörlich, constant.
unausbleiblich, inevitable.
unbegraben, unburied.
unbehelligt, undisturbed.
unbeſcholten, irreproachable, blameless.
unbeſtimmt, indefinite.
Unbill, *f.* wrong, injury.
Undank, *m.* ingratitude.
undankbar, thankless.
unendlich, very much.
unentwirrbar, inexplicable.
unerfüllbar, impracticable.
unerkannt, unrecognized.
unerläßlich, necessary.
unerreichbar, unattainable.

unfähig, incapable.
Unfall, -e, m. accident.
unflätig, dirty, vulgar.
unfreundlich, harsh.
ungeahnt, unanticipated.
ungebahnt, unleveled, untended.
ungebunden, unrestrained.
Ungebundenheit, f. license.
Ungeduld, f. impatience.
ungeduldig, impatient.
ungefähr, approximate.
ungehemmt, unchecked.
ungerecht, unjust.
ungern, unwillingly.
ungeschehen; wäre — geblieben, would never have happened, 76 : 15.
ungeschickt, awkward.
ungesehen, unobserved.
Ungestüm, n. eagerness.
ungesühnt, unatoned, unavenged.
Ungetüm, -e, n. monstrosity, rude object, 137 : 8.
ungewiß, indefinite, uncertain; dem Ungewissen, the unknown, 148 : 8.
Ungewißheit, f. uncertainty.
Unglück, n. misfortune; =nacht, ill-fated night; =stätte, ill-omened spot.
unglück=lich, wretched, unfortunate; =selig, unhappy.
Unheil, n. evil, ill omen, 75 : 20.
unheil=verkündend, ominous; =voll, unwholesome, evil.
unheimlich, uncanny, mysterious, dreadful.

unklar, uncertain.
unlängst, a little while before.
Unmensch, m. monster.
Unmöglichkeit, f. impossibility.
unpassend, discordant, misplaced.
Unrecht, n. injustice, wrong.
Unruhe, f. restlessness; in —, restlessly.
unruhig, restless.
unsanft, rudely.
unsicher, dubious.
unsichtbar, invisible.
Unsinn, m. nonsense.
Untat, f. wicked deed.
unten, below.
unter, prep., sep. and insep. prefix, under, among; =brechen, interrupt; =ducken, duck down; =drücken, suppress; =gehen, perish, be destroyed; =liegen, be defeated, be subject to; =mischen, mingle; =nehmen, undertake; =scheiden, sich, distinguish; =tauchen, droop, be lowered; =werfen, subject; =zeichnen, sign; zum Unter=zeichnen, for signature. Used separably with ducken, gehen, tauchen and werfen.
Untergang, -e, m. destruction.
Untergeben=er, subordinate.
untergehende Sonne, setting sun.
Unterlippe, f. lower lip.
Unterredung, f. conversation.
untertänig, humble.
Untertänigkeit, f. humility.
Unterschrift, f. signature.

Untersuchung, *f.* examination, investigation.
unterwürfig, cringing, obsequious.
unverkennbar, unmistakable.
unverrückbar, unalterable.
Unverschämtheit, *f.* impudence.
unwert, unworthy.
unwillkürlich, involuntary.
unwirtlich, inhospitable, cheerless.
unzufrieden, dissatisfied.
unzulänglich, insufficient.
üppig, rank.
Urheber, —, *m.* originator, starter.
Urlaub; mit —, on furlough (*military*).
Ursache, *f.* cause, occasion.
urteilen, judge.

V

vag, vague.
Vater, ⸚, *m.* father; =land, fatherland; =landsverräter, traitor; =landsverteidiger, defender of the fatherland, patriot; =unser, 'Our Father', Paternoster.
väterlich, paternal.
Veilchen, —, *n.* violet.
Veitstanz, *m.* St. Vitus' dance.
verabscheuen, despise, scorn.
verächtlich, contemptuous.
Verachtung, *f.* contempt, scorn.
verändern, change.
Veränderung, *f.* change.
verängstigt, worried.
verantworten, sich, respond.
verantwortlich, responsible.
Verantwortung, *f.* responsibility; zu — ziehen, call to account.
verargern, grudge, take ill (*in someone*).
verbeißen, restrain, suppress.
verbergen, hide.
Verbeugung, *f.* bow.
verbieten, forbid.
verbinden; ihn —, dress his wounds; sich —, be connected.
verbissen, suppressed, 114 : 9, sullenly, 155 : 14.
verbitten, refuse.
verbleiben, remain.
Verbot, -e, *n.* prohibition, command (*of silence*), 61 : 5.
Verbrechen, *n.* crime.
Verbrecher, —, *m.* criminal.
Verbündet=er, ally (*against Napoleon*).
Verdacht, *m.* suspicion.
verdammt, accused.
verdanken, owe.
verdenken; euch —, take it ill in *or* of one, 79 : 18, 166 : 26.
Verderben, *n.* destruction.
verderbenbringend, heralding his destruction, 50 : 25.
Verderber, —, *m.* destroyer.
verdienen, earn, deserve.
verdient=er; hoch — um, of honorable service in regard to, 108 : 25.

verdunkeln, darken.
verdüstern, darken.
verehrt, honored.
vereinen, sich —, be **one, 121 : 5;**
vereint, gathered.
vereinigen, sich, join.
vereinzelt, scattered.
vereiteln, hinder, frustrate.
verfallen, ruined.
verfärben, grow pale.
Verfassung, *f.* disposition, frame of mind.
verfemen, outlaw.
verfertigen, make.
verfliegen, pass away.
verfließen, flow by, pass.
verfluchen, curse.
verfolgen, pursue, persecute; **verfolgt,** hunted.
Verfügung, *f.* disposition; zur —, at the disposal.
Vergangenheit, *f.* past.
vergeben, forgive.
vergeblich, in vain.
Vergebung, *f.* pardon; um — bitten, beg pardon.
Vergehen, *m.* fault, **crime.**
vergehen, pass.
vergelten, repay.
vergessen, forget.
vergewissern, assume.
vergiften, poison.
vergilbt, yellowed.
verglast, glassy.
Vergleich, -e, *m.* **comparison.**
vergleichen, compare.
Vergnügen, -ungen, *n.* **pleasure.**
vergnügt, content.

vergönnen, grant.
vergraben, bury.
vergreifen; sich —, make a mistake; sich an einem —, do violence to one.
Verhaft, *m.* **arrest.**
verhaften, arrest.
verhallen, grow faint, die away (*of sound*).
verhalten; sich ruhig —, be silent; sich wahrheitsgemäß —, prove **true.**
verhängnisvoll, fateful, **fatal.**
verharscht, scabbed.
verhaßt, hateful, **hated (one), 119 : 13.**
verhehlen, hide.
verheimlichen, conceal.
verheißen, promise.
Verhör, *n.* judicial examination, hearing.
verhören, examine (*officially*).
verhüllen *or* sich —, hide, **cover.**
verhungern, starve.
Verkauf, -e, *m.* sale.
verkaufen, sell.
Verkehr, *m.* connection.
verklären, light, illuminate.
verkohlt, scorched, **burnt.**
verkriechen; sich —, creep off *or* aside.
verkünden, announce.
verkündigen, proclaim.
Verlangen, *n.* desire, demand; — tragen, feel a desire.
verlangen, ask, demand; :d, longingly, **76 : 10.**
verlassen, leave, abandon.

verlegen, bar, 29 : 6.
verlegen, embarrassed.
verleiden, embitter.
verleihen, grant, give.
verlesen, read.
Verletzung, *f.* wound.
Verleumdung, *f.* slander.
verliebt, in love, lovers, 177 : 15.
verlieren, lose.
verlobt, betrothed.
verloren; sein Tag kein —er gewesen, his day's work had not been in vain, 88 : 14.
verlottert, slovenly.
verludert, weakened (*by vicious living*).
vermachen, bequeath.
vermaledeit, accursed.
vermeiden, avoid.
vermeintlich, imagined.
Verminderung, *f.* diminution.
vermissen, note the lack of, 152 : 13.
vermodern, rot, perish, 10 : 25.
vermögen, be able.
Vermögen, *n.* property, estate.
vernachlässigen, neglect.
vernehmen, hear; ließ sich —, insisted, 8 : 18.
verneigen, sich, bow.
Verneigung, *f.* bow, curtesy.
Verneinung, *f.* negation.
vernichten, destroy, prevent, 74 : 12.
Vernichter, —, *m.* destroyer.
Vernunft, *f.* reason; —annehmen, be sensible, 150 : 15.
vernünftig, sensible.

veröffentlichen, publish.
Verordnet-er, representative.
Verordnung, *f.* order.
verpesten, infect.
Verrat, *m.* treason.
verraten, betray.
Verräter, —, *m.* traitor.
verrinnen, pass.
verrohen, coarsen.
verrollen, die away (*of sound*).
versagen, deny, refuse.
versammeln, gather, assemble.
Versammlungsplatz, -e, *m.* meeting place.
verschaffen, procure.
verschämt, bashful.
verschenken, grant.
verscherzen, throw away.
Verschlag, -e, *m.* porch, vestibule.
verschleiern, veil; sich —, droop, 79 : 22.
verschließen, close, lock.
verschlimmern, make worse.
verschlingen, drown, 50 : 6.
verschlucken, swallow, repress.
verschmerzen, cease to grieve for.
verschneiet, snow covered.
verschollen, missing, not heard from.
verschonen, spare.
verschwinden, vanish.
verschworen, conspired, agreed.
versehen, provide; versah Mutterstelle, took the place of mother.
Versehen, *n.* misunderstanding.

GLOSSARY

verfetzen, say, transfer.
verfichern, assure.
verfiegeln, seal.
verfilbern, glint with silver light.
verfinfen, sink, vanish; in Gedanken verfunfen, buried in thought.
verföhnen, fich, be reconciled.
verfperren, bar.
verfprechen, promise; Verfprechen, n. promise.
verftändlich, intelligible.
verftärken, grow louder, 76 : 27.
verftatten, permit.
verfteden, hide.
Verftedfpiel, n. hide and seek.
verftehen, understand; verfteht fich, of course, 81 : 16.
verfteinern, harden, petrify.
verftohlen, secret, sly.
verftört, agitated, beside oneself, 61 : 21.
verftoßen, reject.
verftreichen, pass (of time).
verftummen, be still; ließ —, silenced, 42 : 22.
Verfuch, -e, m. attempt.
verfuchen, try.
verfündigen, accomplish by sin, 55 : 16; — an, sin against.
verteidigen, defend.
verteilen, fich, separate.
vertiefen, deepen; fich —, grow deep, bury oneself (in thought).
vertilgen, exterminate.
vertragen, bear, endure.

Vertrauen, n. confidence; -s-mann, representative.
vertraut, familiar.
vertreiben, drive away; Zeit —, pass away the time.
Vertreter, —, m. representative.
vertrödeln, spend, waste.
vertufchen, whitewash.
verunglimpft, disgraced.
verurteilen, condemn.
verwahrloft, neglected, outlawed, 40 : 17.
verwaift, orphaned.
verwalten, manage.
verwandeln, transform.
Verwandt=er, relative.
verwafchen, blurred.
verwehren, forbid.
verweigern, refuse.
verwenden, use, employ.
verwerfen, reject.
verwildern, make harsh, brutalize, 4 : 6.
verwildert, neglected, 26 : 8; shabby, 51 : 11.
verwirren, confuse.
Verwirrung, f. confusion.
verwittert, weather-worn.
verworfen, outcast.
verwunden, wound.
verwundert, surprised.
Verwunderung, f. surprise.
Verwundung, f. wound.
Verwünfchung, f. imprecation, curse.
verwüften, lay waste.
verzehren, consume.
verzeichnen, set down.

verzeihen, pardon, excuse (me).
Verzeihung, *f.* pardon.
verzerren, distort; ſich —, twist.
Verzug, *m.* delay.
verzweifeln, despair; an ſich —, despond, 141 : 18; =d, in despair.
verzweifelt, desperate.
Verzweiflung, *f.* despair.
viel, much, many; — was, something much, 83 : 21; =fach, often, more than once; =leicht, perhaps; =ſagend, expressive; =ſtimmig, many voiced; =verheißend, very promising.
vier=eckig, four cornered; =tenmal, fourth time.
Viertelſtunde, *f.* quarter of an hour.
Vogel, ⸗, *m.* bird; =ſtellen, bird snaring.
vogelfrei, outlawed.
Volk, ⸗er, *n.* people; =shaufe, crowd.
Völkchen, *n.* little race, 143 : 18.
voll, full (of); =bringen, accomplish; =enden, complete, finish; =ends, wholly, completely; =führen, carry out; =gefüllt, crammed; =geſtopft, stuffed; =gültig, sufficient; =ſaftig, full-blooded; =ſtändig, complete.
Vollkreatur, *f.* complete creation.
von, of, from, by, in, on.
vor, *prep., adv., sep. and insep. prefix,* before, for, from, with;

— ſich hin, to oneself, as though to himself, 11:21; Ruh' — ihm zu haben, to get rid of him, 131 : 19; =bereiten, prepare; =beten, patter (*of prayers said mechanically*) 123 : 7; =finden, find on hand, 72 : 23, discover, 182 : 7; =legen, lay before, threaten, 118 : 9; =liegen, be present, be involved, 117 : 11; den Riegel =ſchieben, anticipate, guard against, 48: 5; =ſchlagen, propose; =ſtrecken, lower.
voran, *adv. and sep. prefix,* in advance, in the lead, ahead; =gehen, lead the way.
vorauf, ahead.
voraus, *adv. and sep. prefix,* out before; =ſetzen, assume.
vorbehalten, reserved.
vorbei, *adv. and sep. prefix,* by, past, along past; an ... —, past; =ſchaffen, get past; ſich bei ... =ſchleichen, sneak by.
vorderſt, foremost.
vorerſt, first.
Vorgarten, —, *m.* front yard.
vorgeſchobener Poſten, picket guard, 103 : 18.
Vorgeſetzt=er, superior officer.
vorhanden, in existence, present.
Vorhang, ⸗e, *m.* curtain.
vorher, before.
vorhin, just before, just now.
Vorhut, *f.* vanguard.
vorig, preceding.
Vorleſend=er, reader.

vormalig, former.
Vormittag, -e, m. forenoon.
vorne; nach —, forward.
vornehm, prominent, aristocratic. [start.
vorherein; von —, from the
Vorplatz, -e, m. terrace.
Vorposten, m. outpost, picket.
Vorrat, -e, m. provision.
Vorschein, m. zum —, into view.
Vorschlag, -e, m. proposition; in — bringen, propose.
Vorsicht, f. caution.
vorsichtig, cautious.
Vorsitz führen, preside.
vorüber, adv. and sep. prefix, over past; an ... —, along past; =gehen or =schreiten, pass by; an ... — schießen, dart past, 66 : 2.
vorwärts, forward.
Vorwurf, -e, m. reproach.
Vorzug, -e, m. preference.

W

Wache, f. watch(man), guard.
wachen, watch.
wachsam, watchful.
wachsen, grow.
Wächter, —, m. watchman.
wacker, strong, valiant, sturdy.
Waffe, f. weapon; zu den —n, to arms; =ngewalt, force of arms; =nloser, unarmed man; =nschrank, gun rack, =nstillstand, armistice; =ntat, deed of arms.

wagen or sich —, dare, venture.
Wagen, —, m. wagon.
Wagnis, -se, n. venture, risk.
wählen, choose.
wahllos, at random.
Wahn, m. illusion.
wahnsinnig, crazy; — werden, go crazy.
wahr, true; nicht —, is not that so? of course! =haft, really; =haftig, honestly, verily; =heitsgemäß, true; =lich, really, verily; =scheinlich, probably.
Wahr=heit, f. truth; =zeichen, sign, emblem.
währen, last.
während, during, while.
Waise, f. (and m.) orphan.
Wald, -er, m. wood, thicket, 27 : 15; =mauer, forest wall.
wallen, float.
walten, manage, govern.
wälzen, roll, roll around, struggle, throw (off), 95 : 17.
Wand, -e, f. wall; =uhr, wall clock.
wandeln, sich, change.
wandern; in die Weite —, go abroad, seek one's freedom.
Wander=schaft, f. wandering, circuit, 8 : 26; =smann, pl. =sleute, wanderer; =ung, walk, walking.
Wange, f. cheek.
Wanken, n. wavering.
wann, when.
Wanne, f. tub.
warten, wait, await, expect

(*gen.*) 51 : 24; — **auf,** await in vain, 38 : 16.

Wartenstein, *a town, fictitious.*

warum, why.

was, what! anything, 102 : 26; at all, 126 : 26 *and* 167 : 22; don't they? 167 : 6; why, 127 : 25; so —, such a thing, 167 : 3; that sort of thing; 173 : 23.

Wäsche, *f.* washing (*of clothes*).

waschen, wash.

Waschwanne, washtub.

Wasser, ≈, *n.* water; zu — werden, come to nothing; =bad, bath; =tiefe, pool.

waten, wade.

wechseln, exchange.

weder . . . **noch,** neither . . . nor.

Weg, —e, *m.* way, path, trip, 33 : 24; =gang, going away; =zehrung, food (*for the journey*).

weg, *adv. and sep. prefix,* away, along, gone; =lassen, let go; =weisen, guide.

wegen, on account of.

wegmüd, weary.

Wehgeschrei, *n.* shriek of pain.

weh *or* **wehe,** wo, alas! — tun, grieve, hurt; =mütig, sad, dreary.

wehen, float.

Wehr, *f.* defense, protection; =haftmachung, preparation for defense, mobilization (*military*); =leute, militiamen.

wehren, ward off (*dat.*) 166 : 10; sich —, resist, 121 : 18; von sich —, ward off, push away, 6 : 24; **Wehren,** *n.* protest, resistance.

wehr=los, defenseless; =pflichtig, liable for military duty.

Weib, —er, *n.* wife, woman.

weiblich, woman's, womanly.

weich, soft, tender; =lich, spiritless.

weichen, yield, leave, turn, 22 : 5.

Weichsel, Vistula, *a river in East Prussia.*

weigern *or* sich —, refuse.

weihen, dedicate.

weil, because.

Weile, *f.* while.

weilen, remain.

Wein, —e, *m.* wine; =faß, wine cask; =flasche, wine bottle; =stube, wine room (*in an inn*).

weinen, weep, cry.

weis, wise.

Weise, *f.* way.

weisen, point, direct; von sich —, reject; — von, turn *or* send away from; einem die Tür —, turn one out of the house, 121 : 11.

Weisheit, *f.* wisdom.

weiß, white; =lich, whiteish; =verhüllt, wrapped in white.

weit, far, distant, wide; — und breit, far and wide, all around; so —, as far as; das Weite suchte, made off, 58 : 12; =geöffnet, wide open; =hin, far away.

Weite, *f. see* **wandern.**
weiter, *adj., adv., and sep. prefix,* wider, further, onward, on; fürs —e, for the rest; — leben, keep on living. [duct.
Weiterführung, *f.* further con-
welk, wrinkled.
Welle, *f.* wave.
Welt, *f.* world; =geschichte, history of the world.
wenden *or* sich —, turn, wind, appeal, 129 : 21.
Wendung, *f.* turn, gesture, 170:6.
wenig, little, few; =er, less; am =sten, least of all; =stens, at least.
wenn, if, when; =gleich, although.
Werbefahrt, *f.* recruiting journey *(for workmen),* 74 : 16.
werben, recruit.
werden, be, become, come, 94: 24; **Werden,** *n.* development, growth, 16 : 25.
werfen, throw, toss; mit Steinen —, stone.
Werk, -e, *n.* work, task; ins — setzen, realize; =eltage, *pl.* workaday existence, 9 : 12; =zeug, tool.
werktätig, active, productive.
wert, worth, precious; es — sein, be worthy of it; seiner nicht —, unworthy of him; mein **Wertester,** my dear sir, 45 : 4.
Wesen, *n.* being, nature, 22 : 10; ihr — trieb, lived and worked, 90 : 28.
Westen, *m.* west.

Wichtigkeit, *f.* seriousness, importance.
Wickel, —, *m.* roll.
wickeln, roll up.
wider, *prep. and prefix,* against; — willen, in spite of himself; =sprechen, refuse.
Wider=rede, *f.* opposition; =stand resistance, opposition; =wille, repugnance.
widrig, repellant.
wie, as, like; nichts —, nothing but; zuließ — sie sich opferte, allowed the way in which she sacrificed herself, 126 : 23; — um zu, as though to, 79 : 23; =viel, how much; um =viel, by how much; =wohl, although.
wieder, *adv., sep. and insep. prefix,* again, back, re- *(as prefix);* =um, again; sich =finden, collect oneself, come to oneself, 1 : 3 *and* 5; =hallen, resound; =holen, repeat; =kehren *or* =kommen, return.
Wieder=aufleben, *n.* refreshment, 159 : 4; =kunft, return; auf =sehen, till we meet again.
wiehern, neigh.
Wiese, *f.* meadow.
wild, savage, shaggy, 114 : 25; =schön, wildly beautiful; =umlockt, with tangled hair.
Wilddieb, -e, *m.* poacher.
Wildkatze, *f.* wild cat.
Wille, *m.* will.
willen; um Gottes —, for God's sake; =s, willing.

willig, willingly.
Willkommen, n. welcome.
Willkür, f. caprice.
Wimper, f. eyelash.
winden; sich —, writhe.
Wink, -e, m. gesture.
Winkel, —, m. corner; =züge, pl. shifts, tricky excuses.
winken, make a sign.
Winter=abend, m. winter evening; =kleider, pl. winter clothing; =nacht, winter night; =ruhe, winter rest.
Wirbel, —, m. crown (*of the head*).
wirbeln, beat (*of drums*).
wirken, work, have effect.
wirklich, really.
Wirkung, f. effect.
wirr, tangled, confused.
Wirrnis, -se, f. tangle, confusion.
Wirrwarr, m. confusion.
Wirt, -e, m. host; =stube, bar-room.
Wirtschaft, f. farming, 147 : 26; =sgebäude, outbuildings.
wirtschaften, 'carry on', act, 105 : 8.
wischen, wipe.
Wispern, n. whispering.
wissen, know.
wissentlich, intentional.
Witwe, f. widow.
Witz, -e, m. jest.
wo, where, wherever; — ...
auch, wherever; — denkst du hin, what an idea!; =bei, in which; =her, whence; =hin, whither, wherever; =mit, with which; =von, from what; =vor, at what; =zu, why, to what purpose.
Woche, f. week.
wochenlang, for weeks.
Woge, f. wave.
wogen, n. surging.
wohl, well, perhaps, probably, surely, ever, 185 : 20; =er, happier, 24 : 20; tat —, refreshed, was agreeable to; 129 : 11 *and* 144 : 17; — tut, may well do, 11 : 22; =bekannt, well known, familiar; =bewacht, well guarded; =erzogen, well bred; =gepflegt, trim; =ig, comfortable; =tätig, beneficent; =überlegt, well considered; =wollend, benevolent.
Wohl=gefallen, n. pleasure, favor; =wollen, benevolence.
wohnen, dwell, live.
Wohn=statt *or* =ung, f. dwelling, habitation; =zimmer, living room.
Wolfs=eisen, n. *or* =falle, f. wolf trap.
Wolke, f. cloud; =nschatten, shadow of a cloud.
wollen, wish, will; — mir ans Leben, wish to take my life, 120 : 16; will, matters, 148 : 23; will nicht gesehen haben, will overlook, 153 : 12; wollte, was about to, 191 : 15.

wollen, woolen.
Wollenkleid, –er, n. woolen dress.
Wollust, –e, f. bliss.
wonnig, blissful.
worauf or worin, in which.
Wort, –e, n. word, phrase, speech; -führer, spokesman.
Wucht, f. rush.
wühlen, rummage.
wund, tender, wounded.
Wunde, f. wound.
Wunder, —, n. miracle; -tier, curious beast, freak of nature.
wundern, surprise.
Wunsch, –e, m. wish.
wünschen, wish.
Würde, f. dignity.
würdig, worthy.
würdigen, deign to grant.
Wurfgeschoß, –e, n. missile.
würflich, checkered.
würgen, choke, swallow with difficulty.
Wurzelknorren, —, m. gnarled root.
wurzeln, take root.
wüst, desolate, neglected, abandoned, savage.
Wust, m. disordered mass, 89:3.
Wut, f. rage; -geheul or -geschrei, howl or cry of rage.
wüten, rage.

Z

zagen, hesitate.
zäh, stubborn.
Zahl, f. number.
zahlen, pay.
zählen, reckon, count.
Zahn, –e, m. tooth.
zähneklappernd, with chattering teeth.
zappeln, jump, struggle.
zart, tender, delicate; zärtlich, tender.
Zauber, —, m. spell.
zauberhaft, weird, bewitching.
zaudern, hesitate.
Zaudern, n. hesitation.
Zaum, –e, n. bridle.
Zaun, –e, m. hedge.
Zeche, f. reckoning (for drink), -ender, drinker; -tisch, drinking table.
Zehe, f. toe; auf den -nspitzen, on tiptoe.
Zeichen, —, n. sign, mark.
Zeigefinger, —, m. index finger.
zeigen, show.
Zeile, f. line.
Zeit, f. time; -punkt, point of time; zur —, at the time; lange —en, many days.
zeitlich, temporal; habe das Zeitliche gesegnet, died, 54:20.
Zeitung, f. newspaper.
zentnerschwer, with hundredweight burden.
zerbrochen, broken.
zersetzen, tear.
zerfleischen, tear in pieces.
zerfließen, run together, fade.
zerlumpt, ragged.
zerreißen, tear.

zerren, twitch.
zerrissen, tattered.
zerschellen, crash.
zerschinden, flay.
zerschlagen, broken.
zerschmettern, crush.
zerschneiden, part, cut.
zersplittert, shattered, broken.
zerstieben, scatter.
zerstören, destroy.
zertreten, crush.
zertrümmert, broken.
zetern, quaver; Zetern, n. shouting, 183 : 17.
Zeug, n. stuff, clothes.
Zeuge, -n, m. or Zeugin, -nen, f. witness; =nschaft, presence as witness, 117 : 16.
zeugen, beget.
Zeugnis, -se, n. testimony, evidence, testimonial.
Ziegel, —, m. tile.
ziehen, draw, pull, pass, go, march.
Ziel, -e, n. goal.
zielen, aim; =d, as though taking aim, 184 : 20.
zierlich, pretty, affected; =schamhaft, coquettishly bashful, 170 : 6.
Zimmer, —, n. room.
zimperlich, simpering.
Zipfel, —, m. corner, 27 : 18; bottom, 125 : 2.
zischen, hiss; =d, rasping; Zischen, n. rasping (of sound), 183 : 19.
Zischlaut, m. hiss, sibilant sound.

zittern, tremble.
Zivilbeamter, civilian official, 108 : 22.
zögern, hesitate; Zögern, n. hesitation, delay.
Zorn, m. anger; =röte, flush of anger.
zornig, angry.
Zottel, —, m. strand, matted lock.
zu, prep., adv., and sep. prefix, to, too, as, on, for; nach ... —, along toward; =dem, besides, in addition; =erst, first; =gegen, present; =gleich, at the same time; =letzt, last, at last; =liebe, for the sake of, in honor of; =mindest, least; =vor, before; =wider, against; =bringen, pass; =denken, attribute; =drehen, turn; =drücken, shut; =eilen, hurry up or forward; =fügen, put on, add; =geben, allow, grant; =greifen, take hold; =jubeln, greet with shouts; =lassen, permit; =legen, sich, assume; =nicken, nod (in assent or encouragement); =raunen, whisper; =reiten, ride toward; =richten, handle, cut to pieces, 20 : 15; =rufen, call to, declare; =schleichen, slink on toward; =schnüren, grip, close; =schnüren, sich, choke. 107 : 5; =schreiben, attribute; =schreiten, advance (toward); =sehen, look at, watch; =sichern, assure; =stellen, furnish; =stim-

GLOSSARY

men, assent; =taumeln, stagger along; =tragen, occur; =weifen, attribute; =wenden, turn toward; =werfen, shut.

Zucht, f. discipline, control.

züchtigen, chastise, strike.

zucken, twitch.

Zufall, ⸗e, m. chance.

zufrieden or es zufrieden, satisfied, content.

Zug, ⸗e, m. train, procession, trace, trait, feature, file (*military*), 142 : 22, stroke, 184 : 6; *pl.* lines (*i. e. handwriting*), 144 : 25; =brücke, drawbridge.

Zugang, ⸗e, m. access.

zugehörig, belonging, 143 : 13.

Zügel, —, m. bridle.

zugesellt, associated.

zugewandt, turned toward.

Zukunft, f. future.

Zuneigung, f. inclination.

Zündhütchen, n. or Zündkapsel, f. percussion cap.

Zunge, f. tongue, speech.

zurück, *adv. and sep. prefix*, back, behind; =begeben, go back and report (*military*), 149 : 22; =denken, remember; =halten, keep, retain; =kehren, return; =prallen, start back; =schlagen, throw back (*anything on hinges*); =schrecken, shrink; =versetzen, retransfer; =ziehen, withdraw.

Zurückgeblieben=er, one left behind.

zusammen, *adv. and sep. prefix*, together, up; =beißen, clench, set (*teeth*); =fahren, start, be startled; =fließen, blend; =kauern, crouch; =kneifen, shut tight; =kommen, associate; =lesen, gather; =nehmen, sich, control oneself, collect oneself; =raffen, gather; =schlagen, knock together, clasp, 171 : 16; =schließen, wrap up, 82 : 2; =schnüren, tighten; =schrecken, shrink, cower, be frightened; =stecken, put together; =ziehen, sich, gather; =zucken, quiver.

zusammengepfercht, squeezed together.

Zusammensein, n.; — mit ihr, her company.

Zustand, ⸗e, m. condition.

zwanglos, unrestrained.

zwar, just, in fact, to be sure, of course.

zwecklos, purposeless.

Zweifel, —, m. doubt.

zweifelhaft, dubious.

zweifeln, doubt; =d, dubiously.

Zweig, ⸗e, m. branch, shoot (*shrubbery*).

zwei=gliedrig, in two companies (*military*); =mal, twice; =malig, repeated; =tenmal, second time.

Zwiespaltigkeit, f. difference.

zwingen, compel.

zwischen, between, among; — ... hindurch, out from between.

zwitschern, twitter.

STRONG AND IRREGULAR VERBS

beginnen, begann, begonnen.
beißen, biß, gebissen.
bergen, birgt, barg, geborgen.
betrügen, betrog, betrogen.
biegen, **bog,** gebogen.
bieten, bot, geboten.
binden, band, gebunden.
bitten, bittet, bat, gebeten.
bleiben, blieb, geblieben.
bleichen, blich, geblichen.
brechen, bricht, brach, gebrochen.
brennen, brannte, gebrannt.
bringen, brachte, gebracht.
denken, dachte, gedacht.
dringen, drang, **gedrungen.**
dürfen, darf, durfte, gedurft.
essen, ißt, aß, gegessen.
fahren, fährt, fuhr, gefahren.
fallen, fällt, fiel, gefallen.
fangen, fängt, fing, gefangen.
fechten, ficht, focht, gefochten.
finden, fand, gefunden.
flechten, flicht, flocht, geflochten.
fliegen, flog, geflogen.
fliehen, floh, geflohen.
fließen, floß, geflossen.
fressen, frißt, fraß, gefressen.
frieren, **fror,** gefroren.
gebären, **gebiert,** gebar, geboren.
geben, **gibt, gab, gegeben.**
gehen, ging, gegangen.
gelingen, gelang, gelungen.
gelten, gilt, galt, gegolten.
geraten, gerät, geriet, geraten.

geschehen, **geschieht, geschah,** geschehen.
gewinnen, gewann, **gewonnen.**
gießen, goß, gegossen.
gleichen, glich, geglichen.
gleiten, glitt, geglitten.
glimmen, glomm, geglommen.
graben, gräbt, grub, gegraben.
greifen, griff, gegriffen.
halten, hält, hielt, gehalten.
hangen, hängt, hing, **gehangen.**
hauen, hieb, gehauen.
heben, hob, gehoben.
heißen, hieß, geheißen.
helfen, hilft, half, geholfen.
kennen, kannte, gekannt.
klimmen, klomm, geklommen.
klingen, klang, geklungen.
kneifen, kniff, gekniffen.
kommen, kam, gekommen.
können, kann, konnte, **gekonnt.**
kriechen, kroch, gekrochen.
laden, lädt (ladet), lud, geladen.
lassen, läßt, ließ, gelassen.
laufen, läuft, lief, gelaufen.
leiden, litt, **gelitten.**
leihen, lieh, geliehen.
lesen, liest, las, gelesen.
liegen, lag, gelegen.
löschen, losch, geloschen.
meiden, mied, gemieden.
messen, mißt, maß, gemessen.
mögen, mag, mochte, gemocht.
müssen, muß, mußte, gemußt.

GLOSSARY

nehmen, **nimmt, nahm, genommen.**
nennen, **nannte, genannt.**
pfeifen, pfiff, **gepfiffen.**
preisen, pries, **gepriesen.**
quellen, quillt, quoll, gequollen.
raten, rät, riet, **geraten.**
reiben, rieb, **gerieben.**
reißen, **riß, gerissen.**
reiten, **ritt, geritten.**
rennen, **rannte, gerannt.**
ringen, rang, gerungen.
rinnen, rann, geronnen.
rufen, **rief, gerufen.**
saufen, **säuft, soff, gesoffen.**
saugen, sog, gesogen.
schaffen, schäfft, schuf, **geschaffen.**
schallen, scholl, geschollen.
scheiden, schied, geschieden.
scheinen, schien, geschienen.
schelten, schilt, schalt, gescholten.
schieben, schob, geschoben.
schießen, schoß, geschossen.
schinden, schund, geschunden.
schlafen, schläft, schlief, geschlafen.
schlagen, schlägt, schlug, geschlagen.
schleichen, schlich, geschlichen.
schleifen, schliff, geschliffen.
schließen, schloß, geschlossen.
schlingen, schlang, geschlungen.
schmeißen, schmiß, geschmissen.
schneiden, schnitt, geschnitten.
schrecken, schrickt, schrak (schreckte), geschrocken (geschreckt).
schreiben, schrieben, geschrieben.
schreien, schrie, geschrien.
schreiten, schritt, geschritten.
schweigen, schwieg, geschwiegen.
schwellen, schwillt, **schwoll, geschwollen.**
schwimmen, schwamm, geschwommen.
schwinden, schwand, geschwunden.
schwingen, schwang, geschwungen.
schwören, schwor, geschworen.
sehen, sieht, sah, gesehen.
senden, sandte, gesandt.
singen, sang, gesungen.
sinken, sank, gesunken.
sinnen, sann, gesonnen.
sitzen, saß, gesessen.
sollen, soll, sollte, gesollt.
speien, spie, gespien.
sprechen, spricht, **sprach,** gesprochen.
springen, sprang, gesprungen.
stechen, sticht, stach, gestochen.
stehen, stand, gestanden.
stehlen, stiehlt, stahl, gestohlen.
steigen, stieg, gestiegen.
sterben, stirbt, starb, gestorben.
stieben, stob, gestoben.
stoßen, stößt, stieß, gestoßen.
streichen, strich, gestrichen.
tragen, trägt, trug, getragen.
treffen, trifft, traf, getroffen.
treiben, trieb, getrieben.
treten, tritt, trat, getreten.
trinken, **trank,** getrunken.
tun, **tat,** getan.
vergessen, vergißt, vergaß, **vergessen.**
verlieren, verlor, verloren.
verzeihen, verzieh, verziehen.
wachsen, wächst, wuchs, gewachsen.
waschen, wäscht, wusch, gewaschen.

weichen, wich, gewichen.
weisen, wies, gewiesen.
wenden, wandte, gewandt.
werben, wirbt, warb, geworben.
werden, wird, wurde (warb), geworden.

werfen, wirft, warf, geworfen.
winden, wand, gewunden.
wissen, weiß, wußte, gewußt.
wollen, will, wollte, gewollt.
ziehen, zog, gezogen.
zwingen, zwang, gezwungen.